Das achtzehnte Jahrhundert

D1722258

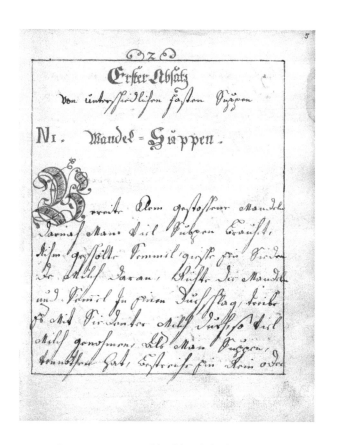

Rezept aus einer Kochbuchhandschrift von 1777.

DAS ACHTZEHNTE JAHRHUNDERT

Zeitschrift der Deutschen Gesellschaft
für die Erforschung des achtzehnten Jahrhunderts

Manuskriptkulturen im Buchzeitalter

Konzipiert von May Mergenthaler
und Dennis Schäfer

Im Auftrag des Vorstandes
herausgegeben von Stefanie Stockhorst

JAHRGANG 48 · HEFT 2 · WOLFENBÜTTEL 2024
WALLSTEIN VERLAG

Das Frontispiz zeigt die erste Rezeptseite auf fol. 5^r/S. 2 in der Kochbuchhandschrift *Kurzer/ Unterricht/ In welchen/ Unterschiedliche Speisen/ gut zuezubereiten/ Beschrieben Seynd/ Anno/ 1777*. Die anonym verfasste Handschrift befand sich vormals im Besitz einer Katharina Kriechbaum. Der Abdruck erfolgt mit freundlicher Genehmigung durch die Oberösterreichische Landesbibliothek, Linz [Exemplar mit der Signatur: Hs.-206].

Bibliografische Information der Deutschen Nationalbibliothek

Die Deutsche Nationalbibliothek verzeichnet diese Publikation in der Deutschen Nationalbibliografie; detaillierte bibliografische Daten sind im Internet über http://dnb.d-nb.de abrufbar.

© 2024 Deutsche Gesellschaft für die Erforschung des achtzehnten Jahrhunderts
Alle Rechte vorbehalten
Redaktionsanschrift:
Stefanie Stockhorst, Herzog August Bibliothek, D-38299 Wolfenbüttel
Verlag und Vertrieb: Wallstein Verlag GmbH, www.wallstein-verlag.de, Göttingen 2024
Druck: bookSolutions Vertriebs GmbH, Göttingen
gedruckt auf säure- und chlorfreiem, alterungsbeständigem Papier
ISBN 978-3-8353-5678-8
ISSN 0722-740-X

Inhalt

Aus der Arbeit der Deutschen Gesellschaft

Manuskriptkulturen im Buchzeitalter
Konzipiert von May Mergenthaler und Dennis Schäfer

Aus der Forschung

Aus der Arbeit der Deutschen Gesellschaft

Zu diesem Heft

Das vorliegende Themenheft, das von May Mergenthaler und Dennis Schäfer konzipiert wurde, setzt drei dixhuitièmistische Schlaglichter auf das weite Themenfeld der Manuskriptkulturen im Buchzeitalter. Der Rezensionsteil ›Aus der Forschung‹ bietet dazu 23 Besprechungen aktueller Buchpublikationen zur Erforschung des 18. Jahrhunderts.

Im Rahmen juristischer Überlegungen zur Meinungsfreiheit in politischen Angelegenheiten grübelte der königlich dänische Staatsrat Johann Jacob Moser im Jahr 1772 über folgendes Problem:

> Sollte es möglich seyn, daß als etwa Censurwürdiges angesehen werden könne, wann man aus anderen unverbottenen Büchern, oder sonst, anderer Höfe, Religionsverwandten, oder privat-Scribenten Meinungen, etc. aufgeworfene Fragen, u. d. bloß historischer Weise anführet?[1]

Dass es tatsächlich »möglich seye«, habe er »selbst erfahren«,[2] doch das ist lange her – inzwischen gehört das Zitieren im Rahmen eigener Argumentationen zum Standard guter wissenschaftlicher Praxis. Zur Einreichung von Aufsätzen (ca. 45.000 Zeichen) für das nächste ›freie‹ Heft – DAJ 50/1 (2026) zu jeglichen aus erster Hand vergegenwärtigten Fragen und Meinungen des 18. Jahrhunderts wird daher ausdrücklich ermuntert. Auch Angebote, die hier angezeigten oder auch andere Neuerscheinungen mit Bezug zum 18. Jahrhundert zu rezensieren, werden jederzeit gern entgegengenommen. Nicht zuletzt werden auch Vorschläge für zukünftige Themenhefte erbeten, die vom Zuschnitt her so angelegt sein sollten, dass sie sich mit ca. drei bis fünf Beiträgen realisieren lassen.

Hinweise zum Peer-Review-Verfahren können in den drei Publikationssprachen (Deutsch, Englisch und Französisch) auf der Website (Internetpräsenz der DGEJ/Publikationen) eingesehen werden. Die Zeitschrift ist in folgenden internationalen Indexing-Ressourcen gelistet: European Reference Index for the Humanities and the Social Sciences/ ERIH+, Internationale Bibliographie der geistes- und sozialwissenschaftlichen Zeitschriftenliteratur (IBZ online), Internationale Bibliographie der Rezensionen geistes- und sozialwissenschaftlicher Literatur (IBR online), MLA Bibliography, EBSCO/Humanities Source Ultimate und Crossref Metadata Search.

Stefanie Stockhorst

---

1 Johann Jacob Moser: Von der Reichsverfassungsmäßigen Freyheit, von Teutschen Staats-Sachen zu schreiben. Göttingen u. Gotha 1772, S. 48.
2 Ebd.

Kunst und Handwerk. Die Techniken des achtzehnten Jahrhunderts

Internationale Fachtagung an der Universität Stuttgart in Kooperation
mit dem Deutschen Literaturarchiv Marbach; Jahrestagung der DGEJ
vom 16. bis 18. September 2024 in Stuttgart und Marbach

Im 18. Jahrhundert wandeln sich Begriff und Einsatz dessen, was in der Antike *techné* hieß
und handwerkliche Arbeitstechniken bezeichnete. Die internationale Fachtagung von
Kristin Eichhorn und Sandra Richter, die zu diesem Themenfeld vom 16. bis 18. September
an der Universität Stuttgart und im Deutschen Literaturarchiv Marbach stattfand,
ging diesen Konstellationen und Konfliktfeldern aus interdisziplinärer Perspektive nach.
Sie legte gezielt sowohl einen Schwerpunkt auf die historischen Sammeltechniken als auch
auf die technischen Möglichkeiten zur Erforschung des 18. Jahrhunderts, womit eine
Schnittstelle zu den Digital Humanities öffnet wurde.

Die Tagung begann mit einem Keynote-Vortrag von Katy Barrett, der die vielfältigen
Verflechtungen des Technikbegriffs bereits sehr anschaulich werden ließ. Denn Barrett
rekonstruierte den Diskurs um die Längengrade im 18. Jahrhundert, deren Messbarkeit
immer wieder in Zweifel gezogen wurde. Sowohl durch das Design der Uhren und
Messgeräte als auch durch bildnerische Darstellung William Hogarths verknüpfen sich
Messtechnik und Ästhetik in einer für das 18. Jahrhundert charakteristischen Weise.

Sektion 1 widmete sich den Technikreflexionen in Philosophie und Wissenschaft. Lars
Friedrich (Frankfurt am Main) sprach über Regelpoetiken und Regulierungskünste im
Kontext der französischen *Encyclopédie*. Friederike Frenzel (Münster) warf einen Blick auf
Johann Beckmanns Projekt der Verwissenschaftlichung der Technik, der mit seinem ganz-
heitlichen Ansatz in Ökonomie und Landwirtschaft einen interdisziplinären Zugang zum
Technikdiskurs impliziert. Anton Tantner (Wien) sprach über die Kulturtechnik der
Nummerierung im 18. Jahrhundert und stellte am Beispiel der Stadt Wien vor, nach welchen
Prinzipien Gräber, Häuser und Gemälde nummeriert und inventarisiert wurden. Stefan H.
Uhlig referierte den Prinzipien der Serienproduktion von Josiah Wedgwoods Kunstkeramik.

Sektion 2 der Tagung, welche technische Neuerungen im 18. Jahrhundert in den Blick
nahm, wurde von Urna Mukherjee (Baltimore) eröffnet, die sich in ihrem Vortrag mit
Schiffsmodellen der Ostindienfahrer beschäftigte. Der Beitrag lenkte die Untersuchung
den Blick auf die Materialität und Bauweise der Schiffe, die sich aus den Schiffsmodellen
ableiten lassen. Anschließend referierte Yun Xie (Haarlem) über die niederländische
Schriftgießerei Joh. Enschedé (Harleem), deren nicht-lateinische Schriftartensammlung
die größte in den Niederlanden des 18. Jahrhunderts darstellte. Mit seinem Beitrag über
die Dreschmaschine lenkte Michael Friedman (Tel Aviv) den Blick auf eine weitere
technische Erfindung, die im 18. Jahrhundert wegweisend war. Im Zusammenspiel mit
der Mechanisierung landwirtschaftlicher Arbeit entstand auch das Bild des ›denkenden
Landwirts‹. Als Ergebnis dieser Entwicklung wurde die Maschine damit aus dem eigentlich handwerklichen Kontext entfernt und ins Zentrum akademisch-wissenschaftlicher
Überlegungen entrückt.

Der zweite Tagungstag begann mit einer Keynote von Nick Hopwood zu Samuel
Thomas Soemmerrings Arbeit an einer ästhetischen Darstellung von menschlichen Em-

bryos, deren spezifische eigene Schönheit, die nicht nach erwachsenen Menschen aus-
zurichten sei, er herauszustellen bemüht war. Sektion 3 widmete sich dem wichtigen Bereich ästhetische Technik und entfaltete dabei eine anregende disziplinäre Breite. Die sich
ausdifferenzierende Diskussion über die Schauspielkunst im britischen Theater, mit der
sich Ellen Dengel-Janic (Tübingen) befasste, zeigt das zunehmende Bewusstsein für die
Mehrdimensionalität des schauspielerischen Tuns. So reichten für gutes Schauspiel nun
weder Talent noch die reine Beherrschung des zu sprechenden Textes, sondern es galt, die
zu spielende Figur zu durchdringen und entsprechend durch Mimik und Gestik zu *ver-
körpern*. Einen besonderen Einblick in die Maltechnik des 18. Jahrhunderts gewährte der
Vortrag von Ursula Caflisch-Schnetzler (Zürich) in Zusammenarbeit mit der Künstlerin
Cornelia Wi, die durch ihren Rekonstruktionsprozess eines verschollenen Lavater-Gemäl-
des von Felix Maria Diogg von 1790 führte, der anhand der vorhandenen Dokumente
Dioggs Malstils möglichst historisch genau nachzuahmen suchte.

Lore Knapp (Bielefeld) betrachtete zeitgenössische Gemälde, um Haltung und Spiel-
technikentwicklung des Cellospiels im 18. Jahrhundert detailliert nachzuzeichnen, das
parallel zum Aufstieg der Instrumentalmusik ein malerisch festgehaltenes Virtuosentum
hervorbrachte. Ebenfalls mit Fokus auf Musik, aber aus literaturwissenschaftlicher Sicht
widmete sich der Vortrag von Florian Schmidt (Tübingen) der Liedpoetik des Klavierlieds
des 18. Jahrhunderts. Das Klavichord stieg gerade deshalb zu einem Lieblingsinstrument
auf, weil es weniger Konzertinstrument war, denn als trostspendender ›Freund‹ eine genaue Spiegelung der Gefühle des oder der Spielenden ermöglichte und sich so zu einer
›akustischen Selbstspiegelung‹ eignete, von dem zahlreiche empfindsame Klaviergedichte
zeugen.

Sektion 4, die Sammel- und Distributionstechniken in den Blick nahm, wurde von
Marina Palladino (Ghent) eröffnet. In ihrem Beitrag sprach sie über die Rolle manueller
Arbeit im Kontext des Sammelns und Reproduzierens von indischen Texten. In diesem
Zusammenhang gab der Vortrag einen Überblick über die graduelle Technisierung von
Druck- und Kopierverfahren im 18. Jahrhundert und zeigte, dass manuelle Arbeit mit
dieser Mechanisierung nicht abgelöst wurde, sondern weiterhin eine (wenn auch verän-
derte) Rolle spielte. Den Aspekt der Distributionstechniken in den Blick nehmend, referierte Li Ningsi (München) über die Publikation von *Goethes Leipziger Liederbuch* (1770)
im Verlag von Johann Gottlob Immanuel Breitkopf in Leipzig. Am Beispiel spezifischer
Druckverfahren wurde das Zusammenspiel von technischen Neuerungen und ästhetischen Prinzipien (Vereinheitlichung der Erscheinungsform) in den Vordergrund gerückt.
Folglich zeige Breitkopfs Edition des goetheschen Liederbuches nicht nur das Spannungsverhältnis zwischen Kunst und Technik im 18. Jahrhundert auf, sondern ließe den Leipziger Musikverleger und Typografen auch als ›Künstler-Ingenieur‹ erscheinen.

Sowohl Sammel- als auch Distributionstechniken griff Frank Schumacher (Tübingen)
in seinem Vortrag über Sophie von La Roches Werk *Mein Schreibetisch* (1799) auf, welcher
die Technik des Sammelns, Lesens und Exzerpierens in den Vordergrund rückte. Durch
das Integrieren von Exzerpten in ihre eigenen Texte habe sich La Roche eine männlich
konnotierte Technik angeeignet. In engem Zusammenhang damit habe ihre Lektüre- und
Sammelpraxis auch im Zeichen spätbarocker Kollektaneen gestanden. Laura Lopocaro
(Ghent) zeigte Sammel- und Distributionstechniken am Beispiel von G. C. Harles'

Sammlung der Viten zeitgenössischer Philologen auf. Mit dem selbstproklamierten Ziel, eine Orientierung für Philologen zu bieten. Bitten des Sammlers um das Zusenden von Beiträgen verdeutlichten sein Werk als Sammlung im doppelten Sinne (gesammelte Viten, aber auch eine Sammlung in der Entstehung). Die Keynote-Vortrag von Elisabeth Décultot über das Exzerpieren als Wissenstechnik im Zeitalter der Aufklärung beschloss den Tag. Sie gab einen Einblick in das von ihr mitverantwortete und unlängst abgeschlossene Projekt einer digitalen Edition von Winckelmanns Exzerpten.

Am Mittwochmorgen ergänzte Alexander Košenina (Hannover) das Tagungsprogramm um für den Zusammenhang von Kunst und Technik zentralen Reflexionen zum Kupferstich. Dabei lag der Schwerpunkt seiner Ausführungen auf Daniel Nikolaus Chodowieckis Illustrationen in Johann Bernhard Basedows *Elementarwerk*. So konnte Košenina einerseits die didaktische Funktion des Kupferstichs veranschaulichen, machte aber darüber hinaus an zahlreichen Beispielen andererseits auf die ausgesprochen markante Praxis der Metareflexion im Kupferstich aufmerksam.

Sektion 5 der Tagung, welche die digitale Erforschung literarischer Texte des 18. Jahrhunderts in den Blick nahm, wurde von Claudius Sittig (Freiburg) und Nikola Keller (Erlangen) mit einem Beitrag über den Inkle-und-Yariko-Stoff eröffnet. Die etwa 50 Bearbeitungen bilden das Textkorpus der digitalen Lehr- und Forschungsumgebung www.inkle-und-yariko.de, die im Zentrum des Beitrags stand. Im abschließenden Beitrag der Tagung lenkten Sigrid Köhler und Julia Rebholz (Tübingen) den Blick auf die Oroonoko-, Alzire- und Ziméo-Stoffe, in deren Zentrum die (fiktiven) Biographien Schwarzer Widerstandskämpfer*innen stehen. Die Beliebtheit dieser Stoffe wird anhand vielzähliger Adaptionen und Übersetzungen deutlich, die im Laufe des 18. Jahrhunderts im europäischen Raum entstanden. Im Rahmen eines digitalen DFG-Projekts wird das Textkorpus, das sich aus deutschsprachigen Übersetzungen, Adaptionen und Paratexten der Stoffe zusammensetzt, derzeit DH-basiert aufbereitet.

Die Tagung macht die Notwendigkeit eines interdisziplinären Technikbegriffs an vielen Stellen deutlich, der die Diskussion des 18. Jahrhunderts ebenso prägt wie den heutigen Zugriff auf diese Gegenstände. Die vielfältigen Synergien weiter auszuschöpfen ist ein lohnendes Unterfangen der Forschung zum 18. Jahrhundert.

Johanna Daßler, Oxford
Kristin Eichhorn, Stuttgart

Manuskriptkulturen im Buchzeitalter[1]
Konzipiert von May Mergenthaler und Dennis Schäfer

Einleitung

Es ist eine bemerkenswerte Koinzidenz, dass im Zeitalter der Digitalisierung die literaturwissenschaftliche Auseinandersetzung mit handschriftlichen Texten und gedruckten Büchern Konjunktur hat.[2] In diesem Fokus auf Manuskript und Buch könnte man den Versuch der Literaturwissenschaft erkennen, gegen die Dominanz virtueller, digitaler, ja immaterieller Medienkulturen die Bedeutung ihres materiellen Gegenstands hervorzuheben. Dabei ist es gerade die Digitalisierung, die dem wachsenden Interesse an der Materialität von Schrift und Druck und neuen Ansätzen ihrer Untersuchung Vorschub leistet, indem sie historische Bücher, Zeitschriften und Zeitungen sowie handschriftliche Zeugnisse wie Briefe und Nachlässe in ungeheurer Menge allgemein zugänglich macht.[3] Einerseits eröffnen die digitalen Handschriften und Bücher neue Möglichkeiten ihrer Darstellung und Untersuchung durch die Methoden der Digital Humanities, andererseits ersetzen die Digitalisate stellenweise sogar die Arbeit mit den Originalen im Archiv, die mit dem Ziel der besseren Konservierung zunehmend der direkten Lektüre entzogen werden. Individuelle Objekte und Praktiken werden mit kulturwissenschaftlich versierten Lektüreverfahren untersucht, die sich ihren Gegenständen dank der Digitalisierung mit einer noch nie dagewesenen Komplexität widmen können. Ein prominentes Beispiel für diesen wissenschaftlichen Trend ist die Erforschung von Lese- und Schreibspuren in privaten Autorenbibliotheken, deren Bestände intertextuelle Verfahrensweisen und komplexe Produktions- und Spannungsverhältnisse zwischen Handschrift(lichkeit) und Druck sichtbar machen können.[4]

---

1   Grundlage dieses Themenschwerpunkts ist eine Panelserie, die im September 2022 von den beiden Herausgeber:innen beim Jahrestreffen der German Studies Association in Houston, Texas, organisiert und von der Goethe Society of North America gesponsert wurde.

2   Beobachtet u. a. von Liedeke Plate: [Art.] ›New Materialisms‹. In: Oxford Research Encyclopedia of Literature. Hg. v. Deidre Shauna Lynch. Oxford 2020; online: https://doi.org/10.1093/acrefore/9780190201098.013.1013 [07.04.2024].

3   Exemplarisch sei verwiesen auf Jussi Parikka: Archival Media Theory. An Introduction to Wolfgang Ernst's Media Archaeology. In: dies. (Hg.): Wolfgang Ernst. Digital Memory and the Archive. Minneapolis 2013, S. 1–22, sowie mit konkretem Bezug auf die Edition des Briefs Anne Bohnenkamp u. Elke Richter (Hg.): Brief-Editionen im digitalen Zeitalter. Frankfurt/Main 2013.

4   Vgl. die Sammelbände Stefan Höppner [u. a.] (Hg.): Autorschaft und Bibliothek. Sammlungsstrategien und Schreibverfahren. Göttingen 2018 und Anke Jaspers u. Andreas Kilcher (Hg.): Randkulturen. Lese- und Gebrauchsspuren in Autorenbibliotheken des 19. und 20. Jahrhunderts. Göttingen 2020. Mit Stefan Höppner: Goethes Bibliothek. Eine Sammlung und ihre Geschichte. Frankfurt/Main 2022, und dem Online-Projekt Goethes Bibliothek der Klassik Stiftung Weimar; online: https://www.klassik-stiftung.de/forschung/sammlungen-bestaende/sammlung/goethes-bibliothek/ [08.04.2024] wird die Bibliothek eines Schriftstellers auf einem

Von besonderer Bedeutung ist das wachsende Forschungsinteresse an den Beziehungen zwischen Manuskript und Druck. Deren Vielfältigkeit kann das lange geltende Narrativ der Frühen Neuzeit als einer Übergangszeit von der Kultur der Handschriftlichkeit zur Druckkultur, die in der Vorstellung des 18. Jahrhunderts als »Zeitalter der Bücher« kulminiert,[5] ergänzen, differenzieren und modifizieren,[6] zumal noch heute gängige Forschungsansätze das Buch vor anderen Medien valorisieren.[7] Der vorliegende Themenschwerpunkt versteht sich als Beitrag zu den beschriebenen innovativen Themenfeldern und methodischen Herangehensweisen der Literatur-, Buch- und Medienwissenschaften und schlägt vor, die Transformation und Ausdifferenzierung der Funktionen von Handschriften im 18. Jahrhundert[8] im Begriff der ›Manuskriptkulturen im Buchzeitalter‹ zu fassen und fruchtbar zu machen. Literarische wie nicht-literarische Texte der Epoche entstehen in eben jenen Übergangsbereichen, in denen Handschrift und Druck interagieren und changieren können. Die verschiedenen Textsorten, die in den einzelnen Beiträgen behandelt werden, reichen von Briefen und Autographen zu Kochbüchern des 18. und frühen 19. Jahrhunderts. Gemeinsam ist ihnen der Blick auf die konkreten materiellen Sinnzusammenhänge, innerhalb derer diese Objekte vom Papier wieder aufs Papier gebracht werden.

Ein kurzer Überblick über die Art der in jüngster Zeit untersuchten Beziehungen von Handschrift und Druck bis ins 19. Jahrhundert soll dabei helfen, den Forschungsbeitrag zu verdeutlichen, den die weiter unten vorgestellten drei Aufsätze dieses Themenschwerpunkts leisten. Mit der Erstellung historisch-kritischer Editionen im 19. Jahrhundert gerät die Handschrift häufig in den Blick, um die originäre Autorintention zu identifizieren und mit den bestehenden, in manchen Fällen sogar konkurrierenden Druckfassungen abzugleichen. Der Handschrift wird bei Zweifel über die ›korrekte‹ Druckfassung eines Textes die Autorität zugestanden, da sie als direkter Ausdruck auktorialer Intention verstanden wird.[9] Weiterhin ermöglicht das Manuskript das Studium der Genese eines

---

bisher nie dagewesenen Komplexitätsniveau behandelt. Ein Beispiel für andere Online-Projekte neueren Datums ist *Derrida's Margins* der Princeton University Library; online: https://derridas-margins.princeton.edu [08.04.2024].

5 Friedrich Schlegel: Gespräch über die Poesie. In: ders.: Kritische Friedrich-Schlegel-Ausgabe. Bd. 2. Hg. v. Hans Eichner. Paderborn 1967, S. 331.

6 Vgl. Sylvia Brockstieger u. Paul Schweitzer-Martin (Hg.): Between Manuscript and Print – Introduction. In: dies. (Hg.): Between Manuscript and Print. Transcultural Perspectives, ca. 1400-1800. Berlin u. Boston 2023 (Materiale Textkulturen Bd. 39), S. 1-8, hier S. 2.

7 Andrew Piper definiert die Romantik durch ihren Überfluss an Büchern und die Unfähigkeit, diese Bücher lesen zu können. Andrew Piper: Dreaming in Books. The Making of the Bibliographic Imagination in the Romantic Age. Chicago 2013, S. 12. An anderer Stelle schreibt er: »It was precisely the materiality of the book that provided the contours to such imagining, indeed to the imagination itself.« (Ebd., S. 2).

8 Vgl. Christian Benne u. Carlos Spoerhase: Manuskript und Dichterhandschrift. In: Susanne Scholz u. Ulrike Vedder (Hg.): Handbuch Literatur und Materielle Kultur. Berlin u. Boston 2018, S. 135-143, hier S. 136.

9 Vgl. ebd., S. 141.

Werks, als dessen Manifestation die finale, autorisierte Druckfassung gilt.[10] In beiden Fällen wird die Handschrift dem Druck untergeordnet; sie dient dessen Korrektur oder Autorisierung, im Einklang mit dem Narrativ eines historischen Übergangs vom Manuskript zum Buch und der medialen Dominanz des letzteren seit spätestens Ende des 18. Jahrhunderts. Dieses Narrativ haben insbesondere medientheoretische und -geschichtliche Arbeiten Marshall McLuhans formuliert, der mit dem Begriff der ›Gutenberg-Galaxis‹ die Sphäre des Übergangs vom Manuskript- zum Buchzeitalter erfasst, in der sich Konzepte wie Autorschaft, Öffentlichkeit und Nation erstmals ausbilden können.[11] Eine signifikante Differenzierung erfährt dieses Narrativ durch den Hinweis auf die wachsende Bedeutung oder – laut Christian Benne – sogar die Entstehung der auratischen Handschrift im Laufe des 18. und frühen 19. Jahrhunderts, die nicht, wie noch im 18. Jahrhundert üblich, als Vorarbeit zum Druck vernichtet wird, sondern als authentisches Zeichen eines Individuums gilt und oft an bestimmte Personen oder an einen privaten Kreis gerichtet ist. Somit steht die auratische Handschrift, darunter zum Beispiel der Brief, im Kontrast zum unpersönlichen, an eine anonyme Öffentlichkeit adressierten Buch.[12] Im Zuge seiner Valorisierung avanciert das Manuskript einerseits zum sine qua non philologischer Praxis und wird andererseits zum begehrten Gegenstand für Sammlerinnen und Sammler[13] wie für die entstehenden Literaturarchive.[14] Gegen Anfang des

---

10 Vgl. ebd., S. 139.

11 Marshall McLuhan: Die Gutenberg-Galaxis. Das Ende des Buchzeitalters. Bonn 1995, S. 163-165 u. S. 173. – Vgl. auch Werner Wunderlich u. Beate Schmid (Hg.): Die Zukunft der Gutenberg-Galaxis: Tendenzen und Perspektiven des Buches. Bern 2008 (Facetten der Medienkultur Bd. 7).

12 Vgl. Christian Benne: Die Erfindung des Manuskripts. Zur Theorie und Geschichte literarischer Gegenständlichkeit. Berlin 2015, S. 186-191. – Zur Bedeutung der Handschrift als Authentizitätsausweis noch vor dem 18. Jahrhundert siehe z. B. Sommer, der bereits in der ersten Drucklegung der Werke Shakespeares ein ›Fetischobjekt‹ erkennt, das auf dem Anspruch basiert, eine ›getreue Kopie‹ der Handschrift zu sein. Tim Sommer: Shakespeare zwischen Handschrift und Druck. Frühneuzeitliche Autorschaft und forensische Philologie. In: Sylvia Brockstieger u. Rebecca Hirt (Hg.): Handschrift im Druck (ca. 1500-1800). Annotieren, Korrigieren, Weiterschreiben. Berlin u. Boston 2023 (Materiale Textkulturen Bd. 39), S. 193-211, hier S. 198.

13 Ein prominentes Beispiel für einen Autographensammler im großen Stil ist Karl August Varnhagen von Ense. Vgl. Ludwig Stern: Die Varnhagen von Ensesche Sammlung in der Königlichen Bibliothek zu Berlin. Berlin 1911, S. iv: »Allmählich erweiterte Varnhagen sein Archiv zu einer regelrechten Autographensammlung, die er im Laufe der Zeit bis zurück in die Mitte des 18. Jahrhunderts und fast über alle europäischen Länder ausdehnte. Dieses unablässige, ja leidenschaftliche Suchen nach eigenhändigen Schriftstücken ward ihm zu einem Bande, das ihn leicht und gefällig mit den weitesten Kreisen verknüpfte«; sowie Nikolaus Gatter: »...sie ist vor allem die meine ...« Die Sammlung Varnhagen bis zu ihrer Katalogisierung. In: ders. (Hg.): Wenn die Geschichte um eine Ecke geht. Almanach der Varnhagen Gesellschaft. Berlin 2000, S. 239-260. Das anhaltende Interesse an Varnhagen belegt auch der Sammelband Jadwiga Kita-Huber u. Jörg Paulus (Hg.): Signaturen der Vielfalt. Autorinnen in der Sammlung Varnhagen. Göttingen 2024.

14 Zum Begriff des Literaturarchivs wäre natürlich Wilhelm Dilthey: Archive für Literatur. In: Deutsche Rundschau 58 (1889), S. 360-375 als grundlegende Arbeit zu nennen. – Vgl. auch Petra Maria Dallinger [u. a.] (Hg.): Archive für Literatur. Der Nachlass und seine Ordnun-

19. Jahrhunderts verselbständigt sich dieser Anschein von Individualität und Authentizität eines handschriftlichen Textes in den Autographen bekannter Autorinnen und Autoren und wird zum Marktwert, während der semantische Inhalt der ökonomisch wertvollen Handschriften an Bedeutung verliert.

Die Transformation der Authentizitätsfunktionen der Handschrift tritt am Beispiel der Fälschung besonders deutlich hervor, wie Maximilian Kloppert in seinem Beitrag »*Heiliger Gott! Es ist seine Hand*«. *Gefälschte Handschriften bei und von Friedrich Schiller* zeigt. Anhand von Schillers Dramen illustriert Kloppert, wie die Handschrift im späten 18. Jahrhundert als Zeugnis und Beglaubigung der Absichten der Protagonistinnen und Protagonisten gilt, handle es sich um die von Franz Moor gefälschten Briefe in den *Räubern* (Uraufführung 1782) oder die von Luise erpresste, schicksalhafte Nachricht in *Kabale und Liebe* (1784). Ein handschriftliches Dokument gilt, mit Lavaters Physiognomischer Lehre übereinstimmend, als das unverwechselbare Zeichen eines Individuums, was zum Missbrauch und zur Intrige geradezu einlädt. Etwa siebzig Jahre später wird Schiller posthum selbst zum Opfer der Fälschung, als Heinrich von Gerstenbergk in den frühen 1850er Jahren unzählige angebliche Schiller-Autographen herstellt und veräußert. Profitabel wird dieses Unternehmen durch das gestiegene Interesse an den handschriftlichen Zeugnissen berühmter Persönlichkeiten und durch die Etablierung des Autographenhandels. Wie das handschriftliche Dokument in Schillers Dramen gilt auch der zum Verkauf stehende Autograph als Zeichen eines bestimmten Individuums. Im Zentrum stehen bei Letzterem jedoch nicht die einzigartige Bedeutung und der situative Nutzen dieses Zeichens; allein der bekannte Name der Verfasserin oder des Verfassers verschafft ihm einen Wert, der kalkulierbar und mit Geld aufzuwiegen ist.

Christian Benne argumentiert, dass mit der neuen Wertschätzung des Manuskripts als Zeugnis des Schreibvorgangs eine entsprechende prozessuale ›Poetik des Manuskripts‹ aufkommt,[15] die sich am Beispiel von Friedrich Schlegels Tausenden von ›Fragmenten‹ u. a. zur Literatur, Philosophie und Philologie erläutern lässt. In diesen Fragmenten erkennt Benne Texte, die »keinen eigentlichen Anfang und kein erklärtes Ende« hätten.[16] Auf diese Weise widersprechen sie der Vorstellung einer Textgenese aus Handschriften, die den historisch-kritischen Werkausgaben des 19. und 20. Jahrhunderts zugrunde liegt und die auch Ausgaben wie D. E. Sattlers Hölderlin-Edition in Frage stellen.[17] Die Vorstellung einer prozessualen Manuskript-Poetik relativiert wiederum Daniel Ehrmann in

gen. Berlin 2018 und Jürgen Thaler: Zur Geschichte des Literaturarchivs. Wilhelm Diltheys ›Archive für Literatur‹ im Kontext. In: Jahrbuch der Deutschen Schillergesellschaft 55 (2011), S. 360-374.

15 Monika Schmitz-Emans: [Rezension von:] Christian Benne: Die Erfindung des Manuskripts. Zur Theorie und Geschichte literarischer Gegenständlichkeit. Frankfurt/Main 2015. In: Komparatistik (2016), S. 226-233, hier S. 226 u. S. 229.

16 Benne, Erfindung des Manuskripts, S. 406-409 u. S. 484-483.

17 »Radikale Maßstäbe setzte die Hölderlin-Edition von D. E. Sattler, die als erste den Anspruch vertritt, durch die möglichste [!] vollständige Wiedergabe bzw. Abbildung der Handschriften die Entstehung von Hölderlins Werken zu dokumentieren und diesen Prozess der Entstehung als das eigentliche Werk darzustellen.« (Benne u. Spoerhase, Manuskript und Dichterhandschrift, S. 142).

seinem Aufsatz *Umgangsformen. Zirkulation, Hierarchie und Topologie in kollaborativen Manuskripten und Publikationen um Friedrich Schlegel*, der ein Briefmanuskript von Friedrich Schlegel und Friedrich Schleiermacher behandelt. Ehrmann plädiert dafür, den im 18. Jahrhundert kodifizierten und bis heute vorherrschenden Begriff von originaler, schöpferischer Autorschaft als Ausdruck der eigenen Gedanken und Individualität in einem gedruckten Werk zu überdenken. Er schlägt vor, anhand von überlieferten Manuskripten die Praktiken des Schreibens zu untersuchen und zu rekonstruieren, die Druck und Ver- öffentlichung vorausgehen. Ehrmann betont den *double bind*, der den Begriff von Autor- schaft als ›Werkherrschaft‹ und Eigentum auszeichnet,[18] da er von der Handschrift abstra- hiert, die »die wichtigste materielle Verbindung zum Ursprung der Schrift« – und damit zum Autor oder zur Autorin – suggeriert (Ehrmann, S. 176). Als Fallbeispiel für die Un- tersuchung der ›Gemengelage‹ von Akteuren, aus der sowohl Handschriften als auch Drucke noch und gerade in der Zeit der Autorschaft als Werkherrschaft hervorgehen, wählt Ehrmann einen am 15. Januar 1798 von Friedrich Schlegel und Friedrich Schleier- macher in komplexer Kollaboration verfassten und an August Wilhelm Schlegel adressier- ten Brief, der im Kontext der Produktion der anonym publizierten *Athenaeums*-Fragmente entstand und diese thematisiert.

In seiner detaillierten Analyse dieses Briefmanuskripts legt Ehrmann die Spannungen zwischen Friedrich Schlegels Idealen der Symphilosophie und Sympoesie einerseits und seiner eigentlichen Schreib- und Editionspraxis andererseits offen. Die Schlegel'schen Begriffe versprechen ein gleichberechtigtes und gemeinsames, ›republikanisches‹ Schrei- ben, das in den von Friedrich und August Wilhelm Schlegel, Schleiermacher und Novalis auf verschlungenen Wegen hergestellten Fragmenten seinen Ausdruck finden sollte. Ehrmann zeigt dagegen, dass das Konzipieren, Schreiben und Publizieren der Fragmente ein von Machtspielen und -kämpfen geprägter Vorgang war. Mit seiner Analyse der Briefschreibszene von Friedrich Schlegel und Schleiermacher wirft Ehrmann ein neues Licht auf die Prozessualität und Unabschließbarkeit der Schlegel'schen Schreib-Praxis. Denn der Kampf um Autorität und Autorschaft, der sich in dem gemeinsamen Brief von Schlegel und Schleiermacher abzeichnet, ist zugleich ein Streit um das letzte Wort, also die Autorität, den Schreibprozess abzuschließen.

Unser dritter und letzter Beitrag, Helga Müllneritschs Artikel *Parallele Nutzung hand- schriftlicher und gedruckter Kochbücher im 18. Jahrhundert*, weist schließlich darauf hin, dass Narrative von epochalen Veränderungen nicht den Blick auf historische Ungleich- zeitigkeiten auch in Bezug auf die Buch- und Mediengeschichte verstellen sollten.[19] Müllneritschs Untersuchung zweier Abschriften gedruckter Kochbücher aus dem 18. Jahr- hundert lässt sich im Rahmen von Carlos Spoerhases Untersuchungen von Textpraktiken verstehen, die die Kurzschließung der Differenz von Manuskript und Print mit der Unterscheidung zwischen Privatsphäre und Öffentlichkeit in Frage stellen, wie z. B. die gedruckten oder handschriftlich angefertigten, in kleinen Auflagen zirkulierenden »Ma-

---

18 Vgl. Heinrich Bosse: Autorschaft ist Werkherrschaft. Über die Entstehung des Urheberrechts
     aus dem Geist der Goethezeit. Neuaufl. m. einem Nachwort v. Wulf D. v. Lucius. Paderborn
     2014 [zuerst 1981].

19 Vgl. Ernst Bloch: Erbschaft dieser Zeit. Erw. Ausg., Frankfurt/Main 1962 [zuerst 1935].

nuskripte für Freunde« von Klopstock oder Gleim.[20] Die handschriftlichen Kochbuchkopien unterscheiden sich durch die Anonymität nicht nur der Abschrift, sondern oft auch des Originals, sowie durch ihren Gebrauchscharakter grundlegend von den literarischen Handschriften und Büchern, die immer noch im Zentrum des literaturwissenschaftlichen Interesses stehen, auch wenn nicht-literarische, Handschrift und Druck verbindende Medien und Praktiken wie der Schreibkalender seit einigen Jahren ebenfalls größere Aufmerksamkeit erhalten.[21]

Die Untersuchung von Kochbuchhandschriften wird dadurch erschwert, dass Kochbüchern und Rezepten gewidmete Sammlungen erst im Entstehen sind, viele Bestände noch nicht digitalisiert sind und die Provenienz der Kochbuchhandschriften oft unbekannt ist,[22] sodass Überlegungen zu deren Funktionen häufig Spekulation bleiben. Trotz dieser Hindernisse kommt Müllneritschs detaillierte Analyse von Kochbuchabschriften, mit Verweis auf bestehende Forschungen zur Zirkulation von Kochbüchern und Rezeptsammlungen sowie auf die zeitgenössische Praxis des Notenabschreibens, zu dem Schluss, dass Kochbuchabschriften, ähnlich wie die Notenabschrift, die vor dem Druckzeitalter herrschende Vervielfältigungsfunktion fortführen. Gleichzeitig ermöglicht die Abschrift eine Personalisierung, die in den Kontext der Individualisierung von Handschriften im 18. Jahrhunderts zu passen scheint, aber zugleich vorneuzeitliche Praktiken fortsetzt, da es, wie Müllneritsch zeigt, regelrechte Prachtabschriften von gedruckten Kochbüchern gibt, die als Unikate überliefert sind.

Zusammenfassend schreiben sich die hier vorgestellten Beiträge klar in die gegenwärtige Forschung zum Verhältnis von Manuskript und Druck im Buchzeitalter ein; ihr erklärtes Ziel ist es, diese Forschung weiter auszudifferenzieren, indem sie einige Annahmen stützen, andere in Frage stellen oder durch neue Zugänge ergänzen.

May Mergenthaler, Columbus
Dennis Schäfer, Princeton

---

20 Vgl. Carlos Spoerhase: Das Format der Literatur. Praktiken materieller Textualität zwischen 1740 und 1830. Göttingen 2018, S. 51-65. – Siehe auch ders.: »Manuskript für Freunde«. Die materielle Textualität literarischer Netzwerke, 1760-1830 (Gleim, Klopstock, Lavater, Fichte, Reinhold, Goethe). In: Deutsche Vierteljahrsschrift für Literaturwissenschaft und Geistesgeschichte 88 (2014), H. 2, S. 172-205.

21 Vgl. Harald Tersch: Schreibkalender und Schreibkultur. Zur Rezeptionsgeschichte eines frühen Massenmediums. Graz u. Feldkirch 2008; Sylvia Brockstieger: Verwaltetes Leben, erzähltes Leben. Zur Epistemik frühneuzeitlicher Schreibkalender. In: Daphnis 49 (2021), H. 4, S. 561-587; Klaus-Dieter Herbst: Bartholomaeus Scultetus' Ringen um eine optimale Gestaltung in Form und Inhalt beim Hervorbringen einer neuen Kalenderreihe. In: Brockstieger u. Hirt (Hg.), Handschrift im Druck, S. 103-120.

22 Vgl. Julia Hiller von Gaertringen: Das Kochbuch in Baden 1770-1950. Ein Digitalisierungs- und Ausstellungsprojekt der Badischen Landesbibliothek. In: Badische Heimat (2016), H. 2, S. 192-206, hier S. 193. Es gibt jedoch neue Initiativen, die diese Lage verbessern, darunter das Projekt der Digitalisierung von Kochbüchern der Badischen Landesbibliothek (siehe ebd., S. 192). Außerdem wurde im Oktober 2022 in Dresden das Deutsche Archiv der Kulinarik gegründet; siehe online: https://www.slub-dresden.de/entdecken/deutsches-archiv-der-kulinarik [07.04.2024].

»Heiliger Gott! Es ist seine Hand«.
Gefälschte Handschriften bei und von Friedrich Schiller

Exemplified by forged handwritings discussed in the plays of Friedrich Schiller and a court case in the mid-nineteenth century concerning the forgery of Schiller's autographs, this article examines the transformation in the understanding of authenticity underlying handwriting in the period between the two instances of forgery: authentic self-expression becomes – economically exploitable – authentification.

À l'instar des faux manuscrits discutés dans les œuvres de Friedrich Schiller, ainsi que d'une affaire judiciaire du XIXe siècle portant sur la contrefaçon d'autographes de Schiller, l'article présent analyse comment la perception de l'authenticité du manuscrit a évolué durant la période qui s'est écoulée entre entre les deux cas de contrefaçon. Il met en lumière comment l'expression authentique de soi s'est progressivement transformée en une forme d'authentification aux visées économiques.

Ausgangspunkt des folgenden Beitrags ist eine merkwürdige Koinzidenz: Friedrich Schiller, in dessen Dramen das Personal häufig gefälschten Handschriften zum Opfer fällt,[1] wird einige Jahre nach seinem Tode selbst zum Opfer von Handschriftenfälschung. Es ist natürlich eine schöne Anekdote, dass Schiller zum Opfer des in seiner eigenen Fiktion Erdachten wird; um dieses anekdotische Potential soll es im Folgenden gleichwohl nicht gehen. Es soll gezeigt werden, dass es sich um mehr als eine Anekdote, mehr als eine merkwürdige Koinzidenz handelt: Die Handschriftenfälschungen in Schillers Dramen und die Handschriftenfälschungen von Schiller markieren Anfang und Ende einer Zeit, in der das Verständnis von Handschriftlichkeit, besonders von ihrer Materialität, tiefgreifende Transformationen durchläuft, die am Beispiel Schillers nachgezeichnet werden sollen.

Der Blick auf Fälschungen lässt dabei – ex negativo – vor allem sichtbar werden, dass sich das der Handschriftlichkeit zu Grunde liegende Verständnis von Authentizität wandelt:[2] Wird Handschrift im ausgehenden 18. Jahrhundert zum authentischen Selbstausdruck stilisiert, entsteht in der Mitte des 19. Jahrhunderts ein neues Verständnis von Handschrift, das zwar am authentischen Selbstausdruck der Handschrift festhält, diesen jedoch ökonomisch verwertbar werden lässt, wodurch die Frage nach der Authentizität auch zu einer nach der Echtheit wird.

---

1 Nicht nur gefälschte Handschriften spielen in den Dramen Schillers häufig eine zentrale Rolle; in *Don Carlos* werden Handschriften verwechselt, in *Wallenstein* verweigert, und *Maria Stuart* wird von Sebastian Böhmer gar als »Drama der Schrift« bezeichnet (Sebastian Böhmer: Zu einer Semantik von unten. Medien-, material- und diskursphilologische Studien zu Schrift und Schreiben in der Zeit von 1770 bis 1834. Heidelberg 2018 (Beiträge zur neueren Literaturgeschichte Bd. 381), S. VIII).

2 Vgl. Anne-Kathrin Reulecke: Täuschend, ähnlich. Fälschung und Plagiat als Figuren des Wissens in Literatur und Wissenschaften. Eine philologisch-kulturwissenschaftliche Studie. Paderborn 2016, S. 16-17.

I. Die Authentizität der Handschrift (1782)

»Es ist nicht möglich. Nicht möglich. Diese himmlische Hülle versteckt kein so teuflisches Herz – – Und doch! doch! Wenn alle Engel herunter stiegen, für ihre Unschuld bürgten – wenn Himmel und Erde, wenn Schöpfung und Schöpfer zusammen träten, für ihre Unschuld bürgten – es ist ihre *Hand*«.[3] So reagiert Ferdinand in *Kabale und Liebe* auf den von seiner Geliebten Louise – unter Zwang – verfassten Brief, der letztlich zum Tode beider führen wird.[4] In dieser Szene zeigt sich mustergültig, welche Bedeutung der Handschrift nicht nur in Schillers Dramen, sondern auch weit darüber hinaus am Ende des 18. Jahrhunderts zukommt. Während Irene Rupp dafür argumentiert, dass Ferdinand an der Authentizität des Geschriebenen nicht zweifelt, weil es sich um eine Nachricht »mit Brief und Siegel«[5] handelt, so wird in der Szene doch eigentlich ein anderer Grund benannt: Es ist Louises Handschrift, die ihn trotz anfänglicher Zweifel schließlich von der Authentizität des Briefes überzeugt. Warum der Handschrift diese Bedeutung zukommt, zeigt sich in der Szene ebenfalls. Nicht ihre Handschrift, sondern ihre Hand ist es, von der Ferdinand spricht. Durch diese metonymische Verschiebung[6] erscheint die Handschrift – als Hand – nicht als etwas, das von einem Individuum produziert ist, sondern als ein Teil von ihm. Die Handschrift wird so zu einem indexikalischen Zeichen,[7] das – vermeintlich – unzweifelhaft für die Authentizität des Geschriebenen bürgt.

Während im Kontext der zeitgenössischen Briefkultur der Brief unter Rückgriff auf die antike Epistolographie häufig als ein Gespräch unter Abwesenden charakterisiert wird und so die Natürlichkeit und die Authentizität des Briefes vor allem an dessen – fingierte – Mündlichkeit gebunden werden,[8] zeigt sich in dieser Szene, dass die handschriftliche

---

3   Friedrich Schiller: Kabale und Liebe. In: ders.: Die Räuber. Fiesko. Kabale und Liebe, hg. v. Gerhard Kluge. Frankfurt/Main 2009, S. 559-783, hier S. IV, 2, u. S. 632. Hervorhebung hier und im Folgenden im Original.

4   Vgl. zur Szene allen Übels: Michael Ott: »Setze dich. Schreib.« Diktier-Szenen bei Schiller und Kleist. In: Christine Lubkoll u. Claudia Öhlschläger (Hg.): Schreibszenen. Kulturpraxis – Poetologie – Theatralität. Freiburg/Breisgau [u.a.] 2015 (Litterae Bd. 213), S. 191-214.

5   Irene Rupp: Der Brief im deutschen Drama des 18. und 19. Jahrhunderts. Frankfurt/Main 2016, S. 199. Zur Rolle der Briefe in Schillers frühen Dramen vgl. darüber hinaus Oskar Seidlin: Schillers »trügerische Zeichen«: Die Funktion der Briefe in seinen frühen Dramen. In: Jahrbuch der deutschen Schillergesellschaft 4 (1960), S. 247-269.

6   Diese metonymische Verschiebung von der Handschrift zur Hand findet sich um 1800 häufig. – Vgl. hierzu Stephan Kammer: Reflexionen der Hand. Zur Poetologie der Differenz von Schreiben und Schrift. In: ders. u. Davide Giuriato (Hg.): Bilder der Handschrift. Die graphische Dimension der Literatur. Frankfurt/Main u. Basel 2006, S. 131-161, und Stephan Kammer: Signatur des Individuellen. Die Tropen des Schrift-Wissens. In: Manuela Böhm u. Olaf Gäthje (Hg.): Handschreiben – Handschriften – Handschriftlichkeit. Duisburg 2014 (OBST. Osnabrücker Beiträge zur Sprachtheorie Bd. 85), S. 35-59.

7   Zur indexikalischen Logik der Handschrift vgl. etwa Sandra Potsch: Literatur sehen. Vom Schau- und Erkenntniswert literarischer Originale im Museum. Bielefeld 2019 (Edition Museum Bd. 37), S. 80.

8   Vgl. etwa Robert Vellusig: Mimesis von Mündlichkeit. Zum Stilwandel des Briefes im Zeitalter der technischen Reproduzierbarkeit der Schrift. In: Theo Elm u. Hans H. Hiebel (Hg.):

Verfasstheit hierbei zumindest eine ebenso wichtige Rolle wie die Mündlichkeit spielt. Zum »Spiegelbild eines Abwesenden«,[9] so ein weiterer häufig aufgerufener Topos der Zeit, wird der Brief also nicht nur in einem abstrakten, sondern auch in einem materiell-konkreten Sinne: Das Spiegelbild des Abwesenden *ist* dessen Handschrift. Ein Gedanke, der – jenseits des Briefes – zeitgleich auch und in seiner Explizitheit erstmals[10] von Johann Caspar Lavater im Rahmen seiner *Physiognomischen Fragmente* formuliert wird:[11]

> Setzt man es nicht als die höchste Wahrscheinlichkeit voraus, daß (seltene Menschen ausgenommen) jeder Mensch seine eigene, individuelle, und unnachahmbare, wenigstens selten und schwer ganz nachahmbare Handschrift habe?
> Und diese unläugbare Verschiedenheit sollte keinen Grund in der würklichen Verschiedenheit der menschlichen Charakter haben?[12]

Lavater formuliert hier erste Überlegungen zu einer Physiognomik der Handschrift, also der Möglichkeit, von dieser auf das Wesen eines Menschen zu schließen – markiert jedoch zugleich ein zentrales Problem: Jede noch so individuelle Handschrift kann, wenn auch nicht vollständig, nachgeahmt – also gefälscht – werden.[13] An welchem Ort in besonde-

---

Medien und Maschinen. Literatur im technischen Zeitalter. Freiburg/Breisgau 1991 (Litterae Bd. 15), S. 70-92.

9 Per Leo: Der Wille zum Wesen. Weltanschauungskultur, charakterologisches Denken und Judenfeindschaft in Deutschland 1890-1940. Berlin 2013, S. 483. – Vgl. hierzu grundsätzlich Wolfgang G. Müller: Der Brief als Spiegel der Seele. Zur Geschichte eines Topos der Epistolartheorie von der Antike bis zu Samuel Richardson. In: Antike und Abendland 26 (1980), H. 2, S. 138-157.

10 Als Vorläufer Lavaters wird häufig Camilo Baldis *Trattato Come Da Una Lettera Missiva Si Conoscano La Natura, E Qualita Dello Scrittore* (1622) genannt. In seinen Überlegungen dazu, was ein Brief über den Charakter des Schreibenden aussagt, nimmt die Handschrift jedoch nur einen kleinen Teil ein und gilt für ihn noch dazu als eine der unsichersten Möglichkeiten, um auf den Charakter des Schreibenden zu schließen (vgl. Stephan Kammer: Handschrift. In: Anne Bohnenkamp u. Waltraud Wiethölter (Hg.): Der Brief – Ereignis & Objekt. Katalog der Ausstellung im Freien Deutschen Hochstift – Frankfurter Goethe-Museum 11. September bis 16. November 2008, S. 73-98, bes. S. 74). Zwar bezeichnet auch Lavater noch seine Überlegungen zur Physiognomie der Handschrift als »leere, gewagte Einbildung und Vermutung« (Johann Caspar Lavater: Physiognomische Fragmente, zur Beförderung der Menschenkenntniß und Menschenliebe. Dritter Versuch. Leipzig u. Winterthur 1777, S. 114), dennoch vollzieht sich in seinen Überlegungen ein gewichtiger Wandel im Denken über die Handschrift: Anders als bei Baldi ist es nicht mehr primär der Schreibstil, sondern das Schriftbild, das einen Rückschluss auf den Charakter des Schreibenden ermöglicht. Durch diese Verlagerung ist nicht Baldi, sondern Lavater Ausgangspunkt für alle anschließenden Überlegungen zum Charakter der Handschrift.

11 Vgl. zum Verhältnis von Schiller und Lavater: Martin Stern: Schiller und Lavater. In: Wolfram Groddeck u. Ulrich Stadler (Hg.): Physiognomie und Pathognomie. Zur literarischen Darstellung von Individualität. Berlin u. New York 1994, S. 134-152. Zur Rolle der Physiognomik in *Die Räuber* vgl. bes. S. 138-139.

12 Lavater, Physiognomische Fragmente. Dritter Versuch, S. 112.

13 Das Problem gefälschter Handschriften im Brief ist zeitgenössisch auch über die Physiognomik hinaus ein Thema, etwa bei: [Johann Friedrich Bohn]: Wie sichert man sich vor Brief-Erbrechung und deren Verfälschung? Lübeck u. Leipzig 1797, bes. S. XXIII-XXVIII u. S. 253-284.

rem Maße mit solchen Fälschungen zu rechnen ist, macht Johann Christian August Grohmann in Folge von Lavater deutlich und schließt damit den Kreis: »Briefe, Handschriften nachmahlen, war dieses wohl je mehr in Gebrauch als bei Kabalen der Höfe?«[14]

Dass jedoch nicht nur der – notorisch verstellungsanfällige – Hof ein Ort der Handschriftenfälschung ist, zeigt sich in *Die Räuber*:[15] »Die Post ist angekommen – ein Brief von unserm Korrespondenten in Leipzig«,[16] so berichtet Franz Moor nicht nur direkt zu Beginn des Dramas, so nimmt das Drama auch seinen Lauf. Geschrieben ist der Brief nämlich nicht von dem Korrespondenten in Leipzig, sondern von Franz Moor selbst, mit dem Ziel, einen Keil zwischen seinen Vater und seinen Bruder Karl zu treiben. Um zu verhindern, dass der Vater den Brief selbst sieht, liest Franz ihm den Brief vor und zerreißt diesen anschließend – vermeintlich entsetzt über dessen Inhalt. Sobald der Vater abgetreten ist, sagt Franz: »Ich muß diese Papiere vollends aufheben, wie leicht könnte jemand meine Handschrift kennen? *er ließt die zerrissenen Briefstücke zusammen.*« (I, 1, S. 27-28) Auch hier taucht Handschrift also zunächst in Briefform auf, und auch hier ist nicht die Briefform von zentraler Bedeutung, sondern die Handschrift; denn erneut ist sie es, die unverkennbar auf ihren Urheber zurückverweist. Doch ist der Rückverweis diesmal gerade nicht gewollt. Anders als bei *Kabale und Liebe* ist er kein Teil der Intrige, vielmehr könnte er diese in Gefahr bringen, weshalb die Handschrift nicht in ihrer Materialität in Erscheinung treten darf. Aus dem Vorlesen wird so ein Spiel mit der Brieftheorie, denn der Gesprächscharakter des Briefes wird wörtlich genommen: Der Briefschreiber wird nicht durch einen auf Mündlichkeit abzielenden Schreibstil vergegenwärtigt, er ist es als Vorleser des von ihm gefälschten Briefes von vornherein. Der Brief ist in diesem Falle also nicht das ›Spiegelbild eines Abwesenden‹, sondern eines Anwesenden, die Mündlichkeit kein Mittel der Naturalisierung, sondern der Täuschung.

Und die Täuschung gelingt: Noch bevor der alte Moor abgeht, beschließt er, »[s]eine Hand« (I, 1, S. 26) von seinem Sohn Karl abzuwenden. Als er ihm dies per Brief mitteilen will, insistiert Franz jedoch darauf, den Brief für seinen Vater zu schreiben, da er fürchte, dass dessen »Entrüstung« ihm »zu harte Worte in die Feder werfen« würde. Es ist aber nicht nur eine Frage des Stils, sondern auch der Handschrift: »glaubt Ihr nicht daß er das schon für Verzeihung nehmen werde, wenn ihr ihn noch eines eigenhändigen Schreibens wert haltet?« (I, 1, S. 27). Um seine Hand vollends von seinem Sohn abzuwenden, muss er ihm also auch seine Handschrift vorenthalten.

Wie sich in der nächsten Szene zeigt, handelte es sich auch bei diesen Worten von Franz um einen Vorwand. Bedeutungsschwanger hebt die Szene an mit Karl Moors berühmtem Ausspruch: »Mir ekelt vor diesem Tintenklecksenden Sekulum« (I, 2, S. 30), der, so der Literaturwissenschaftler Oskar Seidlin, »wie eine ahnungsvolle Zurückweisung des ver-

---

14 Johann Christian August Grohmann: Untersuchung der Möglichkeit einer Charakterzeichnung aus der Handschrift. In: Gnôthi sautón oder Magazin für Erfahrungsseelenkunde als ein Lesebuch für Gelehrte und Ungelehrte. Bd. 9, Tl. 3. Berlin 1792, S. 34-66, hier S. 54.

15 Vgl. hierzu auch Johannes Anderegg: Schreibe mir oft! Zum Medium Brief zwischen 1750 und 1830. Göttingen 2001, S. 33-34.

16 Friedrich Schiller: Die Räuber. In: ders.: Die Räuber. Fiesko. Kabale und Liebe. Hg. v. Gerhard Kluge. Frankfurt/Main 2009, S. 9-312, hier I, 1, S. 20. Im Folgenden im Fließtext zitiert.

klatschten und pharisäischen Tintengeklecksos [klingt], mit dem in der Hand Franz zu Beginn des ersten Aktes die Bühne betrat.«[17] Auch Karl wartet auf die Post. In Erwartung eines Verzeihungsschreibens seines Vaters wird er beim Anblick des für ihn bestimmten Briefes jedoch »wie die Wand«. Ein einziger Blick auf den Brief reicht aus, um festzustellen: »Meines Bruders Hand!« (I, 2, S. 37) Nachdem Karl den Brief erst selbst und still gelesen hat, wird auch dieser Brief – die Gattung macht es nötig – laut vorgelesen:

Roller. *nimmt den Brief von der Erde und liest*:
»Unglücklicher Bruder!« Der Anfang klingt lustig. »Nur kürzlich muß ich dir melden, daß deine Hoffnung vereitelt ist – du sollst hingehen, läßt dir der Vater sagen, wohin dich deine Schandtaten führen. […] Das sind seine eigenen Worte. Er befiehlt mir, den Brief zu schließen. Leb wohl auf ewig. Ich bedaure dich –
Franz von Moor.« (I, 2, S. 38)

Es zeigt sich, dass Franz keinerlei Entrüstung bedarf, um ›harte Worte in die Feder zu werfen‹; ein Blick in die Erstausgabe des Dramas offenbart jedoch noch etwas anderes: Abgesetzt vom Rest des Textes[18] und markiert durch die rechtsbündige Signatur kommt der Brief als Brief zur Darstellung.[19] Obwohl er vorgelesen wird, durchbricht er so die dialogische Form des Dramas und präsentiert sich dem*der Leser*in[20] nicht als Teil eines Gesprächs unter Abwesenden, sondern als materielles Artefakt.[21] Verwiesen wird durch diese Nachahmung der Briefform auf die eigentliche Materialität des Briefes, was neben der spezifischen Organisation des Briefraums[22] auch dessen Handschriftlichkeit meint. Zwar ist die Handschrift in dieser Szene stärker als zuvor an einen Brief gebunden, wird

---

17 Seidlin, Schillers »trügerische Zeichen«, S. 252.

18 Absätze zwischen den einzelnen Textelementen gibt es nur in dem Druckbogen, in dem der Brief vorgelesen wird (Friedrich Schiller: Die Räuber. Ein Schauspiel. Frankfurt u. Leipzig 1781, S. 25-32), wobei es nur beim Brief einen zusätzlichen Absatz zwischen der Personenangabe und dem Text des Briefes gibt.

19 Vgl. Friedrich Schiller: Die Räuber. Ein Schauspiel. Frankfurt u. Leipzig 1781, S. 30.

20 Es gibt zwei Buchfassungen von *Die Räuber*. Bezogen wird sich hier auf den Erstdruck, der mit »Ein Schauspiel« untertitelten Version, die dezidiert als Lesedrama konzipiert ist. Auch im Erstdruck der Bühnenfassung – mit »Ein Trauerspiel« untertitelt – findet sich die rechtsbündige Signatur unter dem Brief, der jedoch nicht gesondert abgesetzt ist (vgl. Friedrich Schiller: Die Räuber. Ein Trauerspiel. Mannheim 1788, S. 30-31). Vgl. zu den beiden Druckfassungen Gert Sautermeister: Die Räuber. Ein Schauspiel (1781). In: Matthias Luserke-Jaqui (Hg.): Schiller-Handbuch. Leben – Werk – Wirkung. Stuttgart 2011, S. 1-45, hier S. 1-3.

21 Vgl. hierzu Thomas Rahn: Schautext/Lesetext. Theatralität und Eigenlogik der Typographie in Dramendrucken des 17. Jahrhunderts. In: Alexander Weber (Hg.): Zur Druckgeschichte und Intermedialität frühneuzeitlicher Dramen. Münster 2018 (Literatur Bd. 13), S. 113-143, bes. S. 132-133.

22 Hierunter fallen etwa die Positionen von Anrede und Grußformel, aber auch Höflichkeitsabstände, die sich am Stand des*der Empfängers*in orientieren. Vgl. hierzu Heinz Drügh: Topologie. In: Anne Bohnenkamp u. Waltraud Wiethölter (Hg.): Der Brief – Ereignis & Objekt. Katalog der Ausstellung im Freien Deutschen Hochstift – Frankfurter Goethe-Museum. 11. September bis 16. November 2008. Basel 2008, S. 99-116.

diesmal jedoch nicht absichtlich zerstört, sondern gezielt in Szene gesetzt. Zudem besiegelt der Brief Karls Schicksal: Er wird zu einem Räuber, zu dessen Expertise seinem Freund Spielmann zufolge neben dem Verdrehen von Würfeln und dem Aufbrechen von Schlössern auch das Nachmachen von Handschriften gehört (vgl. I, 2, S. 36).[23] Im Anschluss wird diese Expertise jedoch nicht durch einen Räuber unter Beweis gestellt, sondern – ein weiteres Mal – durch Franz Moor: Er überredet Hermann, den unehelichen Sohn eines Edelmanns, sich als Kamerad von Karl auszugeben und der Familie mitzuteilen, dass dieser verstorben sei.

War die Handschrift in der letzten Szene noch deutlich an die Briefform gebunden, zeigt sich spätestens hier, dass die Handschrift keines Briefes bedarf, befindet sie sich dieses Mal doch auf einem Schwert:

FRANZ. Was seh ich? Was steht da auf dem Schwert? geschrieben mit Blut – Amalia!
AMALIA. Von ihm?
FRANZ. Seh ich recht, oder träum ich? Siehe da mit blutiger Schrift: *Franz, verlaß meine Amalia nicht!* Sieh doch! sieh doch! Und auf der andern Seite: *Amalia, deinen Eid zerbrach der allgewaltige Tod.* – Siehst du nun, siehst du nun? Er schriebs mit erstarrender Hand, schriebs mit dem warmen Blut seines Herzens, schriebs an der Ewigkeit feierlichem Rande! sein fliehender Geist verzog, Franz und Amalia noch zusammenknüpfen.
AMALIA. Heiliger Gott! es ist seine Hand. – Er hat mich nie geliebt! *schnell ab.* (II, 2, S. 64-65).

Auch wenn Amalia von den letzten Worten Karls nicht vollkommen überzeugt scheint, so muss sie doch eingestehen, dass diese von seiner Hand stammen. Um für die Authentizität des Geschriebenen zu bürgen, braucht es – das macht die Szene deutlich – keinen Brief. Bürge ist die Handschrift selbst. Gleichzeitig verdoppelt sich an dieser Stelle die Indexikalität der Handschrift: Nicht nur ist erneut nur von der Hand die Rede, zusätzlich wird hier anstatt von Tinte Blut verwendet, um die Worte niederzuschreiben. Noch dazu ist es nicht einfach Blut, mit dem geschrieben wurde, sondern das ›warme Blut seines Herzens‹. Individueller und authentischer kann Handschrift nicht sein – wäre sie nicht gefälscht.

Unabhängig von ihren Trägermedien wird die Handschrift in ihrer Materialität spätestens hier zu *dem* Zeichen des Authentischen; über jeden Zweifel erhaben, verweist sie nicht einfach auf ihren Urheber, sondern wird als ein Teil von ihm, als »Körperteil jenseits der Körpergrenze«,[24] verstanden. Gleichzeitig offenbart sich im Kontext der Intrige auch die Brüchigkeit dieses Konzeptes: Nicht immer verweist die Handschrift – selbst gegen dessen Willen – auf ihren Urheber zurück; die Logik des authentischen Verweises kann jederzeit instrumentalisiert werden: Die Handschrift ist und bleibt fälschbar, so auch die Schillers.

---

23 Die Fälschung von Handschriften scheint nicht nur Expertise von Räubern, sondern auch von Haussekretären zu sein, hat Wurm für Erpressungen aller Art doch immer »falsche Handschriften« parat (Schiller, Kabale und Liebe, I, 5, S. 580).
24 Kammer, Signatur des Individuellen, S. 45.

II. Die Echtheit der Handschrift (1856)

Karl August Böttiger veröffentlicht 1805 einen Text über Faksimiles. Er beginnt seine Überlegungen mit der Feststellung, dass die »Physiognomik der Handschriften«, circa 30 Jahre nach Lavaters Überlegungen hierzu, eine »sehr bekannte Sache« sei.[25] In diesem Kontext »erhalten« für Böttiger »auch die sogenannten Autographa berühmter Männer einen physiognomischen Wert«.[26] Das frühe 19. Jahrhundert ist jedoch nicht einfach nur die Zeit, in der Autographen ein physiognomischer Wert zugemessen wird, sondern überhaupt die Zeit, in der »[d]ie Öffentlichkeit […] auf Wesen und Wert autographischer Schätze aufmerksam«[27] wird. Angelegt werden erste Autographensammlungen zwar schon seit dem 17. Jahrhundert, doch liegt diesen zumeist ein »wissenschaftliches Prinzip zugrunde«.[28] Erst um 1800 entwickelt sich das Sammeln von Autographen zu einer »Liebhaberei«, die – so der Autographensammler Joseph von Radowitz – »ihre Berechtigung in sich selbst«[29] trägt. Und um diese Autographen auch einer breiteren Öffentlichkeit zugänglich zu machen, fertigt man Faksimiles an.[30] Ein Buch, das solche Faksimiles enthält, hebt Böttiger in seinem Text besonders hervor: »In einer, erst in der letzten Messe ins Publikum gekommenen Sammlung aus Schillers philosophischen und ästhetischen Schriften, sind am Ende auf drei doppelten Kupfertafeln zwei Briefe des Dichters an seinen alten Freund den Buchhändler Göschen in Leipzig, in Fac Similes beigelegt«.[31] In mehrerlei Hinsicht ist diese Werkausgabe Schillers besonders: Mit Christoph Gottlieb von Murrs *Chirographa*

---

25 Karl August Böttiger: Fac Similes. In: Der Freimüthige oder Ernst und Scherz. Nr. 229 (1805), S. 498-499, hier S. 498. Lavaters *Physiognomische Fragmente* werden zeitgenössisch breit rezipiert, dies gilt auch für seine Überlegungen zur Physiognomik der Handschrift. In wissenschaftlichen Artikeln und Zeitungsartikeln wird der Möglichkeit, von der Handschrift auf den Charakter der oder des Schreibenden zu schließen, jedoch nicht nur zugestimmt, sondern diese auch äußerst kritisch diskutiert (vgl. für einen Überblick: Johann Karl Höck: Miscellen. Gmünd 1815, S. 246-256, und Johann Günther u. Otto August Schulz: Handbuch für Autographensammler. Leipzig 1856, S. 78-121). Die wohl affirmativste Weiterschreibung der Lavaterschen Gedanken stammt vom bereits zitierten Johann Christian August Grohmann, dessen Ansatz vor allem deshalb interessant ist, weil für ihn, anders als für Lavater, die Handschrift nicht mehr eine von vielen Möglichkeiten darstellt, um auf den Charakter einer Person zu schließen, sondern ihr hierfür einen privilegierten Status einräumt: »Körperbau, Stimme, Farbe, Haar, alles ist für den Beobachter des Menschen auch leicht in der Handschrift zu finden« (Grohmann, Untersuchung der Möglichkeit, S. 65) – eine größer angelegte Studie, die Lavaters Gedanken weiterentwickelt, bleibt zeitgenössisch jedoch aus.

26 Böttiger, Fac Similes, S. 499.

27 Eugen Wolbe: Handbuch für Autographensammler. Berlin 1923, S. 161.

28 Ebd., S. 152.

29 [Joseph von Radowitz]: Die Autographen-Sammlungen. In: Deutsche Vierteljahrs-Schrift 1 (1842), S. 259-276, hier S. 262.

30 Vgl. hierzu Maximilian Bach: Fac simile: Autograph und Reproduktion seit 1800. In: ders. u. Dieter Martin (Hg.): Ein Pantheon auf Papier. Die Sammlung Karl Geigy-Hagenbach (1866-1949) und die moderne Autographenfaszination. Basel 2023, S. 99-108.

31 Karl August Böttiger: Fac Similes (Schluß). In: Der Freimüthige oder Ernst und Scherz Nr. 230 (1805), S. 502-503, hier S. 502.

personarum celebrium erscheint zwar schon ein Jahr zuvor im deutschen Sprachraum das erste Buch, das faksimilierte Handschriften bedeutender Persönlichkeiten enthält, in der Schiller-Ausgabe treffen jedoch erstmals faksimilierte Handschrift und Werk aufeinander.

Gleichzeitig handelt es sich bei dieser Ausgabe von Schillers Werken wohl um die erste posthum erschienene, ist er doch nur wenige Monate vor der Veröffentlichung gestorben. Einer der beiden Briefe entstand gar »wenige Wochen vor seinem Tod«, wie Böttiger dezidiert hervorhebt. Er schreibt den beiden Faksimiles auch über Schillers Tod hinaus die Fähigkeit zu, dessen »kräftige, in festen Umrissen männlich und bestimmt gleichsam einherschreitenden Schriftzüge aufs lebhafteste [zu] vergegenwärtigen« – die Faksimiles, so heißt es weiter, zeigen Schriftzüge von Händen, »die zwar nicht mehr schreiben und doch unsterblich sind.«[32]

Transformiert wird so der brieftheoretische Topos vom Gespräch unter Abwesenden, wie er in Schillers Dramen noch zutage tritt: Abwesenheit ist hier kein temporärer Zustand mehr, sondern meint den Tod desjenigen, der in der Handschrift vergegenwärtigt wird. Dass sich die Handschrift für die verlebendigende Erinnerung Verstorbener besonders eignet, betont auch von Radowitz:

Von Allem, was der Mensch hienieden zurückläßt, gehört ihm vielleicht nichts so ganz eigen an, als seine Handschrift, jenes Produkt seiner geistigen und leiblichen Thätigkeit, jener eben so unmittelbare und dabei greifliche Ausfluß seiner Persönlichkeit als seiner Handlungen selbst. Keine andere Reliquie eines Menschen hängt so innig mit ihm selbst zusammen, bei keinem ist die Gemeinschaft so wenig zufällig, bei keinem daher die Erinnerung so tief und lebendig.[33]

Autographen werden hier – wie auch später immer wieder – als Reliquien verstanden, die im Gegensatz zu vielen anderen Andenken von den Verstorbenen nicht einfach besessen oder benutzt, sondern produziert wurden und – Radowitz beruft sich hier auf Lavater – als Körperteil jenseits der Körpergrenze, als authentischer Ausdruck des Charakters verstanden werden können.

Neben diesem emotionalen Interesse an Autographen entsteht im beginnenden 19. Jahrhundert zunehmend auch ein monetäres. Während in Frankreich und England schon seit den 1820er Jahren regelmäßig Autographenversteigerungen stattfinden,[34] hat man sich im deutschsprachigen Raum, so Radowitz, länger »an dem alten Grundsatze gehalten, daß Autographen nicht durch Kauf zu erwerben seyen«.[35] Erst 1843 findet dann

---

32 Böttiger, Fac Similes (Schluß). Ganz ähnlich behauptet auch Johann Wolfgang von Goethe, dass Autographen »auch Entfernte und Verstorbene [...] vergegenwärtigen.« Johann Wolfgang von Goethe: Brief an Johann Friedrich Blumenbach, 4. April 1806. In: ders.: Werke. Weimarer Ausgabe, IV. Abteilung: Briefe. Bd. 19. Weimar 1895, S. 121.

33 [Joseph von Radowitz]: Autographensammlungen. In: Meyer's Conversations-Lexicon. Vierter Band, zweite Abteilung. Hildburghausen 1844, S. 939-943, hier S. 940.

34 Vgl. Günther Mecklenburg: Vom Autographensammeln. Versuch einer Darstellung seines Wesens und seiner Geschichte im deutschen Sprachgebiet. Marburg 1963, S. 83-84.

35 Joseph von Radowitz: Die Autographen-Sammlung. In: ders.: Gesammelte Schriften. Bd. 1. Berlin 1852, S. 407-440, hier S. 425.

auch in Deutschland eine erste Autographenversteigerung statt.[36] War das Sammeln von Autographen zuvor denjenigen vorbehalten, »deren Lebensstellung es ihnen […] leicht […] machte, ihre Korrespondenz mit berühmten Zeitgenossen durch geschenkte Autographen zu einer Sammlungen auszubauen«,[37] scheint sich dies in den 1840er Jahren rasch zu ändern, schreibt der Bibliothekar Gottlieb Friedländer doch schon 1846 von »unserer autographensüchtigen Zeit«.[38] Diese Entstehung eines Autographenhandels führt letztlich dazu, dass Autographen gefälscht werden, um Profit mit ihnen zu machen. Wie bereits angedeutet, geschieht dies in Deutschland erstmals im großen Stil mit Autographen Schillers.

Obwohl Schillers Werkausgabe die erste mit Faksimiles seiner Handschrift war, waren seine Handschriften bis in die frühen 1850er Jahre »ein besonders gesuchter und kostbarer Artikel«[39] auf dem Autographenmarkt.[40] Der Grund dafür war einerseits Schillers Popularität, andererseits und vor allem aber ihre Seltenheit: Schiller vernichtete einen Großteil seiner Manuskripte, und viele der wenigen hinterlassenen Handschriften wurden in den ersten Jahren nach seinem Tode zerteilt und zerstreut, worauf zuletzt Kai Sina und Carlos Spoerhase hingewiesen haben.[41] Trotz Schillers mangelnden Nachlassbewusstseins kamen seit den 1850er Jahren jedoch »Handschriften dieses Dichters in so außerordentlicher Menge zum Verkaufe und noch dazu Handschriften aller berühmtesten Gedichte, daß schon aus diesem Umstande Männer von Kenntnis Verdacht schöpften.«[42] Diese Verdächtigungen führten 1856 schließlich zu einem Gerichtsprozess gegen Georg Heinrich Karl Jakob Victor von Gerstenbergk wegen ›betrüglicher Anfertigung Schillerscher Handschriften‹.

---

36 Vgl. Mecklenburg, Vom Autographensammeln, S. 81-82.

37 Mecklenburg, Vom Autographensammeln, S. 22. Mustergültiger Sammler dieses Typs ist Johann Wolfgang von Goethe, der häufig als erster wichtiger deutscher Autographensammler bezeichnet wird und durch den, so Mecklenburg, »das Autographensammeln in das Bewusstsein der Nation« (Mecklenburg, Vom Autographensammeln, S. 22) tritt. Vgl. zu Goethes Autographensammlung: Hans-Joachim Schreckenbach: Goethes Autographensammlung. Katalog. Weimar 1961; sowie Goethe- und Schiller-Archiv u. Freies Deutsches Hochstift (Hg.): Aus Goethes Autographensammlung. Hamburg u. Göttingen 2017.

38 Hans Lülfing: Die Handschriftenabteilung. In: Deutsche Staatsbibliothek 1661–1961. Bd. 1: Geschichte und Gegenwart. Leipzig 1961, S. 319-380, hier S. 334.

39 Anton Vollert: Der Proceß wegen betrüglicher Anfertigung Schillerscher Handschriften gegen den Architekten und Geometer Georg Heinrich Karl Jakob Victor von Gerstenbergk zu Weimar. Jena 1856, S. 1.

40 Vgl. zum ›Reliquienkult‹ um Schiller, der nicht nur Autographen umfasst: Sabine Knopf: »Reliquien von besonderem Reiz«. Über Schiller-Autographen, andere »Schilleriana« und deren Sammler. In: Librarium 49 (2006), H. 1, S. 2-41.

41 Vgl. Kai Sina u. Carlos Spoerhase: Nachlassbewusstsein. Zur literaturwissenschaftlichen Erforschung seiner Entstehung und Entwicklung. In: Zeitschrift für Germanistik 23 (2013), H. 3, S. 607-623, hier S. 608-609. Vgl. auch Wolbe, Handbuch, S. 378-379, und Knopf, Reliquien, S. 3.

42 Vollert, Der Proceß, S. 1.

Schon in den 1770er Jahren hatte die Fälschung von Handschriften William Shakespeares durch William Henry Ireland in England für viel Aufsehen gesorgt, da Ireland jedoch »keinerlei Vermögensvorteile erstrebte und erzielte, […] blieb […] hier die Strafverfolgung aus«.[43] Dies war bei Gerstenbergk anders. Da er sich durch das Fälschen von Autographen finanziell bereichern wollte, wurde es zur Straftat, für die er schließlich zu »2 Jahren Strafarbeitshaus und […] Entziehung der staatsbürgerlichen Rechte auf 3 Jahre«[44] verurteilt wurde, übrigens ohne, dass er gestanden hatte.[45]

416 Handschriften, die von Gerstenbergk als Schiller-Autographen verkauft worden waren, lagen der Untersuchungsbehörde vor, wobei es sich dabei vermutlich nur um einen kleinen Teil der Verkäufe gehandelt haben dürfte. Lediglich vier der Handschriften konnten als echt identifiziert werden, alle anderen waren Fälschungen. Zur Überprüfung der Echtheit waren drei Kommissionen eingesetzt worden: Eine zur »Prüfung der inneren Gründe, vom ästhetischen und literar-historischen Standpuncte«, eine »mit besonderer Rücksicht auf das Alter von Papier und Schrift«, die – historisch wohl erstmalig – auch nach »Grundsätzen der Chemie« untersucht wurden, und eine »[m]it besonderer Rücksicht auf die Schreibweise«.[46] Belege für die Falschheit der Autographen lieferten diese Kommissionen schließlich viele: Nicht nur gab es (zu) viele Autographen, unter ihnen befanden sich auch noch zahlreiche Dubletten, was ein deutlicher Hinweis auf die »Fabrikmäßigkeit«[47] ihrer Herstellung war. Gerstenbergk verteidigte sich in diesem Zusammenhang mit einem Verweis auf Schillers Medienpolitik,[48] habe dieser doch »seine

---

43 Wolbe, Handbuch, S. 369. Vgl. hierzu auch Tim Sommer: Shakespeare zwischen Handschrift und Druck. Frühneuzeitliche Autorschaft und forensische Philologie. In: Sylvia Brockstieger u. Rebecca Hirt (Hg.): Handschrift im Druck (ca. 1500-1800). Annotieren, Korrigieren, Weiterschreiben. Berlin u. Boston 2023, S. 193-212, bes. S. 201-206.

44 Vollert, Der Proceß, S. 42.

45 Schon kurze Zeit später erschien mit Vollerts *Der Proceß wegen betrüglicher Anfertigung Schillerscher Handschriften gegen den Architekten und Geometer Georg Heinrich Karl Jakob Victor von Gerstenbergk zu Weimar* eine umfassende Rekonstruktion des Prozesses, auf den sich die meisten späteren Aufarbeitungen maßgeblich beziehen, etwa: Johann Günther u. Otto August Schulz: Handbuch für Autographensammler. Leipzig 1856, S. 31-56, und Max J. Wolff: Die Gerstenbergkschen Schiller-Fälschungen. In: Preußische Jahrbücher 221 (Juli bis September 1930), S. 35-42. Ausführlichere Verweise jüngeren Datums finden sich bei Reulecke, Täuschend, ähnlich, S. 149-151; Gerhard Schmid: Der Mann, der wie Schiller schrieb. Die Fälschung von Schiller-Handschriften durch Heinrich von Gerstenbergk (1814-1880). In: Manuskripte 8 (2017), S. 19-36. Mit Gabriele Klunkert: Mit fremder Feder. Der gefälschte Schiller. Wiesbaden 2023, ist jüngst erstmals eine mit viel Anschauungsmaterial versehene Rekonstruktion des Prozesses erschienen, die sich nicht nur auf Vollert stützt, sondern auch zeitgenössische Zeitungsberichte und die umfangreichen Prozessakten miteinbezieht. Für die Möglichkeit, die Publikation noch vor ihrer Veröffentlichung zu sichten, sei Gabriele Klunkert herzlich gedankt.

46 Vollert, Der Proceß, S. 5. – Vgl. hierzu ausführlicher Klunkert, Mit fremder Feder, S. 53-65.

47 Ebd., S. 10.

48 Vgl. hierzu Rüdiger Nutt-Kofoth: Schillers Medienpolitik. In: Cornelia Ortlieb u. Tobias Fuchs (Hg.): Schreibkunst und Büchermacherei. Zur Materialität des Schreibens und Publizierens um 1800. Hannover 2017, S. 93-115, und Steffen Martus: Schillers Werkpolitik. In: Jahrbuch der deutschen Schillergesellschaft 55 (2011), S. 169-188.

Sachen verschiedene Male umgearbeitet herausgegeben« und »seine Gedichte zerstreut in Journalen erscheinen lassen.«[49] Doch genau diese Medienpolitik sowie die sich durch Zerteilung und Zerstreuung auszeichnende frühe Nachlasspolitik ließen es nahezu unmöglich erscheinen, dass eine einzige Person weit über 400 dieser verstreuten Handschriften gesammelt haben könnte: Gerstenbergk »kann [die Handschriften] nicht versammelt«, sondern »nur fabriciert haben«.[50]

Dass es sich nicht um echte Handschriften Schillers handeln konnte, machte auch deren genauere Analyse deutlich: Die Schreibweise einzelner Buchstaben wich von der Schillers ab, es wurde sich nicht an die zu Schillers Lebzeiten geltenden Orthographieregeln gehalten, die Beschaffenheit von Papier und Tinte entsprach nicht immer der Zeit,[51] und schließlich konnte sogar eine Werkausgabe identifiziert werden, aus der ein Großteil der Texte – samt ihrer Druckfehler – übernommen worden war.[52]

Außerdem waren fast alle Autographen – »Briefe und Billetchen«, aber auch »fast alle Gedichte, Epigramme, Gedicht-Bruchstücke, ja selbst prosaische Excerpte«[53] – mit Schillers Unterschrift versehen. Der Grund hierfür ist simpel: Unterschriften bedeuten eine deutliche Wertsteigerung, denn sie autorisieren und authentifizieren das Geschriebene und bürgen so – eigentlich – für die Echtheit des Autographen.[54] Doch in dieser – noch dazu gefälschten – Menge werden sie nicht zum Ausweis einer »absolute[n] Einmaligkeit«,[55] sondern zum zentralen Ausweis ihrer »Warenmäßigkeit«.[56]

Im Prozess werden die Autographen jedoch nicht erst durch die Unterschrift als Ware begriffen, sondern von vornherein, da sie genau wie Bücher »Gegenstand des Tauschverkehrs«[57] sind. Gleichwohl wird »[d]ie Waarenverfälschung […] zu einem Verbrechen gegen fremdes Eigenthum nicht durch die bloße Anfertigung, sondern erst durch die Überlassung der gefälschten Waare als einer echten an Unkundige unter Benachtheiligung der letzteren an ihrem Vermögen, mit andern Worten, sobald sie sich zum Betruge

---

49 Vollert, Der Proceß, S. 28.
50 Ebd., S. 11.
51 Vgl. Ebd., S. 5-7.
52 Vgl. Ebd., S. 14-15.
53 Ebd., S. 8.
54 Vgl. Annette Tietenberg: Die Signatur als Authentifizierungsstrategie in der Kunst und im Autorendesign. In: Uta Daur (Hg.): Authentizität und Wiederholung. Künstlerische und kulturelle Manifestationen eines Paradoxes. Bielefeld 2003, S. 19-34.
55 Jacques Derrida: Signatur Ereignis Kontext. In: ders.: Die différence. Ausgewählte Schriften. Ditzingen 2004, S. 68-109, hier S. 103. Die ›absolute Einmaligkeit‹ der Handschrift wird bei Derrida gleichwohl immer schon durch die Iterierbarkeit der Schrift konterkariert, vermag also nie vollständig singulär zu sein. Vgl. hierzu Sonja Neef: Abdruck und Spur. Handschrift im Zeitalter ihrer technischen Reproduzierbarkeit. Berlin 2008, S. 89. Zur Ambivalenz der Unterschrift darüber hinaus: Tilman Richter: The Forging of One's Self. Inauthentic Signatures and the Privacy of Handwriting. In: Know. A Journal of the Formation of Knowledge 7 (2023), H. 1, S. 35-59.
56 Vollert, Der Proceß, S. 9.
57 Ebd., S. 35.

qualificiert.«⁵⁸ Eigentliches Verbrechen ist letztlich also nicht die Fälschung der Handschriften, sondern ein »Betrug[] in Vertragsverhältnissen«.⁵⁹

An diesem Urteil übte der Jurist Hermann Ortloff jedoch schon wenige Jahre später harsche Kritik. Das Verbrechen wurde aus seiner Sicht zu »gelind bestraft«, handelte es sich doch nicht einfach um Betrug, sondern um »durch Fälschung verübte[n] Betrug«.⁶⁰ Die Fälschung selbst ist zwar auch für ihn kein Verbrechen,⁶¹ aber nur so lange damit keine finanzielle Bereicherung verbunden ist; sobald jedoch eine betrügerische Absicht besteht, wird sie für ihn zur Urkundenfälschung.⁶² Während im Rahmen des Prozesses dafür argumentiert wird, dass in der »Anfertigung der Autographen […] das Verbrechen der Urkundenfälschung nicht zu finden«⁶³ ist, plädiert Ortloff für ein weiteres Verständnis des Urkundenbegriffs, unter das auch Autographen fallen.⁶⁴ Als »Eigen-, Selbst-Handschrift«⁶⁵ sind für ihn Autographen und Urkunden schon etymologisch eng verwandt, deren Ähnlichkeit geht für Ortloff jedoch über diesen gemeinsamen etymologischen Ursprung hinaus: Sowohl Urkunden als auch Autographen haben an sich keinen Wert,

---

58 Ebd.

59 Ebd.

60 Hermann Ortloff: Ueber die Fälschung der Autographieen. In: Organ für Autographensammler und Autographenhändler 4 (1860), S. 49-57, hier S. 51.

61 Die Nachahmung fremder Schriftzüge kann an sich schon deshalb kein Verbrechen sein, da sie am Anfang eines jeden Schreibenlernens – zumindest in der Schreibpädagogik des 18. und 19. Jahrhunderts – steht, werden hier doch zunächst fremde Schriftzüge nachgeahmt, um auf deren Grundlage eine eigene Handschrift zu entwickeln (vgl. etwa Heinrich Bosse: »Die Schüler müßen selbst schreiben lernen« oder: Die Einrichtung der Schreibtafel. In: ders.: Bildungsrevolution 1770-1830. Heidelberg 2012, S. 161-192).

62 Den Tatbestand der Urkundenfälschung gibt es schon im römischen Recht, er wird jedoch, wie jede andere Fälschung und jede Form von Betrug, als *crimen falsi* begriffen. Erst in der Zeit von Gerstenbergks Gerichtsprozess wird die Urkundenfälschung im deutschen Recht als eigenständiges Verbrechen angesehen, dies gilt jedoch noch nicht in allen deutschen Staaten (vgl. hierzu Diethelm Kienapfel: Urkunden im Strafrecht. Frankfurt/Main 1967, S. 38). Das ist auch der Grund für Ortloffs Kritik am Urteil im Fall Gerstenbergk. Während z. B. im Preußischen StGB von 1851 bereits zwischen Betrug und Fälschung unterschieden wird, ist im thüringischen StGB, das die Grundlage für Gerstenbergks Prozess bildet, die Fälschung noch eine Unterform des Betrugs. Entsprechend wird Gerstenbergk auch wegen Betrugs und nicht wegen Fälschung angeklagt (vgl. Hermann Ortloff: Ueber die Fälschung der Autographieen. In: Organ für Autographensammler und Autographenhändler 4 (1860), S. 49-57, bes. S. 50-51).

63 Vollert, Der Proceß, S. 34.

64 Zum Zeitpunkt des Gerichtsprozesses und Ortloffs Kritik an diesem gibt es noch keine einheitliche Definition des Urkundenbegriffs, eine solche findet sich im deutschen Recht erstmals 1943. Zurückgehend auf das römische Recht unterscheidet man in Deutschland zwischen Urkunden im engeren und weiteren Sinne. Die Urkunde im weiteren Sinne macht eine genaue Definition des Urkundenbegriffs nahezu unmöglich, da hierunter unterschiedlichste materielle Formen der Beglaubigung fallen können, z. B. Briefe, Quittungen, Warenaufschriften, Plomben und Siegel (vgl. Kienapfel, Urkunden im Strafrecht, S. 2). Autographen als Urkunde zu behandeln, ist aus diesem Verständnis von Urkunden heraus daher keinesfalls ungewöhnlich.

65 Ortloff, Ueber die Fälschung der Autographieen, S. 20.

sondern sind zunächst nichts mehr als ein »Streifen Papier«.[66] Ihren Wert erhalten beide erst durch ihre Echtheit. Autographen sind für Ortloff deshalb nicht per se Waren, denn erst durch das »Vertrauen auf die Echtheit empfängt der Käufer die Autographie als Ware«.[67] Entsprechend ist es »[d]er blosse Einwand der Unechtheit«, der »das Vertrauen zu ihrem Werth« untergräbt »und der Nachweis der Unechtheit benimmt der vermeintlichen Autographie denselben gänzlich – sie wird ein werthloser Papierstreifen«.[68] Die Echtheit der Autographen wird so »die den damit betriebenen Handel leitende Idee«.[69] Aus der Reliquie wird ein ›Streifen Papier‹, dessen Wert nicht mehr durch die Verlebendigung eines Abwesenden entsteht, sondern durch die Garantie der Echtheit, die das Autograph zur Ware werden lässt.

III. 1782-1856

Während die Handschrift im ausgehenden 18. Jahrhundert vor allem als authentischer Ausdruck eines Inneren gilt, der einen Abwesenden lebendig vor Augen stellt, wird die Handschrift in Gerstenbergks Prozess zum Ausweis von Echtheit. Sie wird zur Garantie dafür, dass man es nicht mit einem ›Streifen Papier‹ zu tun hat, sondern mit einer Ware. Dies bedeutet nicht, dass die Handschrift nicht auch noch als authentischer Selbstausdruck verstanden wird, dennoch zeichnet sich hier eine deutliche Verschiebung im Verständnis der Handschrift ab. Diese Bedeutungsverschiebung beschränkt sich dabei nicht auf den Autographenhandel, sondern ist Ausdruck einer allgemeinen Professionalisierung des Handschriftenwesens zu dieser Zeit. Nicht nur wird aus dem Sammeln von Autographen ein Handel mit diesen, auch Lavaters fragmentarische Überlegungen werden im ausgehenden 19. Jahrhundert zu einer eigenständigen Wissenschaft weiterentwickelt: der Graphologie.[70] Zu untersuchen, wie es zu dem Bedeutungswandel

---

66 Ebd., S. 18.
67 Ebd.
68 Ebd.
69 Ebd.
70 Als erstes Hauptwerk der Graphologie gilt gemeinhin das 1875 erschienene Werk *Système de graphologie* von Jean-Hippolyte Michon, der zugleich Namensgeber der Disziplin ist. Erstmals wird hier die Möglichkeit, von der Handschrift auf den Charakter zu schließen, systematisch aufgearbeitet und verbleibt nicht mehr, wie noch bei Lavater – auf den Michon sich explizit bezieht –, Fragment. Zugleich basiert seine Systematik nicht mehr primär auf Intuition, er begreift die Graphologie als »Wissenschaft mit eignen Prinzipien, Gesetzen und einer Klassifikation« (Jean-Hippolyte Michon: System der Graphologie. München u. Basel 1971, S. 10). Zu Beginn des 20. Jahrhunderts entwickelte sich die Graphologie auch im deutschen Sprachraum zu einer eigenständigen Wissenschaft, die vor allem mit dem Namen Ludwig Klages verbunden ist, dessen Hauptwerk *Handschrift und Charakter* 1917 erschien. Auch wenn im Rahmen der Graphologie zunehmend naturwissenschaftliche Verfahren zum Einsatz kommen (vgl. Armin Schäfer: Lebendes Dispositiv. Hand beim Schreiben. In: Cornelius Borck (Hg.): Psychographie. Zürich 2005, S. 241-265), schaffte es die Graphologie jedoch nie, sich vollständig vom Ruf der Pseudo-Wissenschaft zu lösen. Verschärft hat sich diese Skepsis nicht zuletzt durch die Instrumentalisierung der Graphologie in Zeiten des Nationalsozialismus (vgl. Per Leo, Der Wille

kommt und wie dieser in der Zeit zwischen der Aufwertung der Handschrift im Brief und der Professionalisierung vorbereitet wird, muss jedoch Ziel eines größer angelegten Projekts bleiben.

Maximilian Kloppert, Köln

---

zum Wesen, S. 478-507). Dennoch findet sich graphologisches Wissen bis heute etwa im juristischen und kriminalistischen Kontext, vor allem in Form von Schriftvergleichung und Forensik. – Vgl. zur Geschichte der Graphologie Claudia Schmölders: Das Vorurteil im Leibe. Eine Einführung in die Physiognomik. Berlin 1995, S. 99-108.

Umgangsformen. Zirkulation, Hierarchie und Topologie in kollaborativen Manuskripten und Publikationen um Friedrich Schlegel

This paper explores the connections between the notion of original authorship, that gained a dominant position in aesthetic discourse since the late 18th century, with the media practices that helped this notion take its shape. While the expression of individuality in manuscripts can rely on the material trace of the ink, printing cultures have to mark the origin of a text and the authorial claim that may be connected to it in different ways. A letter, written on January 15th 1798 in an intricate collaboration between Friedrich Schlegel and Friedrich Schleiermacher, is used to exemplify this notion. The media practices of manuscript production may be organized in a distinctly hierarchical way but it doesn't require a definitive decision on the question of authorship. The letter shows some of the negotiations that aim at keeping the upper hand in the end (in a hierarchical as well as in a topological sense) that can – as the paper proposes – shed some light on the similarly intricate production of the Athenäeums-fragments. The letterpress deletes the traces of material collaboration but it has other means to show the involvement of other actors, that often transform the collaborative text into a collective work of co-authors.

Cet article explore les liens entre la notion d'auteur original, qui a acquis une position dominante dans le discours esthétique depuis la fin du XVIIIᵉ siècle, et les pratiques médiatiques qui ont permis à cette notion de prendre forme. Alors que l'expression de l'individualité dans les manuscrits peut s'appuyer sur la trace matérielle de l'encre, les cultures de l'imprimerie doivent marquer l'origine d'un texte et la revendication de l'auteur qui peut y être liée de différentes manières. Une lettre écrite le 15 janvier 1798 dans le cadre d'une collaboration complexe entre Friedrich Schlegel et Friedrich Schleiermacher est utilisée pour illustrer cette notion. Les pratiques médiatiques de la production de manuscrits peuvent être organisées de manière nettement hiérarchique, mais elles ne requièrent pas de décision définitive sur la question de la paternité. La lettre montre certaines des négociations qui visent à garder le dessus à la fin (dans un sens hiérarchique et topologique) et qui peuvent – comme le propose l'article – éclairer la production tout aussi complexe des fragments de l'Athenäeum. La typographie efface les traces de la collaboration matérielle, mais elle dispose d'autres moyens pour montrer l'implication d'autres acteurs, qui transforment souvent le texte collaboratif en une œuvre collective de co-auteurs.

I. Materialität und Pluralität des Schreibens

Es ist eine alte Vorstellung, aber eine, die mit solcher Insistenz forttradiert wurde und zugleich in so vielfältigen Kontexten und kulturellen Domänen verankert war, dass sie eine bemerkenswerte Karriere machte: Dichten ist ein einsames Geschäft.[1] Die poetische

---

[1] Vgl. zum Problembereich exemplarisch Jack Stillinger: Multiple Authorship and the Myth of Solitary Genius. Oxford 1991, Rachel Mader (Hg.): Kollektive Autorschaft in der Kunst: Alternatives Handeln und Denkmodell. Bern 2012 (Kunstgeschichten der Gegenwart Bd. 10), Nacim Ghanbari [u. a.] (Hg.): Kollaboration. Beiträge zur Medientheorie und Kulturgeschichte der Zusammenarbeit. München 2018, Daniel Ehrmann u. Thomas Traupmann (Hg.): Kollektives Schreiben. Paderborn 2022 (Zur Genealogie des Schreibens Bd. 28). Vor allem in letzter Zeit wurde diese Vorstellung wieder verstärkt auch im Zeichen neuer kultursoziologischer und praxeologischer Ansätze zum Thema gemacht. Vgl. Carlos Spoerhase u. Erika Thomalla: Werke in Netzwerken. Kollaborative Autorschaft und literarische Kooperation im 18. Jahrhundert.

Praxis, das ist die Essenz dieser Idee zumindest über die ›lange‹ Frühe Neuzeit hinweg,[2] braucht Ruhe und ungeteilte Aufmerksamkeit, damit aus ihr Meisterwerke hervorgehen können – gleich, ob sie sich nun göttlicher Inspiration, genialischer Schöpferkraft oder dem mühevollen Handwerk der Könnerschaft verdanken.[3] In ihrem so gefassten Kern erweist sich diese Vorstellung als erstaunlich robust. Denn auch wenn das emphatische Konzept von originaler, schöpferischer Autorschaft eine genuin moderne Entwicklung zu sein[4] und sich vor allem einer Diskursformation des ausgehenden 18. Jahrhunderts zu verdanken scheint,[5] so ist die Idee einer Verbindung von Einsamkeit und Schriftstellerei, zumal in ihren höchsten Ausformungen, wesentlich älter. Literarische Texte neigten über die Epochen hinweg in besonderer Weise zur Selbstreflexion bzw. Selbstinszenierung,

In: Zeitschrift für deutsche Philologie 139 (2020), H. 2, S. 145-163, Daniel Ehrmann: Kollektivität. Geteilte Autorschaften und kollaborative Praxisformen 1770-1840. Wien u. Köln 2022.

2 Die üblichen Maxima 1450-1850 (vgl. Helmut Neuhaus: Die Frühe Neuzeit als Epoche. In: ders. (Hg.): Die Frühe Neuzeit als Epoche. München 2009, S. 1-4, hier S. 1) stimmen weitgehend mit den textkulturellen Zäsuren der Erfindung des Buchdrucks und der Einführung des Urheberrechts überein.

3 Damit ist nicht unbedingt eine zeitliche Abfolge bezeichnet, sondern auch eine komplizierte diskursive Gemengelage. Zu den unterschiedlich valorisierten Vorstellungen von Dichtung als Handwerk, die nicht nur die Vormoderne oder den Bereich der Unterhaltung kennzeichnen, vgl. Michael Bies: Das Handwerk der Literatur. Eine Geschichte der Moderne 1775-1950. Göttingen 2022, und Daniel Ehrmann: Stifter und Stiftsschüler. Poesie, Pädagogik und Politik im 19. Jahrhundert. In: Jahrbuch des Adalbert Stifter-Instituts des Landes Oberösterreich 24 (2017), S. 85-103.

4 Meist wird eine Zäsur zur Jahrhundertmitte ausgemacht. Nach Johannes F. Lehmann: Genie und Autorschaft. In: Michael Wetzel (Hg.): Grundthemen der Literaturwissenschaft: Autorschaft. Berlin u. Boston 2022, S. 259-276, hier S. 266, trete ab 1750 der genialische Autor nicht mehr »als Entdecker, sondern als Schöpfer« auf, wodurch die Verankerung von Autorschaft »in den Disziplinen der Schönen Wissenschaften« gelöst werde. Bosse konstatiert sogar einen ›Bruch‹ um 1770. Vgl. Heinrich Bosse: Der Bruch um 1770. Aufklärung, Autorschaft, Sturm und Drang. In: Deutsche Vierteljahrsschrift für Literaturwissenschaft und Geistesgeschichte 93 (2019), S. 131-156. Insbesondere im Anschluss an Michel Foucault: Was ist ein Autor? (Vortrag) [1969]. In: ders.: Schriften in vier Bänden. Bd. 1. Frankfurt/Main 2001, S. 1003-1041, wurde über die Frage nach der Universalität oder Historizität der Autorfunktion diskutiert. Kaum berücksichtigt wurde in all diesen Kontexten, dass es vielfältige Autorschaftsmodelle nebeneinander gab, die indes innerhalb verschiedener gesellschaftlicher Domänen auch mit unterschiedlichen symbolischen Werten versehen werden konnten. Vgl. dazu Pierre Bourdieu: Die Regeln der Kunst. Genese und Struktur des literarischen Feldes. Frankfurt/Main 1999.

5 Freilich gibt es Vorstellungen von Autorschaft und auch Autorität schon früher, hier geht es aber im Speziellen um die Idee schöpferischer Autorschaft, die einen Anspruch auf (geistiges) Eigentum stellt. Vgl. Heinrich Bosse: Autorschaft ist Werkherrschaft. Über die Entstehung des Urheberrechts aus dem Geist der Goethezeit. Paderborn [u. a.] 1981, und Ehrmann, Kollektivität. Siehe auch die interessante, aber doch einseitige Pointierung bei Michael Wetzel: Historischer Abriss. In: ders. (Hg.): Grundthemen der Literaturwissenschaft. Autorschaft. Berlin u. Boston 2022, S. 77-197, hier S. 113-114, man könne gerade »diese Epoche auch als Beginn des Niedergangs vom Ideal autonomer und autokratischer Autorschaft sehen, die im Augenblick ihrer Realisierung im literarischen Betrieb eben diese Freiheit verliert.«

indem sie vielfältige ›Szenen des Schreibens‹ entwarfen,[6] die stets auch ein Bild ihrer eigenen (tatsächlichen oder behaupteten) Genese zeichnen. Ventiliert wurde die Idee kreativer Einsamkeit darüber hinaus auch von den bildenden Künsten, die damit zugleich der Etablierung jener kulturell wirksamen Vorstellung einer Produktivkraft des Individuums Vorschub leisteten, das niemanden als sich selbst braucht, um staunenswerte Werke hervorzubringen. Die folgenreiche Behauptung eines Neubeginns der Literatur am Ende des 18. Jahrhunderts,[7] die auch eine Verschiebung des Autorkonzepts angestoßen hat, beruht somit nicht zuletzt auf der intermedial verbreiteten (und vorbereiteten) Möglichkeit einer Übertragung, durch die »das literarische Werk Ausdruck der Individualität des Autors« wird.[8] Damit ist zugleich jener entscheidende Abstraktionsschritt vollzogen, der die (weniger medientechnisch als diskursiv) problematische Übersetzung der Handschrift in den Druck erlaubt.[9]

Ein dafür aufschlussreiches Motiv, das aufgrund seiner Stellung in der Gründungsgeschichte der katholischen Kirche in vielen Fresken und Tafelbildern begegnet, ist Hieronymus in der Einsamkeit. Mit Blick auf das Verhältnis von Druck- und Handschriftenkultur besonders bemerkenswert ist innerhalb dieser reichen Bildtradition Albrecht Dürers Meisterstich *Hieronymus im Gehäuse* von 1514.[10] Es handelt sich dabei um ein Bild vom Schreiben, genauer: um die gedruckt verbreitete Darstellung einer Manuskriptproduktion. In den Blick rückt damit neben dem vordergründigen Motiv sofort auch das Verhältnis des individuellen Artefakts (auf Darstellungsebene) zu seiner mechanischen Vervielfältigung (auf der Ebene des Trägermediums), das zur Herstellungszeit von Dürers Stich auch im Bereich der Textproduktion durchaus kontrovers diskutiert wurde.[11] Dies wird zudem vom Bild selbst insofern aufgerufen, als Hieronymus darin nicht einfach auf Papier, sondern – wie es scheint – in einen bereits fertig gebundenen Kodex schreibt.[12]

---

6   Hier im Sinne einer ›scene of writing‹, wie sie Rüdiger Campe: Writing Scenes and the Scene of Writing. A Postscript. In: Modern Language Notes 136 (2021), H. 5, S. 1114-1133, hier S. 1117, entwirft.

7   Ich schließe mich hier der Lesart an, die Bosse, Der Bruch, vorgeschlagen hat.

8   Marianne Willems: Stella. Ein Schauspiel für Liebende. Über den Zusammenhang von Liebe, Individualität und Kunstautonomie. In: Aufklärung 9 (1996), H. 2, S. 39-76, hier S. 46.

9   Was von da an, etwa nach Fichtes berühmter Grundlegung, »den Schriftsteller zum Urheber macht«, ist »seine im Werk Form gewordene Individualität« (Carsten Zelle: Auf dem Spielfeld der Autorschaft. Der Schriftsteller des 18. Jahrhunderts im Kräftefeld von Rhetorik, Medienentwicklung und Literatursystem. In: Spielräume des auktorialen Diskurses. Hg. v. Klaus Städtke u. Ralph Kray. Berlin: Akademie 2003 (LiteraturForschung), S. 1-37, hier S. 30). Zum keineswegs einseitig hierarchischen Verhältnis von Handschrift und Druck vgl. jetzt auch Sylvia Brockstieger u. Rebecca Hirt (Hg.): Handschrift im Druck (ca. 1500-1800). Annotieren, Korrigieren, Weiterschreiben. Berlin u. Boston 2023.

10   Eine digitale Reproduktion in guter Qualität bietet das Städelsche Kunstinstitut; online: https://sammlung.staedelmuseum.de/de/werk/hieronymus-im-gehaeus [19.02.2024].

11   Vgl. zur Debatte auch Jan-Dirk Müller: Der Körper des Buchs. Zum Medienwechsel zwischen Handschrift und Druck. In: Hans Ulrich Gumbrecht u. K. Ludwig Pfeiffer (Hg.): Materialität der Kommunikation. Frankfurt/Main 1988, S. 203-217.

12   Im Unterschied etwa zu Dürers *Porträt des Erasmus von Rotterdam* (Kupferstich, 1526. Braun-

Dürers Stich produziert eine doppelte Differenz, denn er unterscheidet sich nicht nur in seiner Herstellungs- und Verbreitungsart von den unikalen Tafelbildern, die Hieronymus meist beim Schreiben zeigen, sondern auch in der konkreten Darstellung des Motivs. Denn während etwa Vincenzo Catena, Lucas Cranach und etwas später auch noch David Teniers d. J. Hieronymus als Lesenden zeigen,[13] setzt ihn Dürer als Schreibenden ins Bild.[14] Der Stich rückt damit nicht zuletzt den Status von Hieronymus' Übersetzung der Bibel ins Lateinische,[15] die als handschriftliches Unikat angefertigt wurde, ins Verhältnis zu den zeitgenössisch an Einfluss gewinnenden Möglichkeiten ihrer massenhaften Verbreitung,[16] die nicht einmal zehn Jahre später mit Luthers Septembertestament (1522) folgenreich realisiert wurde.[17]

schweig, Herzog Anton Ulrich Museum: A Dürer AB 3.175), wo auf dem geschlossenen Buch ein loses Blatt zum Beschreiben bereitliegt.

13 Darin decken sie sich auch mit den späteren Tendenzen der Gelehrtendarstellung im Kupferstich. Vgl. Hole Rößler: Von der Imago zum Image. Konstruktionen von Gelehrsamkeit im druckgrafischen Porträt des 18. Jahrhunderts. In: Thomas Assinger u. Daniel Ehrmann (Hg.): Gelehrsamkeit(en) im 18. Jahrhundert. Autorisierung – Darstellung – Vernetzung. Heidelberg 2022 (Euphorion; Beihefte Bd. 116), S. 73-99.

14 Nach Martin Büchsel: Albrecht Dürers Stich Melencolia, I: Zeichen und Emotion – Logik einer kunsthistorischen Debatte. München 2010, S. 182, ist hier keine gelehrte Tätigkeit dargestellt: »Hieronymus bedarf zum Übersetzen nur der Kraft des Lichts. Der Tisch ist ostentativ leer. Nur ein Tintenfaß steht neben dem Pult.« Vgl. dazu auch Dürers ältere Hieronymus-Darstellungen von 1511 und 1512, wobei gerade die letztere interessant ist, weil Hieronymus darin gerade nicht auf seinen Text konzentriert erscheint, sondern die Augen offenbar geschlossen und den Kopf nach oben auf ein Kruzifix hin gerichtet hat, wodurch er deutlich als ein von Gott inspirierter Schreibender dargestellt wird.

15 Auch wenn der Text, an dem der Kirchenvater schreibt, im Bild selbst nicht näher bezeichnet ist, geht die Forschung überwiegend davon aus, dass es sich um die Bibelübersetzung handelt. Vgl. Michael Mende: Hieronymus im Gehäus, 1514. In: ders. [u. a.] (Hg.): Albrecht Dürer. Das druckgraphische Werk. Bd. I: Kupferstiche und Eisenradierungen. München 2000, S. 174-178. Vorsichtiger spricht Silvia Massa: [Art.] ›Albrecht Dürer. Heiliger Hieronymus im Gehäus, 1514‹. In: Dürer für Berlin. Eine Spurensuche im Kupferstichkabinett. Hg. v. den Staatlichen Museen zu Berlin. Berlin 2023, S. 160, davon, dass Hieronymus »als schreibender Gelehrter in seiner geräumigen Studierstube sitzt«.

16 Zu Dürers durchaus spannungsvollem Verhältnis zum Frühdruck vgl. Thomas Eser: Dürer und das Buch. Facetten einer Beziehung. In: Heilige und Hasen: Bücherschätze der Dürerzeit. Ausstellungskatalog des Germanischen Nationalmuseums. Nürnberg 2008, S. 30-43.

17 Luther sucht selbst explizit Anschluss an den Vorläufer, etwa wenn er im Sendbrieff von Dolmetzschenn schreibt, so wie ihm selbst »gieng es S. Hieronymo auch/ da er die Biblia dolmetscht/ da war alle welt sein meister« (Martin Luther: Ein sendbrieff D. M. Lutthers. Von Dolmetzschenn vnd Fürbit der heiligenn. [Nürnberg] 1530, Bl. a ii [v], VD16-Nummer: VD16 L 5949). Auch bildkünstlerisch wird er in der Folge mit dem Kirchenvater parallelisiert, wie in einem Stich von 1580, der Luther in einer weitgehenden Nachahmung von Dürers Stich an die Stelle des Hieronymus montiert (vgl. Wolfgang Stuber: Luther als Heiliger Hieronymus, Kupferstich, um 1580, Staatliche Museen zu Berlin, Kupferstichkabinett, Inv.-Nr.: 43-10).

Dürers Darstellung selbst vollzieht diesen Wechsel vom Unikat zum vervielfältigten Druck ebenfalls, wenngleich nicht mit demselben Nachdruck. Denn die Technik des Kupferstichs zielt zwar von Beginn an auf die Verbreitung im Druck, das Werk beginnt aber mit der Arbeit an einer Platte, von der die Abzüge hergestellt werden und die somit als technische Matrize und unikales Werk zugleich figuriert.[18] Dürer stellt mit dem schreibenden Hieronymus somit zwar die Urszene der Arbeit an der Vulgata dar, ruft darüber hinaus aber auch – gegenbildlich auf Darstellungsebene, performativ in seiner Medienpraxis – den bereits im frühen 16. Jahrhundert etablierten arbeitsteiligen Prozess der typographischen Buchherstellung auf.[19]

Damit ist der Rahmen grob abgesteckt, in dem sich das Verhältnis von Handschrift und Druck seit dem ausgehenden 15. Jahrhundert bewegte:[20] Der Druck ermöglicht überregionale Publizität und stößt Anschlusskommunikation an – ob sie nun als Replik auf eine Streitschrift stattfindet, als Parodie oder als formale Anleihe, die zur Etablierung einer neuen Textgattung führt, um nur wenige der Optionen zu nennen –, er führt dadurch aber zugleich zur Stillstellung des Textes, zu seiner zumindest vorläufigen ›Verwerklichung‹.[21] Dagegen hält das Manuskript den unmittelbareren Bezug auf seinen verfasserschaftlichen Ursprungsort in der Spur der Handschrift präsent,[22] und es bietet zudem die Möglichkeit

---

18 Vgl. dazu den immer noch anregenden Text von Walter Benjamin: Das Kunstwerk im Zeitalter seiner technischen Reproduzierbarkeit. In: ders.: Gesammelte Schriften. Bd. I. Hg. v. Rolf Tiedemann u. Hermann Schweppenhäuser. Frankfurt/Main 1980, S. 431-469.

19 Dazu grundlegend Roger Chartier: Die Hand des Autors. Literaturarchive, Kritik und Edition. In: Jahrbuch der deutschen Schillergesellschaft 54 (2010), S. 496-511.

20 Vgl. Heinrich Bosse: Medien, Institutionen und literarische Praktiken der Aufklärung. Dortmund 2021 (Hagener Schriften zur Literatur- und Medienwissenschaft Bd. 3), S. 149-180, hier S. 151, der den »Unterschied zwischen den Sprachen, vor allem Deutsch / Latein« ebenso betont wie den »Unterschied zwischen Handschrift und Druck. Erst durch gewerbliche Transformation werden Manuskripte (*manu scripta*) zu Büchern«.

21 Zum Begriff siehe Daniel Ehrmann: Entkollektivierung. Zur Spannung von Individualität und Kollektivität in der Publikationsgeschichte der *Xenien*. In: Jahrbuch der deutschen Schillergesellschaft 66 (2022), S. 129-151, bes. S. 145-148. Die Druckpublikation meint hier sowohl eine Verwirklichung des Textes in der Öffentlichkeit als auch seine tendenzielle Stillstellung. Die individuellen Praktiken der manuellen Einschreibung in den Druck, auf die Brockstieger u. Hirt (Hg.): Handschrift im Druck, hingewiesen haben, finden dagegen auf der privaten Ebene bzw. in einer sehr eingeschränkten Öffentlichkeit statt. Vgl. auch Schleiermachers auf der Trennung von Manuskript und Typographie beruhende Auffassung, dass sich »im neuern Zustand die Ausgaben verhalten, wie im alten Zustand die einzelnen Schriften« (Friedrich Daniel Ernst Schleiermacher: Kritische Gesamtausgabe. Hg. v. Hans-Joachim Birkner [u.a.]. Berlin u. New York 1980ff. [im Folgenden als SKGA], II. 4, S. 630; Textauszeichnung im Original).

22 Vgl. dazu grundlegend Sonja Neef: Abdruck und Spur. Handschrift im Zeitalter ihrer technischen Reproduzierbarkeit. Berlin 2008. Zur »Idee eines Abdrucks von individueller Eigenart« in der Handschrift, vgl. Monika Schmitz-Emans: Fingierte Handschriften. Über (Pseudo-) Faksimiles als literarisches Dispositiv. In: Urs Büttner (Hg.): Diesseits des Virtuellen. Handschrift im 20. und 21. Jahrhundert. Paderborn 2015 (Zur Genealogie des Schreibens Bd. 18), S. 178. Einige diskursive Auswirkungen erkundet Stephan Kammer: Graphologie, Schreibmaschine und die Ambivalenz der Hand. Paradigmen des Schreibens um 1900. In: Davide

zur wiederholten, umfassenden oder nur punktuellen Revision.[23] Wieder ist es Dürers Stich, der einen überaus persuasiven Vorschlag macht, wie man sich diese Texterstellung vorzustellen hat, indem er eine ganz distinkte Form des Schreibens vorführt: Der heilige Hieronymus wirkt vollständig konzentriert auf einen vor ihm liegenden Text, er beugt sich über ein Buch, das er mit seinen eigenen Worten zu füllen scheint, während er es mit seiner freien Hand fest im Griff hat. Der Stich führt damit jene im literarischen Diskurs des 18. Jahrhunderts dominante Form des Schreibens vor Augen, bei dem ein – typischerweise männlicher[24] – Autor für sich und konzentriert an seinem Text arbeitet.[25]

Die bevorzugte Verbreitungsform, die von der Szene der Niederschrift deutlich getrennt war, stellte das gedruckte Buch dar, das vor allem seit der Expansion des Buchmarkts im 18. Jahrhundert meist in hunderten Exemplaren zirkulierte.[26] Im Unterschied

---

Giuriato, Martin Stingelin u. Sandro Zanetti (Hg.): »Schreibkugel ist ein Ding gleich mir: Von Eisen«. Schreibszenen im Zeitalter der Typoskripte. München u. Paderborn 2005 (Zur Genealogie des Schreibens Bd. 2), S. 133–152. Dagegen löscht der Druck die unmittelbaren Spuren der Schreiberhände, vgl. Christian Benne u. Carlos Spoerhase: Manuskript und Dichterhandschrift. In: Susanne Scholz u. Ulrike Vedder (Hg.): Handbuch Literatur & Materielle Kultur. Berlin u. Boston 2018, S. 135-143.

23 Wenngleich es noch im 18. Jahrhundert Sonderformen gibt (vgl. Carlos Spoerhase: »Manuscript für Freunde«. Die materielle Textualität literarischer Netzwerke, 1760-1830 (Gleim, Klopstock, Lavater, Fichte, Reinhold, Goethe). In: Deutsche Vierteljahrsschrift für Literaturwissenschaft und Geistesgeschichte 88 (2014), H. 2, S. 172-205), muss man davon ausgehen, dass sich »mit dem Buchdruck« bereits »die mediale Opposition von vorläufigem handschriftlichem Text und endgültiger Druckfassung« einstellte (Rüdiger Schnell: Handschrift und Druck. Zur funktionalen Differenzierung im 15. und 16. Jahrhundert. In: IASL 32 [2007], H. 1, S. 66-111, hier S. 91).

24 Im 18. Jahrhundert gibt es freilich auch Entwürfe, die eine Schreiberin ins Bild setzen, doch beinahe ausschließlich nicht in der Rolle der Poetin. Die Tafel III, die der von Diderot herausgegebenen *Encyclopédie* als Beilage zum Artikel »L'art d'ecrire« beigegeben war, zeigt zwar eine junge Frau, die aber deutlich das Geschäft der Kalligraphie, nicht der eruptiven Dichtung betreibt. Dass in der Praxis zunehmend auch Autorinnen erfolgreich veröffentlichten, ist damit nicht in Abrede gestellt. Vgl. etwa die Überblicke bei Barbara Becker-Cantarino: Schriftstellerinnen der Romantik. Epoche – Werke – Wirkung. München 2000, und Marina Ortrud M. Hertrampf (Hg.): Femmes de lettres. Europäische Autorinnen des 17. und 18. Jahrhunderts. Berlin 2020.

25 Dass er ihn eigenhändig zu Papier bringt, verdoppelt in der Aneignungslogik der Schreibarbeit den Eigentumsanspruch. Vgl. Martin Jörg Schäfer: Bereinigte Arbeit. Eine Vorgeschichte der Autonomieästhetik bei John Locke. In: Zeitschrift für Kulturwissenschaften (2013), H. 1 [Themenheft: Reinigungsarbeit, hg. von Nacim Ghanbari u. Marcus Hahn], S. 15-21.

26 Helmuth Kiesel u. Paul Münch: Gesellschaft und Literatur im 18. Jahrhundert. Voraussetzungen und Entstehung des literarischen Markts in Deutschland. München 1977, S. 160, gehen für das Ende des Jahrhunderts davon aus, dass Auflagen von 3000 Exemplaren nicht unüblich waren. Zu einigen Konsequenzen vgl. York-Gothart Mix: Schreiben, lesen und gelesen werden. Zur Kulturökonomie des literarischen Feldes (1770-1800). In: Wolfgang Adam u. Markus Fauser (Hg.): Geselligkeit und Bibliothek. Lesekultur im 18. Jahrhundert. Göttingen 2005 (Schriften des Gleimhauses Halberstadt Bd. 4), S. 283-309.

zum Manuskript ließ sich diese Realisationsform schon deshalb nicht mehr einfach revidieren, weil die Herstellung des gedruckten Buchs gleich mehrerer spezifischer Fertigkeiten und Techniken bedurfte, die die meisten Autoren sowohl praktisch als auch ökonomisch überforderten.[27] Autor:innen machen keine Bücher, spitzt daher auch Roger Chartier treffend zu, sie schreiben Texte.[28] Gerade daraus ergibt sich der diskursive Mehrwert der Handschrift,[29] die sich nach Peter Stallybrass im emphatischen Sinn erst als eine »back formation« im Druckzeitalter einstellte.[30] Aufgrund ihrer differenten Charakteristiken erlaubten die beiden Medienformate zudem ganz andere Verhältnisse der Nähe. So insinuiert das eigenhändige Manuskript eine Teilhabe am kreativen Moment der Entstehung im Spurencharakter der Handschrift,[31] während umgekehrt der Druck durch seine materielle Distanzierung nicht nur Surrogate der Berührung nötig macht,[32] sondern eben auch eine Konzentration auf den ›reinen‹ Text nahelegt, durch die nun eine gesteigerte Nähe, zwar nicht zum Leib, aber zum Geist des Autors ermöglicht wird.[33] Insbesondere auf das gedruckt publizierte und massenhaft rezipierte Werk trifft daher Heinrich Bosses Befund zu, dass das »Ensemble« des Textes ein »individuell produzierter Ausdruck ist«, der auf der »Einheit eines Sprechakts« basiert.[34] Gerade die Schrift bewahre so »die

---

27 Selbst für einen Autor mit Goethes finanziellem Hintergrund bildete der Selbstverlag – auch aus anderen Gründen – die Ausnahme. Vgl. Siegfried Unseld: Goethe und seine Verleger. Frankfurt/Main 1991, S. 16.

28 Roger Chartier: L'ordre des livres. Lecteurs, auteurs, bibliothèques en Europe entre XIVᵉ et XVIIIᵉ siècle. Aix-en-Provence 1992, S. 21.

29 Vgl. Christian Benne: Die Erfindung des Manuskripts. Zur Theorie und Geschichte literarischer Gegenständlichkeit. Berlin 2015, S. 167, und Lisa Gitelman: Paper Knowledge. Toward a Media History of Documents. Durham u. London 2014, S. 10: »The histories of genres and the histories of media don't so much overlap as they intersect, constituting partial and mutual conditions for one another.«

30 Peter Stallybrass: Printing and the Manuscript Revolution. In: Barbie Zelizer (Hg.): Explorations in Communication and History. London u. New York 2008, S. 111-118, hier S. 115.

31 Konkret als indexikalisches Zeichen nach Peirce (vgl. Ehrmann, Kollektivität, S. 230); zur etwas mäandernden philosophischen Einbettung vgl. Benne, Erfindung, S. 133-153.

32 Zu Formen virtueller Reoralisierung vgl. Albrecht Koschorke: Körperströme und Schriftverkehr. Mediologie des 18. Jahrhunderts. München 1999.

33 Nach Friedrich A. Kittler: Aufschreibesysteme 1800-1900. 3., vollst. überarb. Aufl. München 1995, S. 30, fungiert darin »die Dichtung selber als Verstehen, d. h. als Überführung von Wörtern in reine Bedeutungen«, was zugleich das rezeptive Verstehen der Leser:innen erlaube. Er spitzt selbst zu: »Dichtung ist zugleich Mittel und Ziel des Verstehens«. Zum passenden Lektüremodus, vgl. auch Steffen Martus: Die Entstehung von Tiefsinn im 18. Jahrhundert. Zur Temporalisierung der Poesie in der Verbesserungsästhetik bei Hagedorn, Gellert und Wieland. In: Deutsche Vierteljahrsschrift für Literaturwissenschaft und Geistesgeschichte 74 (2000), H. 1, S. 27-43.

34 Heinrich Bosse: Der Autor als abwesender Redner. In: Paul Goetsch (Hg.): Lesen und Schreiben im 17. und 18. Jahrhundert. Studien zu ihrer Bewertung in Deutschland, England, Frankreich. Tübingen 1994 (ScriptOralia Bd. 65), S. 277-290, hier S. 286-287.

Singularität einer existierenden und sprechenden Person« und werde zur »wahrnehmbare[n] Gestalt eines nicht-wahrnehmbaren Gestalters«.[35]

Es ist bemerkenswert, dass ausgerechnet das 18. Jahrhundert, dem wir die robuste Vorstellung schöpferischer Autorschaft verdanken,[36] von einer Expansion des Buchmarkts gezeichnet war, die der materiellen Entfremdung der Werke von ihren Urhebern Vorschub leistete, um zugleich die ideelle Einheit des Autor-Werk-Komplexes[37] zu intensivieren. Diskurshistorisch hat sich diese bis ins Substanzielle gezogene Nähe von Autor und Werk als äußerst fruchtbar erwiesen; im Kontext des 18. Jahrhunderts bedeutet sie aber zunächst einen prekären *double bind*. Denn dass man noch im gedruckten Werk – als Normalform der Veröffentlichung – stets dessen Autor:in wiedererkennen kann, ermöglicht auch ein Absehen von der Handschrift, die indes die wichtigste materielle Verbindung zum Ursprung der Schrift aufrechterhält.[38] Auf diese Weise konfligiert die Rezeptions-Idee von der Einheit des Sprechakts bisweilen mit der konkreten Gestaltung der Schreibszene[39] und der Zusammensetzung der an ihr beteiligten Akteure. Denn so suggestiv Darstellungen wie Dürers *Hieronymus* sein mögen, sie bilden das oftmals an der Textherstellung beteiligte Ensemble nur unvollständig ab. Viel häufiger als regelrechte Ko-Autor:innen, die meist namentlich genannt und damit legitimiert werden, sind prekäre Akteure wie Sekretär:innen, Ehepartner:innen oder Korrektor:innen beteiligt,[40] die

---

35 Ebd., S. 287. In ähnlicher Weise wie der Brief erscheinen die solcherart gelesenen Texte »als ein scheinbar transparentes Medium, das den Weg frei gibt für eine direkte, verlustfreie Artikulation und Übermittlung eigener Gefühlszustände, innerer Motivationslagen, affektiver Charakterschilderungen« (Nikolaus Wegmann: Diskurse der Empfindsamkeit. Zur Geschichte eines Gefühls in der Literatur des 18. Jahrhunderts. Stuttgart 1988, S 77). Vgl. auch Ludwig Jäger: Versuch über den Ort der Schrift. Die Geburt der Schrift aus dem Geist der Rede. In: Gernot Grube, Werner Kogge u. Sybille Krämer (Hg.): Schrift. Kulturtechnik zwischen Auge, Hand und Maschine. München 2005, S. 187-209.

36 Auch nach Ursula Geitner: Sie schreibt. Moderne Autorschaft (m/w). Göttingen 2022, S. 122, partizipieren noch »heutige Kreativitätsvorstellungen […] implizit an dieser Semantik des Neuen, Originalen und Unvergleichlichen«. Bei vielen Autor:innen der Gegenwart, die ihr Schreiben als ein ›Bedürfnis‹ darstellen, kommt der Aspekt des Eruptiven, der dem Geniekonzept eingeschrieben ist, zum Ausdruck. Vgl. dazu das Material bei Carolin Amlinger: Schreiben. Eine Soziologie literarischer Arbeit. Berlin 2021, wenngleich ihre Deutung insofern problematisch ist, als sie die (in einem Interview mit einer Soziologin getätigten) Selbstaussagen meist als Befunde und nicht als Inszenierungen versteht. So sei das Schreiben »für die Autor:innen ein authentischer Ausdruck ihrer selbst« (ebd., S. 562).

37 Vgl. dazu Ehrmann, Kollektivität, S. 218-228.

38 Tatsächlich ist das gedruckt publizierte Buch nur die dominante, aber nicht die einzige Form der Verbreitung. Wobei sowohl durch den Verzicht auf den Druck als auch durch diskursive Einschränkungen der Zirkulation zugleich die Rezeptionsbreite der Texte nivelliert wird (vgl. Spoerhase, Manuskript, S. 197f.).

39 Campe, Writing Scenes, S. 1118, differenziert die Schreibszene von der *Szene des Schreibens*: »[L]iterary works are produced in writing scenes and as literary texts they are capable of producing – but not necessarily bound to produce – scenes of writing within themselves.«

40 Vgl. unter anderem Jennifer Clare: Das Sekretärchen und der Künstler im ächten Sinne des

durch ihre diversen Interventionen die idealisierte Einsamkeit der Textproduktion durchbrechen.

Es scheint in diesem Zusammenhang vielversprechend, den Begriff der Transkription einzuführen, der mehr meint als den Akt des Ab- oder Umschreibens und der die Revision, die Verbreitung oder die Reinschrift eines bestimmten Textes für den Druck ermöglicht. In Anlehnung an Ludwig Jägers medienwissenschaftliche Begriffsverwendung trägt ›Transkription‹ dem Umstand Rechnung, dass es keine »Form der Übertragung […] aus einem in ein anderes Medium« gibt, die den Inhalt »unversehrt« lässt, »weil es nur mediale Varianten von Inhalten gibt, für die jedoch kein prämediales Original existiert.«[41] Diese Konzeption ist auch für jene Fokussierungen und Umbildungen aufschlussreich, die sich etwa (vom Ergebnis her betrachtet) als werkgenetische Prozesse beschreiben lassen. Auch der Wechsel von der Handschrift in den Druck schafft die Notwendigkeit, den Text (Inhalt) medial auf eine bestimmte Art lesbar zu machen, wobei ab dem ›Bruch um 1770‹[42] die Ausstellung seiner Herkunft aus einer Schreibszene der Einsamkeit an Prominenz gewinnt. Es ist jene Phase, in der sich die »Erschließung der Einsamkeit als eines lebbaren und sogar kollektivierbaren Zustands«[43] folgenreich vollzieht: Denn die »transfigurative Macht der Schrift«, die Autoren erscheinen lässt, wo Texte gelesen werden, entfaltet sich dort am stärksten, wo »die veränderten Kommunikationsformen auf die Subjekte, die kommunizieren«, zurückwirken.[44] Durch die Konzentration auf die mediensemantischen Effekte von Transkriptionen rückt indes die Frage nach der Verteilung von Eigenem und Fremdem in konkreten Texten aus dem Blick, während die Funktion jener Einsätze und Beziehungen an Bedeutung gewinnt, in denen sich die am Entstehungsprozess eines Textes beteiligten (menschlichen und nichtmenschlichen) Akteure organisieren.[45] Daraus ergibt sich aber gerade für eine Literaturwissenschaft, die sich nicht auf den ideellen Text kapriziert,[46] sondern auch die Rolle der Materialität und Medialität von Literatur berücksichtigt, ein vielversprechender Zugriff, der die verschiedenen Arten des mentalen Erfindens, des (manuellen) Fixierens auf Papier oder des Teilens und Vervielfältigens von Texten im Druck stärker als pluriaktoriale Praxis in den Fokus rückt.

Wort's. Kollektives Schreiben unter dem Aspekt der Geschlechtlichkeit. In: Ehrmann u. Traupmann, Kollektives Schreiben, S. 243-262.

41 Ludwig Jäger [u. a.]: Transkriptivität. Operative Medientheorien als Grundlage von Informationssystemen für die Kulturwissenschaften. In: Hannelore Bublitz [u. a.] (Hg.): Automatismen – Selbst-Technologien. Paderborn 2013, S. 299-313, hier S. 303.

42 Vgl. Bosse, Bruch.

43 Koschorke, Körperströme, S. 177.

44 Albrecht Koschorke: Die Verschriftlichung der Liebe und ihre empfindsamen Folgen. Zu Modellen erotischer Autorschaft bei Gleim, Lessing und Klopstock. In: Goetsch (Hg.), Lesen und Schreiben, S. 251-264, hier S. 261.

45 Vgl. Bruno Latour: Die Hoffnung der Pandora. Untersuchungen zur Wirklichkeit der Wissenschaft. Frankfurt/Main 2002.

46 In dieser Auffassung beschädigt die physische Realisierung den idealen Text (vgl. G. Thomas Tanselle: A Rationale of Textual Criticism. Philadelphia 1989, S. 64).

Die Hand des Autors,[47] die so auf neue Weise in den Blick gerät, ist gewiss eines der problematischeren Phänomene literarischer Praxis und eine große, wenngleich relativ selten adressierte Herausforderung der Literaturtheorie.[48] Denn das Verhältnis von Dichten und Schreiben ist komplex und häufig nicht auf die Handlungen einer Person beschränkt. Es umfasst vielfältige und häufig arbeitsteilige Alltagspraktiken des Schreibens, die durch die Selbstthematisierung genialischen Dichtens seit dem 18. Jahrhundert verdeckt wurden.[49] Sie treten insbesondere dort wieder hervor, wo die diskursive Konzeption der Einsamkeit mit den konkreten Arbeitsweisen zu interferieren beginnt. Immerhin kommen dem Schreiben (Hand) und der Erfindung (Kopf) auch unterschiedliche symbolische Werte zu. Die Differenz von verfasserschaftlicher Ebene (textproduktive Praxis) und autorschaftlicher Ebene (Repräsentation und Eigentumsanspruch) erhält darin ihre entscheidende Bedeutung:[50] Die geteilte Arbeit verschwindet hinter den Zeichen des Eigentums.

In die Schreibprozesse am Ausgang des 18. Jahrhunderts sind indes häufig mehrere Akteure in unterschiedlichen Rollen und in vielfältigen Konstellationen involviert. Freilich gab es regelrechte Ko-Autor:innen, die die Schreibarbeit unter sich ebenso aufteilten[51] wie den für den Autor:innennamen reservierten Platz auf dem Titelblatt. Ebenso gab es die Dialogpartner:innen, die den Aufbau einer Novelle diskutierten, die Sekretär:innen, die willig aufzeichneten, was der Autor oder die Autorin diktierte oder unterwegs mit stumpfer Feder hingekritzelt hatte, und es gab die freundschaftlichen oder professionellen Erstleser:innen,[52] die Korrekturen anregten. Nicht alle dieser Akteure waren gleichzeitig anwesend, aber sie arbeiteten auf ihre Weise mit an demselben Text, in dem sie sich durch ihre Einschreibungen akkumulierten.

---

47 Vgl. Chartier, Die Hand.
48 Das heißt nicht, dass das Schreiben nicht von der Forschung thematisiert würde (vgl. exemplarisch Benne, Erfindung, Martina Wernli: Federn lesen. Eine Literaturgeschichte des Gänsekiels von den Anfängen bis ins 19. Jahrhundert. Göttingen 2021, und Ehrmann, Kollektivität). Die genuin literaturtheoretischen Implikationen etwa in Bezug auf Fragen der Autorschaft stehen dabei meist im Hintergrund.
49 Praxeologische Ansätze erleben seit einigen Jahren ein Revival. Ich stütze mich hier vor allem auf die soziologischen Ansätze von Pierre Bourdieu: Entwurf einer Theorie der Praxis auf der ethnologischen Grundlage der kabylischen Gesellschaft. Frankfurt/Main 1976, und Theodore Schatzki: Practice theory as flat ontology. In: Gert Spaargaren, Don Weenink u. Machiel Lamers (Hg.): Practice Theory and Research. Exploring the Dynamics of Social Life. London 2016, S. 28-42.
50 Zur Trennung der Ebenen, vgl. Ehrmann, Kollektivität, S. 257-268.
51 Vgl. Clifford Siskin: The Work of Writing. Literature and Social Change in Britain, 1700-1830. Baltimore 1998, der das Verhältnis von Arbeit und Schreiben aus einer anderen Perspektive betrachtet.
52 Zur Institutionalisierung des Lektorats, vgl. Ines Barner: Von anderer Hand. Praktiken des Schreibens zwischen Autor und Lektor. Göttingen 2021.

II. Schlegel, Schleiermacher und die Topologie der Autorschaft

Die komplexe Gemengelage aus Menschen und Texten, die in der Geschichte der Literatur in unterschiedlichen Intensitäten begegnet und sich im späten 18. Jahrhundert auf spezifische Art ausprägt, lässt sich exemplarisch an einer Situation vorführen, die geprägt ist von Textzirkulation sowie einer Vielzahl an Rollenwechseln und an deren Ende die *Athenäums*-Fragmente stehen. Obwohl die Fragmente selbst mehrfach die Konzepte der Symphilosophie und der Sympoesie verhandeln,[53] wurden sie – wie man sehen wird – keineswegs einfach gemeinsam geschrieben, vielmehr gingen sie mehrheitlich aus unterschiedlichen textuellen Praktiken des Sekundären hervor: Überwiegend wurden einzelne Passagen aus bestehenden Manuskripten und Briefen extrahiert, eigene wie fremde Texte dabei ab- und umgeschrieben, ergänzt und mit Fragmenten ganz anderer Herkunft konstelliert.[54] Der Heterogenität der Textgrundlagen und der Vielfalt der daran ausgeführten Handlungen entspricht auch die Zusammensetzung des Kollektivs der Mitarbeiter, die zu verschiedenen Zeiten und auch aufgrund der jeweiligen Wohn- und Arbeitssituationen unterschiedlich intensiv beteiligt waren.[55] Dieses Beispiel ist nicht nur deshalb aufschlussreich, weil es kollaborative Handlungsformen umfasst, sondern auch deshalb, weil das Verhältnis von Handschrift und Druck hierbei eine wichtige Rolle spielt.

Geteilte Textproduktion stellt schon insofern eine analytische Herausforderung dar, als dabei die Grenzen zwischen den Einsätzen einzelner Akteure häufig verschwimmen. So kann man freilich eine spätere Überarbeitung von fremder Hand editorisch von der Grundschicht eines ersten Verfassers trennen; sie wird aber nur möglich in Bezug auf den vorausgegangenen Text, der auch die Lesbarkeit der Überarbeitung gewährleistet.[56] Wie die Streichung beruht die kollaborative Revision auf einer Logik der Zusammenschau, die das Vorangegangene mit dem Ergebnis verwebt.[57] Im besten Fall sind dabei die Kompetenzen der Mitarbeiter im Vorfeld so geklärt, wie in jenem prototypischen, vielleicht auch

---

53 Vgl. z. B. Nr. 125. In: Kritische Friedrich-Schlegel-Ausgabe. Hg. v. Ernst Behler [u. a.]. München [u. a.] 1959 [im Folgenden als KFSA], I. 2, S. 185-186, und Nr. 264, KFSA I. 2, S. 210, und im Überblick Kurt Röttgers: Symphilosophieren. In: Philosophisches Jahrbuch 88/1 (1981), S. 90-119.

54 Vgl. dazu May Mergenthaler: Zwischen Eros und Mitteilung. Die Frühromantik im Symposion der Athenaeums-Fragmente. Paderborn [u. a.] 2012.

55 Am wichtigsten waren neben Friedrich und August Wilhelm Schlegel auch Friedrich Schleiermacher, Caroline Schlegel und Dorothea Schlegel in Jena, die in den Briefen auch mehrfach zur Mitarbeit oder Einsendung von Fragmenten aufgerufen wurden.

56 Vgl. Jäger, Versuch. Als Beispiel für die Unsicherheiten dieser Rekonstruktionen vgl. auch die falsche Zuordnung einer Marginalie aus den Vorarbeiten zu Goethes *Propyläen*, die Gerrit Brüning: Glückliches Ereignis im Zeichen der Kunst. Die Propyläen als Frucht der Zusammenarbeit Goethes und Schillers. In: Daniel Ehrmann u. Norbert Christian Wolf (Hg.): Klassizismus in Aktion. Goethes Propyläen und das Kunstprogramm der Weimarer Klassik. Wien [u. a.] 2016 (Literaturgeschichte in Studien und Quellen Bd. 24), S. 371-385, hier S. 373-375, nachzeichnet.

57 In Erweiterung und Revision des Vorschlags von Uwe Wirth: Logik der Streichung. In: Lucas Marco Gisi, Hubert Thüring u. Irmgard M. Wirtz (Hg.): Schreiben und Streichen. Zu einem Moment produktiver Negativität. Göttingen u. Zürich 2011, S. 23-45.

stereotypen Fall, den Wayne Koestenbaum exemplarisch in seiner Diskussion von »male collaboration« herausarbeitet: »A text is most precisely and satisfyingly collaborative if it is composed by two writers who admit the act by placing both of their names on the title page.«[58] Kollaborationen sind in der Praxis allerdings oft nicht so wohlsortiert, harmonisch und ausbalanciert wie Koestenbaum hier nahelegt. Insbesondere dort, wo keine paritätischen, sondern hierarchische Verbindungen vorliegen und bestimmte Aufgaben delegiert werden, verkompliziert sich die Lage teils erheblich. Es kann intellektuelle Beiträger geben, die sich selbst nie schreibend als Teil der Gemeinschaft dokumentieren, und es gibt vielfach Ko-Verfasser, die nie zu Autoren in der öffentlichen Wahrnehmung werden.[59] Am häufigsten aber begegnen uns jene Diener,[60] von denen erwartet wird, dass sie bloß die Mühsal des Schreibens übernehmen sollen, zugleich aber nie ganz hinter dieser Aufgabe zu verschwinden scheinen.[61]

Einer dieser zwischen Latenz und Sichtbarkeit oszillierenden Sekretäre soll im Folgenden in den Blick rücken: Der Theologe und Prediger Friedrich Schleiermacher, der sich zwischen 1797 und 1799 eine Wohnung mit dem nur wenig jüngeren Friedrich Schlegel teilte und zugleich an seiner ersten Buchpublikation schrieb, der polemischen Rede *Über die Religion* (1799, anonym erschienen). Daneben aber arbeitete er mit – und für – Schlegel. Die wesentlichen Charakteristika und zugleich die Probleme dieser Zusammenarbeit lassen sich an einem Brief ablesen, der am 15. Jänner 1798 verfasst wurde. Bereits der schiere Verweis auf diesen Brief ist problematisch: Allein sein Adressat ist deutlich benannt, während unklar bleibt, wer sein Autor war. Denn obwohl der Text hauptsächlich von Schleiermachers Hand stammt und auch von ihm unterschrieben wurde, stellt er über weite Strecken ein Diktat Friedrich Schlegels dar.

Wo die Manuskripte aufgrund ihrer Einbettung in konkrete soziale und handlungsbezogene Zusammenhänge auch Mehrdeutigkeiten aushalten, muss bereits die wissenschaftliche Edition gewisse Vereindeutigungen vor- und damit neue Verwischungen in Kauf nehmen. So schreibt Oskar Walzel den Text Schleiermacher zu, nimmt ihn aber dennoch in seine Ausgabe der Briefe Friedrich Schlegels an seinen Bruder auf. Er sieht sich dabei aber zu einer Fußnote genötigt, in der er klarstellt, dass der Brief »wesentlich in die Correspondenz der Brüder« gehöre und daher »hier wiedergegeben werden« müsse.[62] Um die Mittelbarkeit des Textes zu markieren, druckt er den von Schleiermacher geschriebenen

---

58 Wayne Koestenbaum: Double Talk. The Erotics of Male Literary Collaboration. New York u. London 1989, S. 2.

59 Zur Differenzierung der Begriffe vgl. Christoph Hoffmann: Schreiber, Verfasser, Autoren. In: DVjs 91 (2017), H. 2, S. 163-187.

60 Vgl. auch Markus Krajewski: Der Diener. Mediengeschichte einer Figur zwischen König und Klient. Frankfurt/Main 2010.

61 Analog zu den Boten, die nach Sybille Krämer: Medium, Bote, Übertragung. Kleine Metaphysik der Medialität. Frankfurt/Main 2008, ihre Übertragungsfunktion unsichtbar ausführen sollen.

62 Friedrich Schlegels Briefe an seinen Bruder August Wilhelm. Hg. v. Oskar F. Walzel. Berlin 1890, S. 343, Anm. 3. Wilhelm Dilthey: Leben Schleiermachers. Bd. 1. Berlin 1870, S. 268 u. S. 278, lieferte 20 Jahre früher nur einen Teildruck.

Teil kleiner und setzt nur Friedrichs eigenhändige Zusätze in »Corpus-Typen«.[63] Typographisch wird hier zunächst eine Scheidung der Hände vorgenommen, die allerdings nicht klären kann, welchen Status Schleiermachers Handschrift an dieser Stelle hat. Sie ist zwar Spur, es bleibt aber fraglich, ob sie auf die Hand verweist, die die Feder führte, oder auf den Kopf, der den Text erdachte.

Die *Kritische Gesamtausgabe* von Schleiermachers Werken jedenfalls nimmt den immerhin auch eigenhändig signierten Brief auf – doch es braucht nur zwei Sätze, um die darin zum Ausdruck kommende Prämisse zu verunsichern. Schleiermacher nämlich beginnt seinen Brief nicht mit einer Anrede, sondern mit einer Irritation:

> Möge doch Ihrem Bruder recht oft und auf mancherlei Weise übel mitgespielt werden, es bringt die originellsten Einfälle hervor. Hat er mich nicht heute in Gnaden zu seinem expedirenden CabinetsSecretair ernannt, und mir beim Mittageßen zwischen Suppe und Fleisch brokenweise alles aufgetischt, was ich Ihnen in seinem Namen sagen soll?[64]

Schleiermacher zeigt sich zwar gefügig, reflektiert aber beständig seine Rolle als einfaches Schreibwerkzeug – und hört gerade deshalb auf, eines zu sein.[65] Bereits von diesem Punkt an steht die Rolle des Schreibers zumindest teilweise in Zweifel, denn Schleiermacher ist offenkundig nicht Autor des Briefes im herkömmlichen Sinn. Er ist allerdings – so viel macht bereits der Texteinstieg deutlich – auch nicht einfach ein Diener, der mechanisch zu Papier bringt, was Schlegel diktiert. Vielmehr erzeugt der Brief eine Situation ungelöster Spannung: Schleiermacher schreibt in seinen eigenen Worten, aber in Schlegels Namen.

Diese Form des Kompositautors, der sich nur als Zusammenfügung von Schlegels und Schleiermachers Handlungen, mithin als »Geflecht sich widersprechender Intentionen«[66] denken lässt, ist einen genaueren Blick wert. Schleiermacher selbst liefert in seiner wohlinszenierten Selbstreflexion einige Hinweise auf das Zustandekommen, das auch einen subtilen standesinternen Unterschied perpetuiert.[67] Schlegel sei selbst so mit eigenen,

63 Schlegel, Briefe, S. 343, Anm. 3.
64 SKGA, V. 2, S. 249. Deutlich wird hier auch »die Gewaltsamkeit und Tyrannei der Rollenzuweisung«, auf die Sabine Gross: Fremd Schreiben. Situative und mediale Aspekte des Diktats. In: Natalie Binczek u. Cornelia Epping-Jäger (Hg.): Das Diktat. Phono-graphische Verfahren der Aufschreibung. Paderborn 2015, S. 73-93, hier S. 90, hinweist.
65 Darin unterscheidet sich dieser Brief auch von den Anhängen und Kommentaren etwa Dorothea Schlegels, die sich immer wieder in Friedrichs Briefen finden (vgl. etwa Friedrich Schlegel und Dorothea Veit an Friedrich Schleiermacher, 20. März 1798, SKGA, V. 2, S. 308-310), sowie von den Diktaten an Freund:innen und Sekretär:innen, für die Goethes Briefe exemplarisch stehen können.
66 Wirth, Logik der Streichung, S. 36, zählt dazu, wenn »Geschriebenes, das der Autor für ungültig erklärt hat, gleichsam gegen den Willen des Autors durch die Herausgeber als Schreib- und Streichprozess dargestellt wird, um die Genese der verschiedenen Fassungen zu rekonstruieren.«
67 Beide gehörten dem gelehrten Stand an, für dessen Eigenständigkeit Heinrich Bosse: Der gelehrte Stand. Die Akademiker verleugnen ihre Vergangenheit. In: Merkur 77 (2023), Nr. 891,

wichtigeren Schreibarbeiten beschäftigt gewesen, dass er seinen Mitbewohner mit dem Abfassen eines Briefes an seinen Bruder betraute. In Parenthese zwar, aber mit Nachdruck schreibt er: »Sie sehen ich bin schon bei seinen TischDekreten, und rede bloß als sein Organ ohne irgend etwas verantworten zu wollen.«[68] Üblicherweise würde das bedeuten, dass Schleiermacher Schlegels Text bloß reproduziert, was hier aber nicht der Fall ist. Denn er saß während des »Diktats« mit Schlegel gemeinsam bei Tisch und schrieb daher die Nachricht an August Wilhelm erst hinterher aus dem Gedächtnis nieder. Abgesehen von dieser zeitlichen Verschiebung von Diktat und Aufzeichnung[69] weicht Schleiermacher wiederholt von der reinen Nachricht ab, um Kommentare über Schlegels Verhalten und seine mutmaßlichen Motive einzuschieben[70] oder zu interpretieren, was er eigentlich nur aufzuzeichnen gehabt hätte. Daraus ergibt sich eine interessante Schreibhaltung, durch die er zwar relativ frei und in eigenen Worten formuliert, zugleich aber jede Verantwortung für den Inhalt von sich weist.

Besonders aufschlussreich ist nun, dass der widerspenstige Sekretär in dem Brief auch über die Entstehung der *Athenäums*-Fragmente schreibt, wodurch die Reflexion des uneigentlichen Sprechens gleichsam verdoppelt wird. So habe Schleiermacher die »philosophischen Papiere« Schlegels durchgesehen, »um Fragmente oder Fragmentensamen aufzuwittern«,[71] wodurch sich eine bezeichnende Nähe zur Schreibszene des Briefs (und zur Szene des Schreibens) ergibt.[72] In beiden Fällen kann man einen Umgang mit fremdem Text beobachten, der zwischen dem Ausführen eines Auftrags und eigener Aktivität changiert. Entscheidend ist dabei, welche Rolle man der im doppelten Sinne marginalen Tätigkeit des Auswählens zugestehen will, die wesentlich an die Frage geknüpft ist, was bspw. die Extraktion eines Textteils mit dem ursprünglichen Autor-Werk-Komplex macht. Trifft die Logik der literarischen Originalität, die Text und Autor in ununterscheidbare Nähe bringt, auch auf diese Texte zu, dann lassen sich durch vertextende Eingriffe wie die Verdichtung oder durch materielle Operationen wie das Umsortieren

---

S. 28-45, mit Brillanz und Vehemenz plädiert, doch während sich die Familie Schlegel schon seit Jahrhunderten zu den *literati* zählen konnte, vollzogen Schleiermachers Vorfahren den Übertritt von den Bauern zu den Gelehrten erst zu Beginn des 18. Jahrhunderts.

68 SKGA, V. 2, S. 250.

69 Die zeitliche Verschiebung erzeugt eine ungewöhnliche Diktatszene, die sogar die Frage aufwerfen kann, ob es sich hier überhaupt noch um ein Diktat handelt. Vgl. die historischen Beispiele der Diktierpraxis und die hilfreichen Systematisierungsversuche bei Binczek u. Epping-Jäger (Hg.), Diktat.

70 Vgl. SKGA, V. 2, S. 250: »Aufgebläht hat er sich freilich über das Recht, welches Sie ihm darüber eingeräumt haben und er will es hiemit förmlich acceptieren, ob er gleich diesmal keinen Gebrauch davon zu machen weiß.«

71 Friedrich Schleiermacher/Friedrich Schlegel an A. W. Schlegel, in: KFSA, III. 24, S. 78. Zur Einbeziehung des Freundeskreises vgl. Friedrich an A. W. Schlegel, [05. Dezember 1797], KFSA III. 24, S. 57: »So auch bey den Fragmenten. – Werdet Ihr mir denn gar keine schikken? – Willst Du keine machen? Will Car.[oline] keine machen? – Will Auguste keine machen? – Bey Tische könntet Ihr das sehr gut. Aug.[uste] kann sie gleich aufschreiben. –«

72 Wobei hier noch stärker als bei Campe, Writing Scenes, über die abbildende Funktion auch die Inszenierung Bedeutung gewinnt.

von Zetteln auch die Grenzen der Autorschaft verändern.[73] Schleiermachers Umgang mit Schlegels Texten wird dadurch noch intrikater, dass er sie zum Objekt seiner ›Praktiken des Sekundären‹ macht und dadurch das hierarchische Verhältnis von Autor und Diener nivelliert. Doch selbst wenn die Interaktion von geringerer symbolischer Aufladung gewesen sein sollte, wenn es mithin nicht um das Erringen des Autorstatus ging, so lässt Schleiermachers Eingriff Schlegels gesammelte Notate zu Fragmenten werden und damit immerhin in ein anderes Genre übergehen, das offenbar ganz eigenen Gesetzen folgt.[74] Wieder ist es dabei nötig, den Verhältnissen nachzugehen, in denen die Transkriptionen zueinander standen. So unterscheiden sich die von Schleiermacher extrahierten Passagen in ihrer Lesbarkeit von den teils identischen, aber anders eingebetteten Notaten Schlegels, und diese differieren wiederum von den Lektüremöglichkeiten, die die gedruckte Sammlung eröffnet. Wenn etwa Michel Chaouli die Dialogizität der Fragmente betont,[75] dann bezieht er sich dabei auf ihre gedruckte Form, die freilich eine ganz andere mediale Gestalt hat, die auch andere textkulturelle Umgangsformen impliziert. Denn die typographisch erzeugte Geschlossenheit der Sammlung ermöglicht erst den von Chaouli konstatierten internen Aufschub und die Delegation von Sinn an das Ganze, während die handschriftliche Fragmentierungspraxis stärker prozessual orientiert ist und jedes neue Fragment, von dem nicht einmal sicher ist, ob es in die Sammlung aufgenommen werden wird, die Beziehungsoptionen erweitert.

Wenngleich also die Worte der Fragmente von Schlegel stammen, scheint sich stellenweise ihre konkrete Form den Extraktionen und Grenzziehungen Schleiermachers zu verdanken. Vor dem Hintergrund der zeitgenössisch geführten Debatten über das Urheberrecht eröffnet das insofern Raum für neuerliche Verunsicherung als nach Fichtes Einschätzung »freilich jeder Schriftsteller seinen Gedanken eine gewisse Form geben« müsse, ihnen aber keine andere geben könne »als die seinige, weil er keine andere hat.«[76] Aus diesem Grund liege auch nur in der konkreten »Form dieser Gedanken«[77] das Eigentumsrecht begründet. Unabhängig also von der nicht immer einfach zu beantwortenden Frage, wer den ›wichtigeren‹ Teil der Arbeit geliefert hat, zeigt sich hier am Ende eine unauflösliche Vermischung: Auch wenn Schlegel die ursprünglichen Texte verfasst hat, gäbe es ohne Schleiermachers konkret formende Textpraktiken viele der Fragmente nicht oder in anderer Gestalt, weshalb sie entschieden als kollaborative Texte angesehen werden

---

73 In Anlehnung die ›lange Kette von Transformationen‹, die nach Latour, Hoffnung, S. 94-95 u. ö., ein treffendes Bild der Welt erzeugt, das nicht auf Ähnlichkeit, sondern auf diskontinuierlicher Vermittlung beruht.

74 So scheint etwa, wie Michel Chaouli: The Laboratory of Poetry. Chemistry and Poetics in the Work of Friedrich Schlegel. Baltimore u. London 2002, S. 61, bemerkt hat, jedes Fragment für sich unfähig eine gesicherte Bedeutung zu liefern, denn es »always points elsewhere, at other fragments«, die wiederum auf andere verweisen.

75 Chaouli, Laboratory, S. 64, schreibt vom »endless chatter among these fragments«.

76 Johann Gottlieb Fichte: Beweis der Unrechtmäßigkeit des Büchernachdrucks. Ein Räsonnement und eine Parabel. In: Berlinische Monatsschrift, Mai 1793, S. 443-483, hier S. 454.

77 Ebd., S. 450. Vgl. auch Christoph Benjamin Schulz: Poetiken des Blätterns. Hildesheim [u. a.] 2015, S. 20-24.

müssen. Dieses Verhältnis wird noch intrikater dadurch, dass Schlegel die endgültige Form und Zusammenstellung verantwortet hat.[78]

Anders als bei diesen wandernden textproduktiven Praktiken im Manuskript ist es aber um die Frage der Autorschaft bestellt, die im Medium des Drucks auf andere Weise sichtbar gemacht werden muss und dabei in deutlich geringerem Ausmaß als eine kollaborative erscheint. Denn entgegen des in der Vorerinnerung gefassten Vorsatzes sind die *Fragmente* nicht namentlich gekennzeichnet,[79] womit die Autorschaft prinzipiell verunsichert wird. Die *Kritische Friedrich-Schlegel-Ausgabe*, die sich darin auf eine bis zu Wilhelm Dilthey zurückreichende Tradition stützen kann, versuchte sich trotz aller konzeptionellen und überlieferungsgeschichtlichen Widerstände an einer verfasserschaftlichen Klärung, die freilich gerade dort in ihrer Dezidiertheit problematisch werden musste, wo es aus der hier vertretenen Perspektive eigentlich interessant würde. Obwohl es, wie gezeigt, prinzipiell zu kurz greift, die Texterkunft mit der Verfasserschaft der Fragmente in eins zu setzen, tritt das Problem innerhalb des Fragmentenkorpus an vielen Stellen ganz deutlich zutage. Das von der kritischen Ausgabe einfach Wilhelm zugeschriebene Fragment 269 etwa beginnt mit einer aufschlussreichen Inquit-Formel: »W. sagte von einem jungen Philosophen: Er trage einen Theorien-Eierstock im Gehirne, und lege täglich wie eine Henne seine Theorie«.[80] Dadurch wird im ansonsten weitgehend unmarkierten Korpus eine referierende Sprecherposition ausgestellt, die leicht mit Friedrich identifiziert werden kann und die in der Folge ihr uneigentliches Sprechen noch durch den verwendeten Konjunktiv verdeutlicht. Dass der erste Teil des Fragments aus einem nicht überlieferten Brief August Wilhelms stammt, kann man einem Schreiben seines Bruders entnehmen.[81] Ein ungefähr zeitgleich entstandener Brief Schleiermachers ergänzt und

---

78 Zugleich führt dies zu einem bemerkenswerten Effekt: Während Schleiermachers Tätigkeit nivelliert wird, indem Schlegel undiskutiert all jene Fragmente zugeschrieben werden, zu denen sich textuelle Vorstufen in seinen Aufzeichnungen finden, werden im umgekehrten Fall bisweilen andere Ordnungskriterien angewandt. Das 358. Fragment wird Friedrich Schlegel zugeschrieben, obwohl es »*von diesem anscheinend zum Teil aus Schleiermachers Leibnizheft zusammengestellt*« wurde (KFSA I. 2, S. 229, zu 358, Kursivierung im Original). Noch deutlicher im Fall des 150. Fragments, das gemeinsam mit anderen »*nach einer Notiz von Varhagen von Wilhelm verfaßt*« sei. Ohne weitere Begründung heißt es anschließend: »*In der Tat ist die ganze, inhaltlich verwandte Gruppe A 143-166 unbedenklich Friedrich zuzuschreiben*« (KFSA I. 2, S. 289, zu 150, Kursivierung im Original).

79 A. W. und Friedrich Schlegel: Vorerinnerung. In: Athenäum 1/1 (1798), [o. S.]: »Die Arbeiten eines jeden von uns sind mit dem Anfangsbuchstaben seines Vornamens, die gemeinschaftlichen mit beyden bezeichnet.« Ähnlich dem Journaltitel, der auf das »Herausgegeben« verzichtet, weil die beiden es »in der Regel ganz verfassen« (Friedrich an A. W. Schlegel, [28. November 1797], KFSA III. 24, S. 46). Diese Politik der Namenlosigkeit unterscheidet sich noch einmal deutlich von der zumindest angedachten Fiktion; so plant Friedrich »einen Brief über den Geist der Polemik (an Carol.[ine], versteht's sich, unter fingirtem Nahmen), einen Brief über die *Naturphilosophie* an Wolf mit fingirtem Nahmen« (Friedrich an A. W. Schlegel, 1. Dezember 1797, KFSA III. 24, S. 52).

80 KFSA, I. 2, S. 211.

81 Vgl. Friedrich an A. W. Schlegel, 6. März 1798, KFSA, III. 24, S. 95.

verändert aber dieses Bild. So heißt es darin, Friedrich sei »schon drüber her den Eierstok *und* das fatigante Manoeuvre zu fragmentiren«, was nahelegt, dass hier zwei unterschiedliche Aspekte aus einem oder mehreren Briefen August Wilhelms zusammengezogen wurden.[82] Damit wird deutlich, dass wir hier bloß etwas über die wahrscheinliche Herkunft des Gedankens erfahren, der seine Form aber offenbar mehreren Händen verdankt. Aufgrund der geteilten textproduktiven Arbeit kann das Fragment aber dann nicht mehr einem einzigen Verfasser zugeschrieben werden.

Noch komplexer ist der Fall des Fragments 273, das von der Mystik handelt.[83] Auch hier ist keine Handschrift überliefert, es wird aber schon in Schleiermachers selbstreflexivem Brief erwähnt, dass Friedrich zum Fragment »vom Mystificiren […] einen kleinen Zusatz machen« wollte.[84] Das im *Athenäum* autorschaftlich unmarkiert gedruckte Fragment umfasst vier Sätze,[85] die von der Forschung zunächst aus stilistischen Gründen Schleiermacher zugeordnet wurden.[86] Wilhelm Dilthey ist der erste, der Schlegels brieflich referierte Willensbekundung mit einem konkreten Fragment in Verbindung bringt,[87] was offenbar Jakob Minor zum Anlass nahm, den letzten Satz des nur im Druck überlieferten Fragments als den brieflich lediglich angekündigten Zusatz zu verstehen.[88] Ohne dass es einen Beleg dafür gäbe, dass Friedrich Schlegel tatsächlich einen Nachtrag verfasst und nicht einfach ein Fragment seines Bruders abgeschrieben hat, sind alle modernen Ausgaben Minors Deutung gefolgt.[89] Sie ignorieren damit aber auch die Fortsetzung der Briefstelle, die betont, dass das Fragment durch Friedrichs Ergänzung »die Gestalt eines kleinen Dialogs gewinnen« solle,[90] was sich im veröffentlichten Fragment weder inhaltlich noch typographisch erkennen lässt.[91] Die mit klaren Grenzen versehene verfasserschaftliche Zuordnung wird somit von der kritischen Ausgabe als ein Befund präsentiert,

---

82 Vgl. Schleiermacher an A. W. Schlegel, SKGA, V. 2, S. 292, Hervorhebung d. Verf. Es ist nicht ganz klar, ob der zweite Teil des Fragments aus demselben Brief stammt. Generell kann man die Tendenz beobachten, dass aus dem parallelen Vorkommen einzelner Begriffe in anderen Textzeugen auf die Verfasserschaft geschlossen wird. – Vgl. etwa KFSA I. 2, S. 209, zu 259.

83 KFSA, I. 2, S. 211.

84 KFSA III. 24, S. 78.

85 Vgl. Athenäum 1/2 (1798), S. 251.

86 Vgl. Ferdinand Gustav Kühne: Friedrich Schleiermacher. Ein Lebensbild. In: Deutsches Taschenbuch auf das Jahr 1838. Hg. v. Karl Büchner. Berlin [1837], S. 1-60, hier S. 35f. Ebenso im Wiederabdruck in Ferdinand Gustav Kühne: Portraits und Silhouetten. Bd. 1. Hannover 1843, S. 22.

87 Dilthey, Leben, S. 76. Ebenso Walzel, der ohne Hinweis auf Dilthey dieselbe Zuschreibung vornimmt.

88 Friedrich Schlegel: 1794-1802. Seine prosaischen Jugendschriften. Hg. v. Jakob Minor. 2. Bd. Wien 1882, S. 248.

89 Vgl. KFSA I. 2, S. 211, sowie Fragmente der Frühromantik. Edition und Kommentar. Hg. v. Friedrich Strack u. Martina Eicheldinger. Bd. 2. Berlin u. Boston 2011, S. 120, und Friedrich Schlegel: »Athenäum«-Fragmente und andere frühromantische Schriften. Edition, Kommentar und Nachwort von Johannes Endres. Stuttgart 2018.

90 KFSA III. 24, S. 78.

91 Vgl. dagegen das Fragment 259, KFSA I. 2, S. 209, das die Sprecher A. und B. unterscheidet.

ist aber tatsächlich das Resultat einer tief in der Forschungsgeschichte verborgenen Deutung.[92]

Gerade wenn man die Differenzen zwischen einer Manuskriptkultur, die einer ›Logik der Spur‹ folgt, und einer von autorschaftlichen Kalkülen geprägten Druckkultur anerkennt, scheint das Re-Mapping der publizierten Fragmente auf (teils nur mehr virtuelle) Handschriften zumindest erheblich komplizierter zu sein, als die Forschung überwiegend angenommen hat.[93] Wieder ist es Schleiermachers Brief, der zumindest andeutet, was die vielfach verlorenen Fragment-Handschriften nicht mehr zeigen können. Denn tatsächlich beginnt der Brief nicht mit Schleiermachers erstem Satz, wie die kritischen Ausgaben insinuieren, sondern mit einigen imperativischen Anweisungen Friedrichs an seinen Bruder: »Mach die Grammatisch[en] Gespräche fertig, reflektire über die litterar. Ansichten, u mach dann ein Stück davon fertig. Bereite Dich vor zum Shakespear u Wieland.«[94] Der verwendete Imperativ gemeinsam mit dem Umstand, dass der Zusatz keinen Kommentar zu einem bestimmten Teil des Briefes darstellt,[95] macht deutlich, dass Schlegel damit – tatsächlich und symbolisch – die Oberhand behält. Die Topologie des Zusatzes ist es dabei, die Schleiermacher, der auf so subtile Weise seine Autonomie als Verfasser zu wahren suchte, am Ende wiederum zum Diener macht. Bereits Walzels Edition des Briefes platziert Schlegels Text am Ende und weist seinen Beitrag damit deutlich als jenes Addendum aus, das er textgenetisch auch ist. Im Unterschied zum Druck ist aber die Handschrift auch einer Topologie unterworfen, die eine dritte Dimension kennt. Während Schlegels Text den zeitlich letzten Teil des Briefes darstellt, steht er topologisch im doppelten Sinn an oberster Stelle: Schlegel behält somit im Schreiben das letzte Wort, das dem Lesen zugleich zum ersten wird.

---

92 Hier auch Hans Zeller: Befund und Deutung. Interpretation und Dokumentation als Ziel und Methode der Edition. In: Gunter Martens u. Hans Zeller (Hg.): Texte und Varianten. Probleme ihrer Edition und Interpretation. München 1971, S. 45-89. Freimütiger bekennt die Ausgabe an anderen Stellen, dass man einer Interpretation folgt, von der nicht einmal klar ist, ob sie philologisch, stilistisch oder anders verfährt: »*Von Minor ohne Beleg, aber sicher mit Recht Schleiermacher zugeschrieben*« (KFSA I. 2, S. 235, zu 378, Kursivierung im Original).

93 Nach Ernst Behler und Hans Adler geht auch die neuere Forschung davon aus, dass »sich die meisten Aphorismen leicht ihren jeweiligen Verfassern zuordnen« lassen (Mergenthaler, Zwischen Eros und Mitteilung, S. 22-23). Vgl. auch KFSA I. 2, S. CXI-CXIV.

94 Transkription nach der Handschrift im Bestand der SLUB Dresden, Digitale Sammlungen, Signatur: Mscr.Dresd.e.90,XIX, Bd. 2 (Abb. 1); vgl. auch die normalisierte Edition in KFSA III. 24, S. 82, die das Addendum ans Briefende stellt. Die von Schleiermacher unterbrochene »Befehlskette« wird hier von Schlegel unmittelbar wieder installiert; vgl. Armin Schäfer: Befehlsketten. Diktatszenen mit Goethe und Beaumarchais. In: Binczek u. Epping-Jäger (Hg.), Das Diktat, S. 187-203.

95 Daher kann im Rahmen dieser Ausgabe der Text auch nicht wie die kommentierenden Textteile einfach per Verweiszeichen platziert werden. Er befindet sich im Unterschied zu dem Zusatz von Dorothea Veit zu Friedrich Schlegels Brief an A. W. Schlegel von Ende Oktober 1798 (KFSA, 24, S. 187-188) auch nicht als Zusatz einer zweiten Stimme am Ende, sondern am Anfang des Briefs, und Friedrich bekräftigt darin auch seine eigene Position, die Schleiermacher zuvor tendenziell verunsichert hatte.

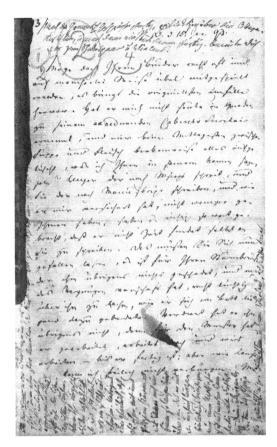

Friedrich Schleiermacher/Friedrich Schlegel an A. W. Schlegel, 15. Jänner 1798, Abdruck mit freundlicher Genehmigung der Sächsischen Landesbibliothek – Staats und Universitärsbibliothek Dresden (SLUB) mit der Signatur: SLUB Dresden / Digitale Sammlungen / Mscr.Dresd.e.90, XIX, Bd. 2; online: https://digital.slub-dresden.de/data/kitodo/AWvS_DE-611-34477_Bd. 25/AWvS_DE-611-34477_Bd. 25_tif/jpegs/00000013.tif.original.jpg [30.04.2024].

Schleiermacher wird es nicht überrascht haben. Immerhin konnte er Friedrichs Umgang mit August Wilhelms Briefen miterleben,[96] und er kommentierte selbst, dass Friedrich wahrscheinlich nur deshalb einen Zusatz zum Fragment vom »Mystificiren« plane, »um das letzte Wort zu behalten«.[97] Freilich lässt sich der Kampf um das letzte Wort in einer Konversation und um die Oberhand über andere Schreiber schwer mit der Idee der ›Symphilosophie‹ in Einklang bringen.[98] Friedrich selbst entwarf das *Athenäum*

96 Vgl. KFSA I. 2, S. 211, Nr. 269, and SKGA, V. 2, S. 288-292.

97 SKGA, V. 2, S. 250.

98 Für Gerhard Neumann: Ideenparadiese: Aphoristik bei Lichtenberg, Novalis, Friedrich Schlegel und Goethe. München 1976, S. 461, sind die *Athenäums*-Fragmente dagegen »glänzende

ursprünglich als ein Journal von Herausgebern, die »leiblich und geistlich Brüder« seien, mit dem erklärten Ziel einer »*Einheit des Geistes*«.[99] Wenngleich in Schlegels Poetik der republikanischen Kollaboration von gleichberechtigten Autor:innen ein hoher Wert zukommt,[100] legt die Schreibszene des Briefs etwas anderes offen. Darin zeigt sich einmal mehr, dass die Arbeit an einem Manuskript einer Logik der Praxis folgt,[101] die nicht mit der selbstentworfenen Poetologie übereinkommen muss. Denn in der Handschrift nehmen die Texte verschiedener Schreiber eben nicht nur nebeneinander Raum ein, sondern erzeugen auch zeitliche und räumliche Tiefe. Die Oberhand zu behalten, ist in diesem Kontext auch deshalb von Wert, weil sich daran die (transkriptive) Möglichkeit knüpft, den vorausgegangenen Text räumlich und semantisch neu zu ordnen. In dieser Hinsicht nähert sich die Extraktion einzelner Teile aus einem fremden Text dem Arrangieren von Fragmenten zu einer Sammlung ebenso an wie der Platzierung des eigenen Namens an die biblio-typographische Systemstelle des Autors: Sie gehören zur selben Art transkriptiver Praktiken, durch die einzelne Akteure Macht über ein Kollektiv gewinnen können, dem sie selbst entstammen.[102]

Beispiele solcher ›Geselligkeit‹ der Begriffe in Definitionsketten und Fluktuationen zwischen einzelnem Aphorismus und Verstehenszusammenhang der Gruppe« und Teil »dieses erweiternden Verfahrens der ›Symphilosophie‹«. Schon Mergenthaler, Zwischen Eros und Mitteilung, S. 25, konstatierte mit Blick auf Kommunikationsformen der (virtuellen) Mündlichkeit differenzierter, dass Friedrich Schlegel »jeden Gesprächspartner letztlich zu übertreffen suchen und hinter sich lassen« musste.

99 Friedrich an A. W. Schlegel, 5. Dezember 1797, KFSA 24, S. 56. – Katrin M. Kohl: Poetologische Metaphern. Formen und Funktionen in der deutschen Literatur. Berlin u. New York 2007, S. 575, bestätigt diese Selbstbeschreibung ebenso wie Ute Kruse-Fischer: Verzehrte Romantik. Georg Lukács' Kunstphilosophie der essayistischen Periode (1908-1911). Stuttgart 1991, S. 126. Das 125. Fragment fantasiert von der »Kunst, *Individuen zu verschmelzen*«, was zugleich die ›unverdünnte‹ Mitteilung ermöglichen solle (Ruth Drucilla Richardson: The Berlin Circle of Contributors to ›Athenaeum‹. Friedrich Schlegel, Dorothea Mendelssohn Veit, and Friedrich Schleiermacher. In: Ulrich Barth u. Claus-Dieter Osthövener (Hg.): 200 Jahre »Reden über die Religion«. Berlin u. New York 2000, S. 816-858, hier S. 822). Kritischer ist Manuel Bauer: Hamlet, Wilhelm Meister und die ästhetische Auslegungskunst. Anmerkungen zu einem Dissens bei August Wilhelm und Friedrich Schlegel. In: Jochen Strobel (Hg.): August Wilhelm Schlegel im Dialog. Epistolarität und Interkulturalität. Paderborn 2016 (Schlegel-Studien Bd. 11), S. 53-66.

100 Zur Ambivalenz des Republikanismusbegriffs vgl. Mergenthaler, Zwischen Eros und Mitteilung, S. 193f.

101 Vgl. Bourdieu, Entwurf, S. 228-317.

102 Vgl. die Lesart von Mergenthaler, Zwischen Eros und Mitteilung, S. 21: »Dem Vorhaben einer affirmativen, romantischen Lektüre der Romantik entsprechend sollen die ›Fragmente‹ hier auf teilnehmende, dialogische Weise als Modell der vollendeten Mitteilung gelesen werden: als Gespräch ihrer Verfasser untereinander und mit dem Leser über die Vorbilder vollendeter Mitteilung.«

Gerade das späte 18. Jahrhundert, in dem ein neues Interesse an Handschriften[103] einer zunehmend merkantil agierenden Druckkultur gegenübertritt,[104] bietet hier vielversprechende Einsichten. Denn die Lettern des Drucks fördern nicht nur die Verbreitung und erleichtern die Lektüre, sie reinigen die Werke auch von allen Auseinandersetzungen um Autorschaft, die ihnen vorausgegangen waren, und sie lassen kaum mehr etwas erkennen von den häufig unübersichtlichen verfasserschaftlichen Kollaborationen. Sie insinuieren so auch die diskursiv immer stärker eingeforderte Einheit von Autor und Werk, die sich – vielleicht kontraintuitiv im Zeitalter des Genies – dem Verwischen der Spuren verdankt.

Daniel Ehrmann, Wien

---

103   Vgl. Benne, Erfindung.
104   Zur Doppelcodierung des Buches vgl. Georg Jäger: Keine Kulturtheorie ohne Geldtheorie. Grundlegung einer Theorie des Buchverlags. In: Monika Estermann, Ernst Fischer u. Ute Schneider (Hg.): Buchkulturen. Beiträge zur Geschichte der Literaturvermittlung. Festschrift für Reinhard Wittmann. Wiesbaden 2005, S. 59-78.

Parallele Nutzung handschriftlicher und gedruckter Kochbücher im 18. Jahrhundert

Case studies of two manuscripts (Putz.17 8 26, SLUB, and Hs.-206, OÖLB), which are copies of the oldest printed Austrian cookery book, Ein Koch und Artzney-Buch *(1686), and* Kurzer Unterricht *(1736), respectively, form the basis of an evaluation of the parallel use of manuscript and print in the eighteenth century. Paratextual elements strongly suggest that one manuscript functions as an ›impersonal‹ reprint of the printed work and the other as an individualised prestige object.*

Les études de cas de deux manuscrits (Putz.17 8 26, SLUB, et Hs.-206, OÖLB), qui sont des copies du plus ancien livre de cuisine autrichien imprimé, Ein Koch und Artzney-Buch *(1686), et* Kurzer Unterricht *(1736), respectivement, constituent la base d'une évaluation de l'utilisation parallèle du manuscrit et de l'imprimé au dix-huitième siècle. Les éléments paratextuels suggèrent fortement qu'un manuscrit fonctionne comme une réimpression ›impersonnelle‹ de l'ouvrage imprimé et l'autre comme un objet de prestige individualisé.*

I. Einleitung

Handschriftliche Koch- und Haushaltsbücher sind der Textsorte Sach- und Gebrauchstext zuzuordnen, die nicht nur Einblicke in die Kulturgeschichte des Kochens, sondern auch Aufschluss über den Sprachgebrauch von Personen gibt, die im Gegensatz zu Schriftsteller/-innen oder Kanzleischreiber/-innen (meist) keinen professionellen, überregional geprägten Zugang zur Schriftsprache haben.[1] Als Teil der Manuskriptkultur des 18. Jahrhunderts sind sie Geschenk, Gedächtnisstütze, Wissenssammlung und Publikation. Da sie oft nur als Artefakt, das im besten Falle Besitzer/-in, Ort und Jahr preisgibt, existieren, fanden und finden sie oft dann die größte Beachtung, wenn sie dem Umfeld berühmter Frauen und Männern zugeordnet werden können, wie etwa Johanne Wilhelmine Cotta, Johann Caspar Goethe, Eva König oder Anna Plochl.[2] In den letzten dreißig Jahren hat sich das Interesse an Kochbüchern stark erweitert und beschäftigt sich auch mit Handschriften, die von Personen hergestellt oder besessen wurden, über die wenig bis

---

1 Siehe Heike Gloning: Handschriftliche Frauenkochbücher des 17. und 18. Jahrhunderts als Editions- und Forschungsaufgabe. Das »Koch Buöech gehörig Maria Verena Gaÿßerin jn Riedlingen A: 1710«. In: Hans-Gert Roloff (Hg.): Editionsdesiderate zur Frühen Neuzeit. Beiträge zur Tagung der Kommission für die Edition von Texten der Frühen Neuzeit. Bd. 2. Amsterdam 1997 (Chloe Bd. 25), S. 830, und Thomas Gloning (Hg.): Das handschriftliche Kochbuch zum Gebrauch der Theresia Lindnerin. Einleitung, Transkription und digitales Faksimile. Gießen 2009 (Monumenta culinaria Bd. 1), S. 3-4.

2 Zur Thematik der Editionen berühmter Persönlichkeiten ausführlich mit Literaturhinweisen, vgl. Gloning, Kochbuch Lindnerin, S. 3-9. Außerdem Elke Bauer u. Helmut Berthold: ›Thue ein Häferl Wein …‹ – Das Kochbuch der Eva König. Rezepte von Lessings Frau. Göttingen 2013 (Kleine Schriften zur Aufklärung Bd. 17) und Herta Neunteufl: Das Erzherzog Johann Kochbuch. Graz 1990.

nichts bekannt ist.[3] Obgleich sich in den letzten fünfzehn Jahren zahlreiche Digitalisationsinitiativen entwickelt haben, kommt belastend hinzu, dass sich viele der Handschriften in Privatbesitz befinden, was ihre Auffindung und Bearbeitung erschwert.[4] Die Problematik erstreckt sich jedoch nicht nur auf handschriftliche Quellen; so zeigt Joseph Matzerath in seinem treffend betitelten Beitrag über die Auffindbarkeit kulinarischer Literatur an Bibliotheken und Archiven eindringlich auf, dass sich nicht nur die Suche nach Kochbuchhandschriften schwierig gestaltet, sondern dass es auch bei populären gedruckten Werken der Starköche des 20. Jahrhunderts zu ›Leerstellen‹ in den Sammlungen kommt.[5] Bei Kochbuchhandschriften, die in Bibliotheken und Archiven zu finden sind, gibt es häufig nur unzulängliche oder gar überhaupt keine bibliographischen Angaben, die Aufschlüsse über den Hintergrund des Artefaktes erlauben. Woher die Objekte stammen, zu welchem Zweck und von wem sie hergestellt und verwendet wurden und wo sie benutzt wurden, ist in vielen Fällen nur spekulativ zu beantworten. Selbst bei Handschriften, über die recht viel bekannt ist, gibt es Unklarheiten. So nähert sich Hans Ramge in seiner Studie über die Schreiberin oder den Schreiber des Kochbuches der Großmutter Goethes, Anna Margaretha Justina Lindheimer, in detektivischer Kleinarbeit über Handschriftenvergleich, Alter der in Frage kommenden Personen und die Sprachverwendung dieser Frage und zieht den (vorsichtigen) Schluss, dass es sich bei der Schreiberin wohl um Maria Susanna Katharina Büßer (geb. Seip), eine Tante Lindheimers, gehandelt haben dürfte.[6]

Generell bilden Handschriften zumindest ab dem Mittelalter Teil der Schenkökonomie, wobei sich der Wert des Buchgeschenkes aus der Arbeit der Schreiberin oder des Schreibers sowie der persönlichen Verbindung zusammensetzt, die zwischen Text, Leser/-in und Schreiber/-in erzeugt wird.[7] Ebenso ist die Personalisierung von Druck-

3 Um nur einige aus der Fülle der Publikationen der letzten Jahre herauszugreifen: Anna Wolańska: Kochrezepte für Wilhelmine Burger. Kommentar, Faksimile, Transkription, Glossar. Gießen 2023 (Sprache, Literatur, Kommunikation – Geschichte und Gegenwart Bd. 17), Lothar Kolmer u. Franziska Kolmer (Hg.): Kochbuch der Maria Euphrosina Khumperger aus dem Jahr 1735 mit 285 Rezepten. Wien 2015, Gloning, Kochbuch Lindnerin, Barbara Morino (Hg.): Das Kochbuch der Ursulinen aus dem Jahr 1716 mit 560 Rezepten. Wien 2013.

4 Einen relativ aktuellen Überblick zu den Digitalisations- und Transkriptionsinitiativen gibt Helga Müllneritsch: The Austrian Manuscript Cookery Book in the Long Eighteenth Century. Studies of Form and Function. Berlin, Bern u. Wien 2022, S. 15-21. Zu den Problematiken der Auffindbarkeit der Manuskripte siehe Wolańska, Kochrezepte für Wilhelmine Burger, S. 9.

5 Siehe Josef Matzerath: Leerstelle Kochbuch. Der Mangel an Kulinaria in öffentlichen Bibliotheken. In: Achim Bonte u. Juliane Rehnolt (Hg.): Kooperative Informationsinfrastrukturen als Chance und Herausforderung. Berlin u. Boston 2018, S. 416-425, insbesondere bezüglich der Sammlung Putz an der SLUB, S. 424-425.

6 Siehe Hans Ramge: »Ich folg viel mehr // Der Tugend und dem Fleiß, die bringen Ehr.« Zur Sprache im Kochbuch von Goethes Großmutter. In Gudrun Marci-Boehncke u. Jörg Riecke: »Von Mythen und Mären« – Mittelalterliche Kulturgeschichte im Spiegel einer Wissenschaftler-Biographie. Festschrift für Otfrid Ehrismann zum 65. Geburtstag. Hildesheim, Zürich u. New York 2006, S. 417-440.

7 Siehe Margaret J. M. Ezell: Handwriting and the Book. In: Leslie Howsam (Hg.): The Cam-

werken durch die Beifügung von Glossen und Marginalien von der Hand ihrer Besitzer oder die Inklusion von handgefertigten Illustrationen oder Texten, die im Umfang über Glossen oder Marginalia hinausgehen, bis weit ins 18. Jahrhundert eine Strategie, um den Wert des Objektes zu steigern.[8] Ab dem ausgehenden 17. Jahrhundert bis Ende des 18. Jahrhunderts kommen handgeschriebene Kochbücher in Mode; so merkt die Kochbuchautorin Christiane Knoer, Frau des Göppinger Stadtschreibers Karl Friedrich Knoer, in ihrer *Sammlung vieler Vorschriften* von 1785 an, dass »nicht leicht ein Frauenzimmer ohne ein geschriebenes Kochbuch seyn will«.[9] Hierbei handelt es sich oft um Hochzeitskochbücher und Brautkochbücher, die der jungen Familie als Start in den neuen Lebensabschnitt mitgegeben wurden und von Familienmitgliedern oder in manchen Fällen auch professionellen Schreiberinnen und Schreibern hergestellt wurden.[10] Kochbuchhandschriften spielen jedoch auch mit gedruckten Werken; so lässt sich aufgrund der Merkmale einer mit 1785 datierten Handschrift, die im Germanischen Nationalmuseum zu finden ist, sowie Cod. Ser. n 13749, datiert 1802 und in den Beständen der Österreichischen Nationalbibliothek, annehmen, dass es nicht ungewöhnlich war, Titel bekannter gedruckter Kochbücher für Kochbuchmanuskripte zu verwenden, ohne dabei den Inhalt im Detail oder überhaupt zu übernehmen.[11] Das handschriftliche Kochbuch ist auch keinesfalls auf den privaten Haushalt beschränkt; so sind in den Beständen der Österreichischen Nationalbibliothek zwei Kochbuchmanuskripte erhalten (Bd. 1: Signatur Cod. Ser. n. 12174, Bd. 2: Signatur Cod. Ser. n. 12175), die 1798 von dem kaiserlichen Hofkücheninspektor Mathias Zelena, dem Vater Franz Zelenas, einem der berühmtesten Kochbuchautoren Österreichs, verfasst wurden und als handschriftliche Veröffentlichun-

bridge Companion to the History of the Book. Cambridge 2015, S. 95-96, und Elaine Leong: Recipes and Everyday Knowledge. Medicine, Science, and the Household in Early Modern England. Chicago u. London 2018, S. 37-40.

8   Vgl. Ezell, Handwriting, S. 93-94, und Spoerhase: Das Format der Literatur. Praktiken materieller Textualität zwischen 1740 und 1830. Göttingen 2018, S. 267, Fn. 380.

9   Zit. nach Thomas Gloning: Handschriftliche Rezeptnachträge in einem ›Göppinger Kochbuch‹ von 1790. In: Gerd Richter, Jörg Riecke u. Britt-Marie Schuster (Hg.): Raum, Zeit, Medium – Sprache und ihre Determinanten. Festschrift für Hans Ramge zum 60. Geburtstag. Darmstadt 2000 (Arbeiten der Hessischen Historischen Kommission; N. F. Bd. 20), S. 359. Zu handschriftlichen Kochbüchern als Modeerscheinung siehe Gloning, Kochbuch Lindnerin, S. 3.

10 Siehe dazu Thomas Gloning: Textgebrauch und sprachliche Gestalt älterer deutscher Kochrezepte (1350-1800). Ergebnisse und Aufgaben. In: Franz Simmler (Hg.): Textsorten deutscher Prosa vom 12./13. bis zum 18. Jahrhundert und ihre Merkmale. Frankfurt/Main 2002, S. 522, Herta Neunteufl: Leobener Kochbücher des 18. Jahrhunderts. Zwei Dokumente altsteirischer Kochkunst. Leoben 1979 (Der Leobener Strauß Bd. 7), S. 104, und Gloning, Kochbuch Lindnerin, S. 3-4.

11 Die Handschrift (Signatur Hs 14713) ist in den digitalen Beständen des Museums zu finden: https://dlib.gnm.de/item/Hs14713 [23.04.2023]. Gloning verweist auf den handschriftlichen Katalog, in dem angemerkt wird, dass es sich bei dem Objekt lediglich um die Abschrift eines gedruckten Buches handeln dürfte. Siehe Gloning, Rezeptnachträge, S. 354. Cod. Ser. n 13749 wird genauer besprochen bei Müllneritsch, Austrian Manuscript Cookery Book, S. 138-141.

gen gelten können.[12] Handschrift und Druck existieren also nicht nebeneinander, sondern sind eng miteinander verzahnt.[13]

Dies führt nun zu den beiden Kochbuchhandschriften, die den Kern dieses Beitrages bilden. Sie stammen aus dem späten 17. (Signatur Putz.17 8 26, Sächsische Landesbibliothek – Staats- und Universitätsbibliothek Dresden) und 18. Jahrhundert (Signatur Hs.-206, Oberösterreichische Landesbibliothek, Linz) und stellen sowohl inhaltlich als auch in Bezug auf die paratextuellen Elemente Kopien beliebter gedruckter Kochbücher aus Österreich dar. Weshalb zwei gedruckte Werke vollständig kopiert wurden, könnte einerseits mit der zuvor angesprochenen Mode, sich ein handschriftliches Kochbuch herstellen zu lassen, zusammenhängen, oder mit einer möglichen Unverfügbarkeit der gedruckten Kochbücher aufgrund kleiner Auflagen. Ebenso ist denkbar, dass die Anfertigung einer handschriftliche Kopie günstiger war als ein gedrucktes Buch zu kaufen.

II. Handschriftlichkeit und Druck

Während es im Bereich der Kochbücher aufgrund der oft kargen bibliographischen Angaben in den meisten Fällen (die Manuskripte von Mathias Zelena, die als Schreiber den Accsessisten Joseph Zeilner ausweisen, sind eine der wenigen Ausnahmen) schwierig bis unmöglich ist, etwaige professionelle oder Amateurschreiber/-innen zu identifizieren, lassen sich Praktiken aus dem Bereich der Musik finden, in denen der Handel mit handgefertigten Kopien florierte. Zwar nicht aufgrund der Mode, jedoch aufgrund erwerblicher Einschränkungen war das Abschreiben musikalischer Materialien im frühen 18. Jahrhundert eine Notwendigkeit, wie Kirsten Beißwenger in Bezug auf die Zirkulation von Musikalien herausarbeitet; sie weist darauf hin, dass »Drucke teuer bzw. die meisten Werke nicht im Druck erschienen waren«.[14] Thomas Hochradner fügt an, dass der Vertrieb handschriftlich kopierter Noten bis zu Beginn des 19. Jahrhunderts »markttauglich und konkurrenzfähig« blieb.[15] Sieht man diese Praxis als einen Teil der Manuskriptkultur des 18. Jahrhunderts an, so lässt sich annehmen, dass es sich auch in Hinblick auf vergriffene Kochbücher lohnen konnte, Schreiber/-innen statt Buchdrucker/-innen mit der Aufgabe zu betrauen, ein nicht erhältliches Kochbuch abzuschreiben oder eine personalisierte Prachtversion eines gedruckten Kochbuches herzustellen, da eine Druckauflage erst ab etwa 20 oder 30 Exemplaren profitabel gewesen wäre.[16]

12 Im Detail hierzu Müllneritsch, Austrian Manuscript Cookery Book, S. 117-127.

13 Vgl. Leong, Recipes and Everyday Knowledge, S. 170.

14 Kirsten Beißwenger: Erwerbsmethoden von Musikalien im frühen 18. Jahrhundert: Am Beispiel Johann Sebastian Bachs und Johann Gottfried Walthers. In: Fontes Artis Musicae 45 (1998), H. 3/4, S. 239.

15 Thomas Hochradner: Immer noch »belästigt von Kopisten«? Musikwissenschaft und ihre Herausforderung durch die handschriftliche Verbreitung musikalischer Werke. In: Musicologica Brunensia 47 (2012), H. 1, S. 132.

16 Vgl. Spoerhase, S. 171-172, und Harold Love: The Manuscript after the Coming of Print. In: Michael F. Suarez u. H. R. Woudhuysen (Hg.): The Book: A Global History. Oxford 2013, S. 200. – Vgl. ebenso Arno Mentzel-Reuters: Das Nebeneinander von Handschrift und Buchdruck im 15. und 16. Jahrhundert. In: Ursula Rautenberg (Hg.): Buchwissenschaft in Deutsch-

Die Annahme von Leslie Howsam und Carlos Spoerhase, die ein Manuskript im 18. Jahrhundert in erster Linie als Buch verstehen, also nicht als automatisch dem privaten Bereich zugeordnet und von der Öffentlichkeit ausgeschlossen sehen, erweist sich als hilfreich, um sich der Frage nach dem Status der Kochbuchhandschriften zu nähern.[17] Das Manuskript kann durchaus als Veröffentlichung und Disseminationsmedium agieren, weshalb Kochbuchhandschriften als potenziell eigenständiges literarisches Medium verstanden werden können und nicht nur als private Materialsammlung oder Vorstufe des gedruckten Buches.[18] Dieses Verständnis des handschriftlichen Buches deckt sich mit den Schlussfolgerungen Mentzel-Reuters, der die Herstellung von gedruckten Büchern bis zum späten 18. Jahrhundert auf adlige und bürgerliche Eliten beschränkt sieht, während die Mehrheit der Bevölkerung, die mit schriftlichen Erzeugnissen in Berührung kam, handschriftliche Dokumente für die Zirkulation von Inhalten nutzte.[19] In seiner Abhandlung *Das Format der Literatur* zeigt Spoerhase, dass ein Druck nicht automatisch als öffentlich gelten muss, wie auch die Handschrift nicht selbstredend als privat zu betrachten ist. Was als Nachdruck verstanden wird und was als Abschrift gilt, »hängt also von materialen Textpraktiken ab.«[20] Manuskriptbücher weisen paratextuelle Merkmale wie Titelblätter und Inhaltsverzeichnisse auf, die sich aus der Druckkultur gebildet haben.[21] Der Manuskriptdruck – also gedruckte Bücher, die ›an Freunde‹ verteilt werden und als Handschriften agieren – zeigt im Gegenschluss Merkmale, die konzeptuell den Handschriften zugeordnet werden. Beide Handschriften, vor allem aber Hs.-206 aus dem Jahre 1777 unterstützen die Annahme, dass handschriftliche Kopien entweder aus Modegründen angefertigt wurden, um ein persönlicheres Exemplar zu erhalten, oder um ein im

---

land. Ein Handbuch. Berlin 2010, S. 436, und David McKitterick: Paper, Pen and Print. In: LIR.journal 11 (2011), H. 1, S. 12.

17 Siehe z. B. Kyri W. Claflin: Representations of Food Production and Consumption. Cookbooks as Historical Sources. In: Anne Murcott, Warren Belasco u. Peter Jackson (Hg.): The Handbook of Food Research. London [u. a.] 2013, S. 111. Claflin argumentiert, dass das gedruckte Buch der Leserschaft den Zugang zu Texten ab dem fünfzehnten Jahrhundert erleichtert, da sich die Herstellung einer Handschrift arbeitsintensiver gestaltet als der Druck, obwohl gedruckte Werke im sechzehnten Jahrhundert noch für königliche Haushalte und die Oberschicht bestimmt sind. Auch in den folgenden Jahrhunderten zirkulieren handschriftliche Rezeptsammlungen, obwohl sich das gedruckte Buch immer stärker durchsetzt. Vgl. Thomas Gloning, Textgebrauch, S. 523.

18 Vgl. Carlos Spoerhase: Das Format der Literatur, S. 425-427, und ders.: Empfindsame Lyrik im Medium des modernen Manuskriptbuchs. Am Beispiel des »Silbernen Buchs« von Caroline Flachsland und Johann Gottfried Herder. In: Archiv für die Geschichte des Buchwesens 69 (2014), S. 59-75, hier S. 56, S. 61 u. S. 71. Ebenso Leslie Howsam: Book History Unbound: Transactions of the Written Word Made Public. In Canadian Journal of History 38 (2003), S. 69-82, hier S. 73: »[T]he book need not be printed, though it must be public. Manuscripts were routinely duplicated and circulated in the premodern West […].«

19 Vgl. Mentzel-Reuters, Nebeneinander, S. 434.

20 Spoerhase, Das Format der Literatur, S. 55.

21 Vgl. Tobias Fuchs: Die Kunst des Büchermachens. Autorschaft und Materialität der Literatur zwischen 1765 und 1815. Bielefeld 2021, S. 51, und Spoerhase, Das Format der Literatur, S. 55.

Druck nicht erhältliches Kochbuch händisch zu vervielfältigen. Die Möglichkeit, dass es sich um Abschriften bereits handschriftlich kopierter Werke handelt, ist selbstverständlich gegeben und kann weder bestätigt noch widerlegt werden. Dies nimmt dem Umstand, dass sich die Manuskriptbücher deutlich auf die gedruckten Kochbücher beziehen und daher als Kopien derselben gelten können, keine Gültigkeit.

III. Handschriftlicher Nachdruck

Die Sächsische Landesbibliothek – Staats- und Universitätsbibliothek Dresden (SLUB) ist in Besitz einer 82 Blatt starken Papierhandschrift mit dem Titel *Ein sehr nutzbares Koch und Artzney-Buch worinen von allerhand Konfekt und anderen Speisen, wie auch von unterschidlichen Artzney Sachen, wie solche zu machen zum dritten Mal in Druk gegeben* Teil der Sammlung Walter Putz.[22] Das Manuskript, hier im Wissen der Autorin in diesem Beitrag zum ersten Mal besprochen, wird im Druckschriftenbestand geführt, samt Verlagsangaben, die auf der Titelseite der Handschrift selbst jedoch nicht aufscheinen.[23] Anders als im Fall des Manuskripts Hs.-206, das in Folge besprochen werden wird, ist die gedruckte Vorlage dieser Handschrift klar: Es handelt sich dabei um die dritte Auflage des Koch- und Medizinalbuches *Ein Koch- und Artzney-Buch*, anonym verfasst und erstmals 1686 in Graz bei Widmanstetter gedruckt; es ist das älteste bekannte (gedruckte) Kochbuch in Österreich.[24] Die Handschrift ist ausgesprochen gut erhalten und weist nur sehr leichte Abnutzungsspuren auf, was darauf hinweist, dass es nicht im Bereich der Küche verwendet wurde. Das Papier ist sehr dünn, wodurch die Tinte, nun teilweise recht stark verblasst, durch die Seiten scheint, was das Lesen der Rezepte erschwert. Das Buch wurde von einer anonymen Schreiberhand gefertigt, die durchgängig eine sehr hohe Qualität und Organisationsfähigkeit zeigt. Der Schreibraum ist durch einen Rahmen begrenzt, die Seiten sind ab Seite 2 durchgängig mittig am oberen Seitenrand nummeriert und enden mit Seite 158 und dem Vermerk ›Folget das Arzney-Buch.‹, gefolgt von zwei Leerseiten. Das Arzneibuch ist nicht Teil der Kopie; möglicherweise sollte nur der Kochbuchteil kopiert werden. Die Rezepte werden in neun Abteilungen (›Von allerley Zuckerwerck und eingemachten Sachen.‹, ›Folget allerley Gebächt‹, ›Von allerley Fleisch-Speisen‹, ›Von allerley Supen.‹, ›Allerley Köche‹, ›Allerley Milch‹, ›Allerley Pasteten zu machen.‹, ›Allerley Speisen von Fisch‹ und ›Von allerley Sachen‹) gegliedert, wobei die Überschriften der Abteilungen eng über den Rezeptüberschriften sitzen, wie auch insgesamt die Raumverwendung sehr ökonomisch ist. Wo es doch zu Weißräumen am Ende der Seite kommt,

22 Sächsische Landesbibliothek – Staats- und Universitätsbibliothek Dresden (SLUB), ›Putz.17 8 26‹ (1696). Zur Sammlung Putz siehe online: https://www.slub-dresden.de/entdecken/deutsches-archiv-der-kulinarik/bibliotheca-gastronomica-sammlung-walter-putz [18.08.2023].

23 Siehe online: http://digital.slub-dresden.de/id314924647 [18.08.2023]. Die Handschrift kam 2005 mit der Sammlung Walter Putz an die SLUB; über Vorprovenienzen ist nichts bekannt. Herzlichen Dank an Kerstin Schellbach für ihre hilfreiche Auskunft.

24 Siehe die frühen Kochbuchdrucke aus der Universitätsbibliothek Graz, Universitätsbibliothek Graz – Digi | DOMUS: Koch- und Haushaltsbücher; online: https://unipub.uni-graz.at/obvugrdomus_druck [18.08.2023].

werden einfache Schlussvignetten eingefügt. Die Überschriften sind zum Großteil in Fraktur, manchmal auch in Kurrentschrift verfasst und heben sich durch Größe und Unterstreichungen von den in Kurrentschrift verfassten Rezepttexten ab. Oft sind auch noch die Bleistiftlinien erkennbar, die dazu dienten, die Buchstaben gleichmäßig zu gestalten. Anders als in den Drucken verwendet die Schreiberin oder der Schreiber keine Initialen, zeichnet dafür aber Fremdwörter in Antiqua aus (z. B. Citeroni, Citron, clarificieren und candiren).[25] Aufgrund der hohen Qualität der Handschrift liegt die Vermutung nahe, dass es sich entweder um eine/-n professionelle/-n Schreiber/-in handeln könnte oder zumindest um eine/-n geübte/-n Amateur/-in. Statt ›nur‹ den Text zu kopieren, wird hier große Sorgfalt darauf gelegt, die paratextuellen Charakteristika des Drucks wie Angaben von Ausgaben, Titelei und Illustrationen angemessen wiederzugeben;[26] dass dieses Vorhaben gelingt, zeigt, dass die Schreiberin oder der Schreiber Zeit und Mühe in die Beherrschung der Schriftarten gelegt haben musste. In Bezug auf Repräsentativschriften wie Kanzlei und Fraktur wird in Erziehungsratgebern des 18. Jahrhunderts davon abgeraten, Schüler die »künstliche Frakturschrift« lernen zu lassen, da diese nur für Schreibmeister bestimmt sei und zu einer mangelhaften Ausbildung in der Kursive führen würde. Höchstens das Erlernen der Kanzleischrift sei für Begabte angemessen.[27]

Wie bereits erwähnt, handelt es sich hier um die dritte Auflage des Koch- und Arzneibuches *Ein Koch- und Artzney-Buch*. Die beiden ersten Auflagen (1686 und 1688) tragen beide den Titel ›Ein Koch Und Artzney-Buch‹, während die dritte Auflage von 1696 als ›Ein sehr nutzbares Koch- und Artzneybuch‹ betitelt ist. Das Deutsche Textarchiv stellt die erste und zweite Auflage des Koch- und Artzney-Buches digitalisiert samt Transkription zur Verfügung;[28] vor allem einige Exemplare der zweiten Auflage lassen sich in Bibliotheken, Antiquariaten oder wohl auch in Privatbesitz finden. Die Steiermärkische Landesbibliothek Graz besitzt ein Exemplar der dritten Auflage von 1696, das für die Zwecke dieses Beitrages jedoch nicht eingesehen werden konnte. Es kann allerdings davon ausgegangen werden, dass auch die dritte Auflage trotz der leichten Veränderung des Titels inhaltlich identisch mit den beiden ersten Auflagen ist. Ebenso ist anzunehmen, dass die drei Auflagen, obgleich ihre rasche Aufeinanderfolge auf eine interessierte Leserschaft hindeutet, relativ klein ausfielen.[29] 1697 wurden große Teile des *Koch- und Artzney-Buches*

---

25 Vgl. [anon.]: Ein Koch- Und Artzney-Buch. Grätz 1686. Deutsches Textarchiv; online: https://www.deutschestextarchiv.de/book/view/graz_kochbuch_1686 [18.08.2023] und [anon.]: Ein Koch- Und Artzney-Buch. Zweite Aufl. Grätz 1688. Deutsches Textarchiv; online: https://www.deutschestextarchiv.de/book/view/oa_artzneybuch_1688 [18.08.2023].

26 Vgl. Spoerhase, Das Format der Literatur, S. 170.

27 Siehe August Hermann Niemeyer: Grundsätze der Erziehung und des Unterrichts für Eltern, Hauslehrer und Schulmänner. 5. Aufl. Bd. 1. Halle 1805, S. 357, und auch Fuchs, Kunst des Büchermachens, S. 77. – Dass selbst Vielschreiber damit zu kämpfen hatten, zeigt das Beispiel Jean Pauls, der für die Gestaltung einiger der Titelblätter seiner Exzerptsammlungen professionelle Schreiber beauftragte. Vgl. Fuchs, Kunst des Büchermachens, S. 75.

28 [Anon.]: Koch- Und Artzney-Buch 1686 und [anon.], Koch-Und Artzney-Buch 1688.

29 Siehe Hans Zotter: Semmelbreßl und Lemonischalerl. Kochbuchforschung in der Steiermark. In: Steiermärkische Landesbibliothek (Hg.): »Man nehme ...« Kochbücher und ihre Rezeption im Laufe der Jahrhunderte. Beiträge zum Symposium »Man nehme ...« 2015. Graz 2016, S. 31.

in die dritte Auflage des Koch- und Arzneibuches *Freywillig aufgesprungener Granat-Apffel* der Fürstin Eleonora Maria Rosalia von Eggenberg, geborene Fürstin von Liechtenstein, integriert und um 360 Rezepte aus anderen Quellen erweitert.[30] Die Rezepte aus dem Koch- und Artzney-Buch sind der bürgerlichen Küche zuzuordnen, während die anderen aus der adeligen Sphäre stammen und ungleich luxuriöser sind.[31] Bis 1863 erschienen zwanzig bislang bekannte Ausgaben des *Granat-Apffels*.[32]

Da sich in der handschriftlichen Kopie lediglich der Kochbuchteil der Druckausgaben befindet, wird auch nur dieser berücksichtigt. In diesem Teil sind 171 Rezepte, die mit Überschriften versehen sind, versammelt (ein Rezept steht ohne Überschrift auf S. 55 unter dem Abschnitt ›Von allerley Fleisch-Speisen‹).[33] Bis auf sieben Suppenrezepte, die in der handschriftlichen Kopie fehlen, stimmt das Manuskript mit den gedruckten Auflagen vollständig überein. Es handelt sich dabei um ›Ein Suppen mit kleinen Vögelein‹, ›Die Jäger-Suppen zu machen‹, ›Ein gute Bier-Suppen‹, ›Wein Suppen zu machen‹, ›Ein gutes Süppel über bratene‹, ›Ein Süppel über gesottene Fisch zu machen‹ und ›Ein Süppel über Gebratenes‹.[34] Es dürfte sich bei diesen Auslassungen mit großer Wahrscheinlichkeit um einen Kopierfehler handeln. Ansonsten sind die Rezepte bis auf geringe orthographische Abweichungen beinahe wortwörtlich kopiert, wie am Beispiel des Rezepts für Reistorte zu sehen (die handschriftliche Fassung steht zu Beginn):

Eine gute – Reis Torten.[35]
Man soll schön geklaubten Reiß in einer guten süßen obern Milch sieden, wie man ihn sonst kocht, wohl dik, den soll man in einem Mörser wohl abstossen, darnach soll man nehmen gar kleine gestossene Mandl, ungefähr so viel als der Reis ist, und darunter stossen, auch ein gutes Stritzl Butter, und von einer Zweyer Semel die Schmole in Milch geweicht, ausgedrukt, u: darunter stossen, und wohl zukern, und Eyer anmachen, in der Diken, wie sonst ein gar große Mandl Torten, und also baken.[36]

30 Vgl. Franz Maier Bruck: Nachwort. In: Grätzerisches durch Erfahrung geprüftes Kochbuch. Eingerichtet für alle Stände. Zum Gebrauch für Fleisch- und Fasttäge. […] Herausgegeben von J[akob] M[elin]. 8 Aufl. [1804 repr.] Graz 1978, S. 7. Ebenso Hanna Dose: Die Geschichte des Kochbuchs. Das Kochbuch als geschichtliche Quelle. In: Gisela Framke u. Gisela Marenk (Hg.): Beruf der Jungfrau. Henriette Davidis und Bürgerliches Frauenverständnis im 19. Jahrhundert. 2. Aufl., Oberhausen 1990, S. 66-67.

31 Vgl. Zotter, Semmelbreßl, S. 24-25; und Ulrike Habjan: Graz, Österreichs gastrosophische Hauptstadt. Der Siegeszug der Kochbücher im Lauf der Jahrhunderte. In: Steiermärkische Landesbibliothek (Hg.), »Man nehme …«, S. 230.

32 Zunächst 1695 und 1696 in Wien bei Leopold Voigt. Die Widmanstetter Ausgabe von 1697 in Graz war ein Nachdruck der Wiener Ausgabe von 1695. Der Granat-Apffel wurde in Wien, Graz, Leipzig, Nürnberg und Stuttgart verlegt. Siehe Habjan, Graz, 230.

33 Siehe [anon.], Koch- Und Artzney-Buch 1686, S. 55, und [anon.], Koch- Und Artzney-Buch 1688, S. 55.

34 Siehe [anon.], Koch- Und Artzney-Buch 1688, S. 67-70.

35 Für Rezepte hier und in Folge: normalisierte Orthographie; Zeilenumbruch im Rezepttext nicht beachtet.

36 SLUB, Putz.17 8 26, S. 71-72.

Ein gute Reiß-Dorten.

Man soll schön geklaubten Reiß in einer guten süßen oberen Milch sieden/ wie man ihn sonst kocht/ wohldick/ den soll man in einem Mörsel wohl abstoßen/ danach solle man nehmen gar kleine gestoßene Mandel/ ungefähr so viel als der Reiß ist/ und darunter stoßen/ auch ein gutes Stritzl Butter/ und von einer Zweier-Semmel die Schmollen in Milch geweicht/ wider ausgedruckt/ und darunter stoßen/ und wohl zuckern und Eiern anmachen/ in der Dicken wie sonst ein gar grosse Mandel-Dorten/ und also Bachen.[37]

Wann die Kochbuchhandschrift tatsächlich verfasst wurde, ist unklar. Zwar gibt das Titelblatt 1696 an, jedoch handelt es sich dabei um die Kopie der Titelangaben der gedruckten Ausgabe. Es ist durchaus möglich, dass das Buch einige Jahre nach Erscheinen der Druckausgabe geschrieben wurde – vielleicht, da der käufliche Erwerb des Drucks schwierig bis unmöglich wurde. Weshalb lediglich der Kochbuchteil und nicht der medizinische Teil kopiert wurden, ist unklar; denkbar ist jedoch, dass die Beschaffung des Kochbuchteils Priorität hatte und sich das händische Kopieren vermutlich günstiger oder weniger zeitintensiv gestaltete. Da sich ein erneuter Druck des Kochbuches, wie zuvor erwähnt, erst ab zumindest 20 oder 30 Exemplaren gelohnt hätte, und zu diesem Zweck auch eine Druckerei den Auftrag hätte annehmen müssen, ist es sehr wahrscheinlich, dass die Kopie aus Kosten- und Organisationsgründen handschriftlich hergestellt wurde.[38] Anders als die Druckvorlagen verwendet die Schreiberin oder der Schreiber im Manuskript keine Initialen, und es lassen sich weniger Zierelemente finden. Aufgrund der Papierqualität und der reduzierten Ausstattung ergibt sich der Eindruck, dass es sich hier um eine unpersönliche handgefertigte Neuauflage eines zu diesem Zeitpunkt möglicherweise schwer erhältlichen Drucks handelt, die vielleicht sogar veräußert wurde statt als Geschenk oder für den Hausgebrauch zu dienen. Dass es sich bis heute erhalten hat und kaum Gebrauchsspuren aufweist, zeigt, dass es nicht oder zumindest nicht direkt in der Küche benutzt, sondern als wertvoll anerkannt wurde.[39] Anders als bei der im Folgenden besprochenen Kopie handelt es sich bei dem in diesem Abschnitt besprochenen ›handschriftlichen Nachdruck‹ um keine personalisierte Prachtausgabe.

---

37 Anon., Koch- Und Artzney-Buch 1688, S. 52-53.

38 Aus dem Bereich der Musik sind Selbstverleger wie Georg Philipp Telemann, der bei Johann Gottlob Immanuel Breitkopf in Leipzig drucken ließ, oder Johann Sebastian Bach bekannt. Siehe Steven Zohn: Music for a Mixed Taste. Style, Genre, and Meaning in Telemann's Instrumental Works. New York 2008, S. 336. Ebenso konnten die Dienste von Winkeldruckereien (unautorisierten Druckereien) in Anspruch genommen werden.

39 Vgl. Habjan, Graz, S. 216, und Sara Pennell: Making Livings, Lives and Archives. Tales of Four Eighteenth-Century Recipe Books. In: Michelle DiMeo u. Sara Pennell (Hg.): Reading and Writing Recipe Books, 1550-1800. Manchester 2013, S. 233.

IV. Prachtausgabe

Die Oberösterreichische Landesbibliothek (OÖLB) in Linz ist im Besitz einer 326 Blatt starken Papierhandschrift (Hs.-206), datiert auf das Jahr 1777, die laut eines abgenutzten Titelschildes auf dem Vorderdeckel vormals im Besitz einer Katharina Kriechbaum war.[40] Zwischen fol. 325 und 326 wurde am Ende des Bandes eine Seite herausgerissen; fol. 1-3, fol. 4ᵛ und fol. 294ʳ-326ᵛ sind leer. Der Einband besteht aus Pappe, der Rücken und die Ecken sind aus braunem Leder.[41] Das Papier ist dicker als das im zuvor besprochenen *Sehr nutzbaren Koch und Artzney-Buch* verwendete, wodurch die Schriftzüge kaum durchschimmern und die Lesbarkeit um ein Vielfaches erhöht wird. Die Seiten sind nachträglich foliiert, die Schreiberhand, die durchgängig in hoher Qualität arbeitet, paginiert die Seiten mit roter Tinte. Das Titelblatt auf fol. 4ʳ, das auf drei leere Folioseiten folgt, ist in roter und blauer Tinte mit *Kurzer / Unterricht / In welchen / Unterschiedliche Speisen / gut zuezubereiten / Beschrieben Seynd / Anno / 1777* betitelt.[42] Titel und Datumsangabe stehen in einem rautenförmigen Rahmen, der über einen rechteckigen Rahmen gezogen ist. Beide Rahmen setzen sich aus abwechselnd roten und blauen Linien zusammen, wobei in den leeren Ecken und an den Kanten Blumen kalligraphiert wurden. Die Verwendung verschiedenfarbener Tinten ist in Kochbüchern relativ selten und weist darauf hin, dass es sich hier um ein Schaustück handelt. Spätere Eintragungen, Gebrauchsspuren oder Ergänzungen sind nicht zu finden; der Band ist bis auf einige Wasserschäden am Ende des Buches in einem sehr guten Zustand. Wie bereits bei dem *Sehr nutzbaren Koch und Artzney-Buch* der Fall, ist es wahrscheinlich, dass entweder eine professionelle Hand mit der Herstellung beauftragt wurde oder dass ein/-e talentierte/-r Amateur/-in die Kopie anfertigte.

In der Bibliotheksdatenbank wird Hs.-206 vermutlich aufgrund der Angaben im Titel, die das Buch als *Kurzer Unterricht* ausweisen, als »Kochlehrbuch« bezeichnet.[43] Als Textgrundlage wird die vierte Auflage des *Bewehrten Kochbuches* von 1753 benannt, mit der Anmerkung, dass einige Rezepte gegen Ende der Handschrift in der Reihenfolge abweichen.[44] Bei genauerer Analyse der Handschrift und vor allem ihrer paratextuellen Merkmale zeigt sich jedoch, dass es sich mit ziemlicher Sicherheit nicht um die Ausgabe von 1753 handelt, sondern um eine frühere Ausgabe von 1736. Es ist hierbei anzumerken, dass

---

40 OÖLB: Hs.-206. 1777; online: http://digi.landesbibliothek.at/viewer/image/206/1/ [19.08.2023]. Eine erste Analyse dieses Manuskripts, die durch die vorliegende Untersuchung zum Teil nicht mehr aktuell ist, findet sich in Müllneritsch, Austrian Manuscript Cookery Book, S. 128-138.

41 Siehe Konrad Schiffmann: Die Handschriften der öffentl. Studienbibliothek in Linz. Linz 1935, S. 261; online: http://digi.landesbibliothek.at/viewer/resolver?urn=urn:nbn:at:AT-OOeLB-1545342 [15.08.2023].

42 Normalisierte Schreibung. Virgeln bezeichnen den Zeilenumbruch.

43 Siehe OÖLB, Hs.-206 [s. v. Bibliografische Daten]. Virgeln bezeichnen das Zeilenende.

44 [Jakob Heim]: Bewehrtes Koch=Buch, Jn sechs Absätz vertheilet; Jn welchen zu finden: Wie man verschiedene Speisen von allerhand Wild=Prät, Fleisch, Geflügelwerck, Fisch, und Garten=Gewächsen, Wie auch Torten, Pastetten, und anderes Gebackenes, niedlich zurichten könne. Wegen guter, und sicher=gestellten Eintheilung dienet jederman, besonders der in der Kocherey sich übenden Jugend. 4. verb. Aufl., Wien 1753 (gedruckt bei Kaliwoda).

es sich bei der Kochbuchsammlung der Oberösterreichischen Landesbibliothek um eine ausgesprochen gut bearbeitete und nutzerfreundliche Sammlung handelt und hier keinesfalls ungerechtfertigte Kritik geübt werden soll; die Fehleinordnung ist eher der Entstehungsgeschichte der gedruckten Vorlage anzurechnen, die im Folgenden kurz angerissen werden soll.

Der Linzer Bürger und Stadtkoch Jakob Heim (gest. 1743) publizierte 1724 in Linz ein Kochbuch mit dem Titel *Nutzliches Kochbuch, oder: kurtzer Unterricht in welchem unterschiedliche Speisen gut zu zubereiten*, das 1736 unter dem Titel *Kurtzer Unterricht, In welchen Unterschiedene Speisen gut zuzubereiten beschrieben seynd* in einer kleineren Ausgabe in Wien bei Maria Theresia Voigt(in), Universitäts-Buchdruckerin, erschien (ein Original der Ausgabe von 1724 ist bis dato unauffindbar).[45] Die Ausgabe von 1736 ist physisch kleiner, aber inhaltlich identisch mit der ab 1740 bei Holtzmayer in Styer unter dem Titel *Nutzliches Koch-Buch, Oder: Kurtzer Unterricht, In welchem Unterschiedene Speisen Gut zu zubereiten beschriben seynd* erschienenen Ausgabe, die sich auch in der Titelangabe auf die Wiener Ausgabe bezieht (*Erstlich zu Wienn in kleinern Form gedruckt, Anjezo aber …in disem Form wiederum neu zum Druck befördert*).[46] Nach seinem Tod wurde Heims Kochbuch in der fünften Auflage (1749) in *Bewehrtes Kochbuch* umbenannt und 1772 erstmals unter dem Namen *Wienerisches bewährtes Kochbuch in 6 Absätzen vertheilet* in der Göbhardischen Buchhandlung (Bamberg und Würzburg) veröffentlicht.[47] Ab 1785 erschien das Kochbuch erstmals unter dem Namen des Bearbeiters Ignaz Gartler,[48] zu dem sich zumindest ab der 14. Auflage 1790 Barbara Hikmann gesellte,[49] gefolgt von F. G. Zenker und Peter Neubauer.[50] Das Kochbuch aus Linz wandelte sich demzufolge im Laufe von sechzig Jahren zu einem Standardwerk der Wiener Küche; bisher sind 38 Auflagen bekannt.[51]

---

45 [Jakob Heim]: Kurtzer Unterricht, In welchen Unterschiedene Speisen gut zuzubereiten beschrieben seynd. Wien 1736 (gedruckt bei Maria Theresia Voigtin, Universitäts-Buchdruckerin). – Zu J. Heim und Druckgeschichte vgl. Liselotte Schlager: Linzer Torte. Drei Jahrhunderte Kulturgeschichte um ein Backwerk. Linz 1990, S. 25-26 und Maier-Bruck, Nachwort, S. 3. Leopold Johann Kaliwoda erwarb die Druckerei im Jahre 1740; siehe Anton Mayer: Wiens Buchdrucker-Geschichte, 1482-1882. Bd. 2 (1682-1882). Wien 1887, S. 23.

46 [Jakob Heim]: Nutzliches Koch-Buch, Oder: Kurtzer Unterricht, In welchem Unterschiedene Speisen Gut zu zubereiten beschriben seynd. Erstlich zu Wienn in kleinern Form gedruckt, Anjetzo aber, Da vil der Kocherey Verständige, dises Buch wegen ihrer gut- und sichergestellten Einrichtung sattsam approbiret haben, auf vilfältiges Ersuchen in disem Form wiederum neu zum Druck befördert. Steyr 1740 (gedruckt bei Holtzmayr). Vgl. Maier-Bruck, Nachwort, S. 3.

47 Vgl. Maier-Bruck, Nachwort, S. 3-4.

48 Siehe [anon.], Anzeige. In: Wiener Zeitung. 22. Juni 1785. Nr. 50.

49 Siehe den Nachweis von I. Gartler: Wienerisches bewährtes Kochbuch in sechs Absätzen, 14., verm. Aufl., Wien 1790 unter: Dorotheum. 30. Juni 2016; online: https://www.dorotheum.com/de/l/1703284/ [17.08.2023].

50 Vgl. Schlager, Linzer Torte, S. 26.

51 Vgl. Franz Maier-Bruck: Das große Sacher-Kochbuch. München 1975, S. 581.

Dieser kurze Überblick über die Geschichte des *Nutzlichen Kochbuchs* zeigt bereits, warum sich die Suche nach der Vorlage für die Handschrift relativ schwierig gestaltet. Die verschiedenen Namen, unter denen das Buch veröffentlicht wurde, sowie durchschnittlich alle drei Jahre neue Auflagen, die schwer zu finden sind und manchmal nur durch einen glücklichen Zufall in einem Antiquariat auftauchen, erschweren den Überblick. Trotzdem weist Hs.-206 einige Merkmale auf, die darauf hinweisen, dass die Schreiberin oder der Schreiber des *Kurzen Unterrichts* die Ausgabe von 1736 als Vorlage verwendete. Von kleineren orthographischen Abweichungen abgesehen, gleichen sich Handschrift und Druck, Wort für Wort, schon beim Titel. Es wäre allerdings vorschnell, davon direkt darauf zu schließen, dass es sich dabei tatsächlich um die konsultierte Vorlage handelt, da es vorkommen kann, dass Titel bekannter gedruckter Kochbücher für Kochbuchmanuskripte ohne Übernahme des Inhaltes verwendet werden. Die Handschrift wurde laut Originaldatierung 1777 angefertigt,

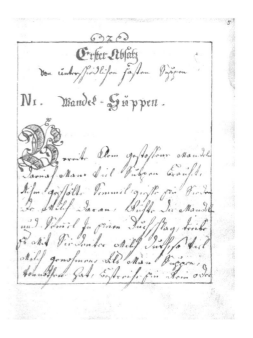

Abb. 1 (oben): Initiale B, Hs.-206, fol. 5ʳ/S. 2. Abdruck mit freundlicher Genehmigung der Oberösterreichischen Landesbibliothek nach dem Exemplar mit der Signatur: Hs.-206; online: https://digi.landesbibliothek.at/viewer/image/206/9/ [02.05.2024].

Abb. 2 (unten): Initiale B, Kurzer Unterricht, S. 3. Abdruck mit freundlicher Genehmigung der Österreichischen Nationalbibliothek nach dem Exemplar mit der Signatur: 225327-A; online: https://digital.onb.ac.at/OnbViewer/viewer.faces?doc=ABO_%2BZ203141301 [02.05.2024].

Abb. 3 (nächste Seite): Initiale B, Nutzliches Kochbuch, S. 3. Abdruck mit freundlicher Genehmigung der Österreichischen Nationalbibliothek nach dem Exemplar mit der Signatur: 305160-B; online: https://digital.onb.ac.at/OnbViewer/viewer.faces?doc=ABO_%2BZ35058806 [02.05.2024].

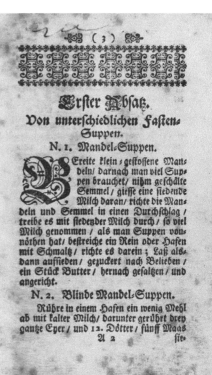

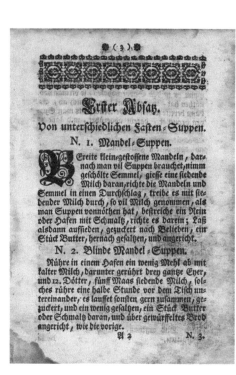

❀ (3) ❀

Erster Absatz.

Von unterschiedlichen Fasten=Suppen.

N. 1. Mandel=Suppen.

Nereite klein-gestossene Mandeln, darnach man vil Suppen brauchet, nimm geschölte Semmel, giesse eine siedende Milch daran, richte die Mandeln und Semmel in einen Durchschlag, treibe es mit siedender Milch durch, so vil Milch genommen, als man Suppen vonnöthen hat, bestreiche ein Rein oder Hafen mit Schmalz, richte es darein; Laß alsdann aufsieden, gezuckert nach Belieben, ein Stück Butter, hernach gesalzen, und angericht.

N. 2. Blinde Mandel=Suppen.

Rühre in einem Hafen ein wenig Mehl ab mit kalter Milch, darunter gerührt drey gantze Eyer, und 12. Dötter, fünff Maas siedende Milch, solches rühre eine halbe Stunde vor dem Tisch untereinander, es lauffet sonsten gern zusammen, gezuckert, und ein wenig gesalzen, ein Stück Butter oder Schmalz daran, und über gewürffeltes Brod angericht, wie die vorige.

A 3   N. 3.

41 Jahre nach Erscheinen der in Wien bei Voigt gedruckten Ausgabe. Die bei Holtzmayr in Steyr verlegte Ausgabe (bekannt sind die 2. Aufl. 1740, 3. Aufl. 1742 und 4. Aufl. 1748) weicht gegenüber der Wiener Ausgabe nur hinsichtlich des Titelvorspanns (*Nutzliches Koch-Buch, Oder:*) ab. Zwei Szenarien wären denkbar: Erstens, dass der Schreiber/die Schreiberin sich dafür entschied, den Titel um diese Titeleinleitung zu kürzen, oder zweitens, dass die Ausgabe von Holtzmayr leichter zu beschaffen war, obgleich sich diese Annahme derzeit nicht nachverfolgen lässt.

Vergleicht man die erste Initiale (B) auf fol. 5^r/S. 2 in Hs.-206 (Abb. 1) mit der ersten Initiale auf S. 3 im *Kurzen Unterricht* (Abb. 2) sowie der ersten Initiale im *Nutzlichen Kochbuch* (ebenfalls S. 3, Abb. 3), so fällt auf, dass die Initiale im *Kurzen Unterricht* große Ähnlichkeiten mit der im Manuskript enthaltenen Initiale aufweist.

Die Anzahl und die Überschriften der Rezepte (514) sind in beiden Drucken gleich, ebenso die Reihenfolge. Bei den Überschriften sind geringe orthographische Abweichungen auffällig, wie etwa Doppelungen (Karpffen vs. Karpfen oder Pastetten vs. Pasteten), und es lässt sich feststellen, dass 160 Fälle von abweichender Schreibung zwischen den beiden Drucken vorliegen. Die Schreibweise, die im *Kurzen Unterricht* von 1736 verwendet wird, findet sich zu fast 50 Prozent eindeutig in der Handschrift wieder. Aufgrund der individuellen Orthographie, die in Hs.-206 zu finden ist, weist dies allein nicht eindeutig auf die Vorlage von 1736 hin. In Verbindung mit der Initiale und dem Titel lässt sich jedoch mit ziemlicher Sicherheit feststellen, dass der *Kurze Unterricht* von 1736 die Textgrundlage für Hs.-206 bildet. Das folgende Rezept ›Krebs Suppen mit Ragu‹ veranschaulicht dies, da sowohl Hs.-206 als auch der *Kurze Unterricht* dieselbe Schreibweise zeigen (»Ragu«). Zu Beginn wird die Version aus der handschriftlichen Quelle angeführt, die beiden nachfolgenden Rezepte stammen aus dem *Kurzen Unterricht* von 1736 und dem *Nutzlichen Kochbuch* von 1740.

N. 11 Krebs Suppen mit Ragu

Nihm 30 Krebsen diese übersotten, Von 15 Krepsen Nihm die Aederlein heraus wie Auch die Gall weggeschnitten, Von denen übrigen 15 Löse die schweiflein Aus und Aufbehalten, Hernach Stosse Jn einen, Mörsel, zwey Kleine Stiklein Von gebahenen Hechten und Etliche Rindlein, gepfärztes Brod, Als dann giesse Eine gute Erbes Suppen daran und Lasse Es Sieden, treibe Es durch, wie Schon gesagt, Bereithe übersottene Spärgel Köpfflein, gedünste Maurahen, Von Einen Höhten die Leber, Etliche Kärpffen zungen, Einen gezupfften Höhten die Krepes Schweiffl, Nihm Ein wenig

Krebs Butter Jn Ein Reindtl, Staube Ein wenig Mehl darein, und das Vorgeschriebene darein gericht, giesse Von Vorgeschriebener Krebs Suppen daran, Lasse Es Ein wenig Aufsieden, Richte die schon gut gewürtzte Suppen über gebäthe Schnitten, An den Ragu Oben Auf gibs zur taffel.[52]

N. 11. Krebs-Suppen mit Ragu.
Nihm 30. Krebsen / diese übersotten / von 15. Krebsen nihm die Aederlein heraus / wie auch die Gall weggeschnitten / von denen übrigen 15. löse die Schweifflein aus / und aufbehalten ; hernach stosse in einen Mörsel zwey kleine Stücklein von gebachenen Hechten/ und etliche Rindlein gepfärtztes Brod ; alsdann giesse eine gute Erbsen-Suppen daran/ und lasse es sieden/ treibe es durch/ wie schon gesagt/ bereite übersottene Spargelköpfflein/ gedünste Maurachen/ von einem Hechten die Leber/ etliche Karpffen-Zungen/ einen gezupfften Hechten/ die Krebsschweiffel/ nihm ein wenig Krebs-Butter in ein Reindl/ staube ein wenig Mehl darein/ und das vorgeschriebene darein gericht / giesse von durchgetriebener Krebs-Suppen daran / lasse es ein wenig aufsieden / richte die schon gut gewürtzte Suppen über gebähte Schnitten an den Ragu oben auf / gibs zur Tafel.[53]

N. 11. Krebs-Suppen mit Rogn.
Nimm 30. Krebsen, dise übersotten, von 15. Krebsen nimm die Aederlein heraus, wie auch die Gall weggeschnitten, von denen übrigen 15. löse die Schweiflen aus, und aufbehalten ; hernach stosse in einen Mörsel zwey kleine Stücklein von gebachenen Hechten, und etliche Rindlein gepfärtztes Brod ; alsdann giesse eine gute Erbsen-Suppen daran, und lasse es sieden, treibe es durch, wie schon gesagt, bereite übersottene Spargel-Köpflein, gedünste Maurachen, von einem Hechten die Leber, etliche Karpffen-Zungen, einen gezupften Hechten, die Krebs-Schweiffel, nimm ein wenig Krebs-Butter in ein Reindl, staube ein wenig Mehl darein, und das Vorgeschribene darein gericht, giesse von durchgetribener Krebs-Suppen daran, lasse es ein wenig auffsieden, richte die schon gut gewürtzte Suppen über gebähte Schnitten an, den Rogen obenauf, gibs zur Tafel.[54]

Wie im *Kurzen Unterricht* sind die Rezepte in der Handschrift mit ›N 1‹ etc. durchnummeriert und Fremdwörter nicht in Fraktur, sondern in Antiqua angegeben. Das Register ist sowohl im Druck als auch in der Handschrift zweispaltig aufgebaut. Abweichend ist die Angabe der sechs Abschnitte (›Erster Absatz‹, ›Anderter Absatz‹, ›Dritter Absatz‹, ›Vierdter Absatz‹, ›Fünffter Absatz‹, ›Sechster Absatz‹). Der zweite Abschnitt fehlt in Hs.-206 ebenso fehlen die Rezepte 30 bis 37 und, folgt man der Handschrift, zunächst auch die Rezepte 499-503. Im Register sind jedoch der im Haupttext fehlende zweite Abschnitt samt den fehlenden Rezeptüberschriften 30-37 auf fol. 277ʳ angeführt. Es kommt zu einer Zweiteilung des Registers, da die Rezepttexte 499-503 samt dem fehlenden Teil des Re-

---

52 OÖLB, Hs.-206, fol. 9ᵛ–10ʳ.
53 [Heim], Kurtzer Unterricht, S. 7-8.
54 [Heim], Nutzliches Koch-Buch, S. 6-7.

zeptes 498 (fol. 270ᵛ/S. 527) auf fol. 279ᵛ-282ᵛ, in der Mitte des Registers, eingefügt werden. Am Ende des zweiten Registerteils schließt die Handschrift, ganz nach Vorbild des Drucks, mit dem Wort ›Ende‹. Es dürfte sich bei den Abweichungen um einen Kopierfehler handeln, bei dem die Schreiberin oder der Schreiber den zweiten Abschnitt und die Rezepte 30-37 im Haupttext übersah und in Folge auch nicht mehr einfügte, bei der Abschrift des Registers jedoch alle aufgelisteten Rezepte übertrug. Bei den Rezepten 499-503 scheint der Fehler auffällig genug gewesen zu sein, um das Register zwecks Einfügung der fehlenden Rezepte zu unterbrechen. Die Handschrift ist mit den drei Farben, die für die Angabe von Abschnitten, Überschriften und Initialen verwendet werden, eindeutig prunkvoller ausgestattet als die Drucke. Zusammen mit der Qualität des verwendeten Papiers und der individuellen Datierung des Manuskripts, die anders als im Fall des *Sehr nutzbaren Koch und Artzney-Buchs* keine wortwörtliche Kopie der Titelangaben darstellt, lässt sich in diesem Fall sagen, dass es sich um eine individualisierte Prachtkopie des Kochbuchdrucks von 1736 handelt.[55] Wie im zuvor besprochen Fall könnte die Kopie angefertigt worden sein, weil die Ausgabe von 1736 rar geworden war; zusätzlich ist es aufgrund der Merkmale des Manuskripts denkbar, dass es sich dabei um ein Geschenk an die Besitzerin handelte oder ein Prestigeobjekt, das den guten Geschmack derselben belegte.[56]

V. Schlussbemerkungen

Anhand der beiden vorgestellten Manuskripte, dem *Sehr nutzbaren Koch und Artzney-Buch* aus dem späten 17./frühen 18. Jahrhundert (Putz.17 8 26), als auch dem *Kurzen Unterricht* von 1777 (Hs.-206), wird die enge Verknüpfung zwischen Manuskript und Druck im 18. Jahrhundert vor allem in Bezug auf Kochbücher sichtbar. Während das *Koch und Artzney-Buch* als ›unpersönliche‹ Kopie oder Nachdruck gelten kann, die selbst die Datierung von der Druckvorlage übernimmt, fungiert der *Kurze Unterricht* als individualisiertes Schaustück, prachtvoll ausgestattet mit dreifarbigen Überschriften, roten Initialen und einem individuell gestalteten Titelblatt. Bei beiden Handschriften drängt sich die Annahme auf, dass es sich hier entweder um Erzeugnisse handelt, die dem Wunsch entspringen, mit der damaligen Mode zu gehen, oder um Kopien rar gewordener Drucke, die ihrerseits eine lange Publikationsgeschichte aufweisen. In Verbindung mit Zirkulationspraktiken aus anderen Bereichen wie der Musik zeigt sich, dass das Manuskriptkochbuch im 18. Jahrhundert als gleichberechtigte Publikations- und Vertriebsform neben dem Druck bestand.

Helga Müllneritsch, Dublin/Taipeh

---

55 Zur Papierqualität siehe Spoerhase, Empfindsame Lyrik, S. 63-64.
56 Vgl. auch Ezell, Handwriting, S. 95-96.

Aus der Forschung

Federica La Manna (Hg.): *Winckelmann. L'uomo che ha cambiato il modo di vedere l'arte antica.* Mailand: La nave di Teseo 2022, 464 S.

Die 2022 unter dem Titel *Winckelmann: L'uomo che ha cambiato il modo di vedere l'arte antica* erschienene Biographie von Federica La Manna bietet einen umfassenden Überblick über das Leben Johann Joachim Winckelmanns (1717-1768). Dieses Buch stellt die erste Biografie über den berühmten deutschen Gelehrten in italienischer Sprache dar. Ihm kommt das besondere Verdienst zu, die große Zahl von Veröffentlichungen zum Thema zusammenzuführen, um die verschiedenen Facetten seiner Existenz – sogar die umstrittensten – umfassend nachzuvollziehen. Grundlegend ist in diesem Sinne ebenfalls die von Maria Fancelli und Joselita Raspi Serra herausgegebene italienische Gesamtausgabe der Briefe Winckelmanns,[1] die es erlaubt, ihren Autor besser zu verstehen und die Zweifel in jenen Situationen zu zerstreuen, zu denen die Öffentlichkeit und die Kritiker immer wieder mit unterschiedlichen Interpretationen zurückgekehrt sind.

Wie der Titel bereits andeutet, konzentriert sich die Untersuchung auf die Person Winckelmanns und seinen Einfluss auf die Kunst, so dass wir ihm bis heute »die Art und Weise, [wie wir] die antike Kunst sehen«, verdanken. Winckelmann hat nicht nur viel geschaut, er konnte sehen und lehrte auch die anderen zu schauen und zu sehen. Wir sehen und urteilen heute in seinem Sinne (11). In der Tat wird hier nicht nur der Weg eines Mannes von bescheidener Herkunft zur Erlangung eines enormen Wissens und einer neuen und sehr gültigen Methode hervorgehoben, sondern auch seine Rolle als Erzieher und Führer zur Schönheit und zum Studium der Antike. Der rote Faden, der sich durch diese Biografie zieht, ist tatsächlich der Blick, d.h. die Fähigkeit, über die Materie hinaus zu beobachten, um das Sichtbare und das Unsichtbare, das Gesagte und das Ungesagte, den Stoff und den Geist zu vereinen. Ermöglicht wird dies durch eingehende Studien und einen interdisziplinären Ansatz, die Vergangenheit und Gegenwart miteinander verbinden. Das wird auch durch die Wahl des Titelbildes bestätigt: Kein Porträt von ihm, sondern der tätowierte *Laokoon* (2018) des gegenwärtigen italienischen Bildhauers Fabio Viale – ein Verweis auf eines der Werke, denen Winckelmann eine seiner schönsten und tiefgründigsten Beschreibungen gewidmet hat, hier in einer modernen Tonart neu interpretiert. Im Übrigen gibt es trotz der ständigen Verweise auf berühmte Werke und Persönlichkeiten keine weiteren Abbildungen, als wollte die Biografin die Absicht Winckelmanns teilen, den Leser dazu zu bringen, die beschriebenen Werke persönlich zu sehen. Der Kunsthistoriker hatte sich in der Tat beim Verfassen seiner berühmten *Geschichte der Kunst des Alterthums* (1764) dafür entschieden, die Illustrationen auf ein Minimum zu reduzieren und dem Wort seine evokative Kraft zu lassen. Neben dem des Blicks lässt sich ein weiteres Leitmotiv isolieren, nämlich das ständige Streben nach Freiheit bzw. Unabhängigkeit von den Anderen, das zu der folgenden Möglichkeit führt, sich den eigenen Neigungen, dem Studium der Alten und der Kunst zu widmen.

Die fünf Kapitel des Buches bilden eine detaillierte Biografie, die vom ungebrochenen Interesse an der Figur des großen deutschen Kunsthistorikers und seiner außergewöhnlichen Bildung zwischen Deutschland und Italien zeugt. Und doch ist das Buch, das mit zahlreichen maßgeblichen Quellen und Dokumenten aufwartet, fast wie ein Roman, der es dem Leser ermöglicht, interessante Fakten und Details über das Leben, die Interessen und die Gefühle des zum Mythos gewordenen Mannes zu erfahren – eine flüssige und zugleich wissenschaftlich zuverlässige Lektüre. Par-

---

1 Siehe Johann Joachim Winckelmann: Lettere. Hg. v. Maria Fancelli u. Joselita Raspi Serra unter Mitarb. v. Fabrizio Cambi. 3 Bde., Rom 2016.

allel zu den Ereignissen, die den Protagonisten direkt betreffen, rekonstruiert La Manna nach dem Vorbild von Goethes Biografie aus dem Jahr 1805[2] auch das Umfeld, in dem er seine Schritte unternahm. Dieses Vorgehen ermöglicht es, den soziokulturellen Kontext Italiens und Deutschlands zu jener Zeit zu verstehen, sowie auch das Netz seiner Kontakte und seines Austausches mit politischen und intellektuellen Persönlichkeiten aus ganz Europa nachzuzeichnen.

Das ist keine leichte Aufgabe, denn die soziokulturelle Landschaft, die sich daraus ergibt, öffnet immer wieder Fenster zu den verschiedenen Einflüssen der Zeit und erfordert die Kenntnis der grenzenlosen Lektüre, der Interessen und des dichten Netzes von Kontakten, die sich im Laufe der Jahre angesammelt haben. Dazu gehören z. B. das Interesse an der Medizin und an der Affektenlehre, an der sogenannten anthropologischen Wende und auch an der Philosophie, die in Halle ihr Nervenzentrum fand (vgl. 46-49). Alle diese Impulse aus der deutschen Zeit sind für den Aufbau des großen Wissensschatzes des reifen Gelehrten sowie für die Definition seiner Methode von grundlegender Bedeutung. In der Tat betont La Manna den Beitrag dieser Einflüsse bei den Untersuchungen und Kunstbeschreibungen, die darauf abzielen, die innersten Bewegungen der Seele durch eine sorgfältige Beobachtung der Gesichts- und Körperlinien der dargestellten Figuren zu erfassen (vgl. 109-110).[3] Winckelmann ging eben von diesem Wissen aus, um eine neue Lesart der Kunst zu schaffen: Er betrachtete Werke und Maler nicht nur einzeln, sondern setzte sie in Beziehung zu anderen Werken und anderen Malern, stellte Zusammenhänge her und es gelang ihm, bisher unentdeckte Identitäten und Ausdruckslinien zu erkennen (vgl. 110). Natürlich wird der Kunst, dem Studium und dem Werdegang Winckelmanns breiter Raum gewidmet. Seine Erfahrungen in Dresden sind in einem der eindrucksvollsten Kapitel zusammengefasst, das uns die Begeisterung des jungen Gelehrten bei seiner ersten direkten Begegnung mit der Sammlung der Gemäldegalerie spüren lässt. Sein Erstaunen übersteigt alle Vorstellungen und entzieht ihn jeglicher Ablenkung (vgl. 100-113).

Die Gefahr einer Interpretation der Tatsachen wird durch den bewussten Verzicht auf einen psychologischen Ansatz vermieden, der ein Urteil der Biografin erfordern würde. Im Gegensatz dazu erkennt man hier das Bemühen, die Authentizität des Menschen wiederherzustellen, die durch die Briefe, authentische Zeugnisse von seinen Stürzen, Triumphen und unterschiedlichsten Gefühlen, rekonstruiert wird (vgl. 13). Diese Absicht deckt sich mit Winckelmanns eigener Ermahnung, der Wahrheit treu zu bleiben und triviale oder bereits bekannte Informationen außer Acht zu lassen (vgl. 14). In diesem Sinne bleiben die Briefe die zuverlässigste Quelle, »sie sind seine Stimme« (18) und erlauben uns, seine Entwicklung seit 1734 zu verfolgen. Dieselbe Suche nach Authentizität gilt auch für die oft diskutierte und umstrittene Konversion zum Katholizismus. La Manna betont das Leiden des Gelehrten und seine vergeblichen Versuche, eine Entscheidung zu vermeiden, die sein Leben durcheinandergebracht hätte. Trotz seiner im Wesentlichen säkularen Einstellung (die Goethe in seiner Winckelmann-Biografie *Winckelmann und sein Jahrhundert* sogar als »heidnisch« bezeichnete) zu seinem Werk konnte Winckelmann die lutherische Erziehung, die er erhalten hatte, nicht völlig außer Acht lassen:

> Sein ganz persönliches, privates und stillschweigendes Glaubensbekenntnis verwendet die Werkzeuge der Religion und der Mystik lutherischen Ursprungs und wendet sie auf die Ästhetik und auf die Kunst an. Da er nicht in der Lage ist, seine ursprüngliche Religiosität auszudrücken, […]

---

2   Johann Wolfgang von Goethe: Winckelmann und sein Jahrhundert: in Briefen und Aufsätzen. Tübingen 1805.

3   La Manna untersucht das Interesse an Physiognomik und Pathognomik im Deutschland des 18. Jahrhunderts in ihrem Essay Sineddoche dell'anima: il volto nel dibattito tedesco del Settecento. Mailand 2012 (Morphè Bd. 13).

sublimiert er sie, indem er seine eigene Religiosität schafft, deren primäre Gebetsform die Kontemplation und die Ekstase vor der klassischen Kunst ist. Die ergreifende und erleuchtende ästhetische Erfahrung, die er vor der Statue empfindet, ist eine private, persönliche und körperliche Erfahrung; als solche kann sie nicht mitgeteilt, sondern nur beschrieben werden, in der Hoffnung, dass andere sie direkt erleben können (131-132).

Damit distanziert sich die Biografin von dem Urteil der ›Gleichgültigkeit‹, mit dem die älteren Biografen die Winckelmann'sche Bekehrung belegen (vgl. 134-139).

Ein weiterer wichtiger und gründlich untersuchter Kern ist die berühmte Schrift *Gedanken über die Nachahmung der griechischen Werke in der Malerei und Bildhauerkunst* (1755), die einen neuen und interdisziplinären Zugang zur Kunst eröffnete (vgl. 149-154) und die Betrachtung der »edlen Einfalt und stillen Größe« in Europa lehrte. Solche Beschreibungen erwecken die künstlerische Materie zum Leben, erzählen Geschichten und Gefühle, die in den Statuen und in den Gemälden festgehalten sind (vgl. 160) und können als wahre literarische Meisterwerke betrachtet werden. Völlig neuartig ist dann, wie im Fall des *Torso im Belvedere*, das Bemühen, die verstümmelte Statue durch die Rekonstruktion der fehlenden Teile zu beschreiben und mit ihnen die gesamte Geschichte und die Orte, an denen der Mythos entstanden ist (vgl. 266-270). La Manna geht bei der Betrachtung von Winckelmanns ersehnten Erfahrungen und von den Reisen, die er nie unternommen hat, vor allem nach Griechenland, genauso vor und schreibt: »Was zählt, ist ein intensiver Wunsch, sich die für ihn grundlegenden Orte geografisch anzueignen, eine neue Existenz zu beginnen, die auf das (auch und vor allem physische) Wissen von Orte und Altertümer basiert« (243).

Neben seinem Beitrag zur Kunst wird auch das Interesse des Protagonisten an der Literatur hervorgehoben, denn er soll nicht nur in seiner Rolle als Archäologe und Kunsthistoriker betrachtet werden, sondern auch als Literat, der Freude am Lesen und Schreiben fand. Interessant sind in diesem Zusammenhang sowohl seine veröffentlichten Werke und die Briefe an verschiedene Empfänger als auch die Sammlung von Fragmenten, die er in seine geplante Autobiographie aufnehmen wollte: Es handelt sich um Zitate von Werken und Autoren, die für seine intimste Existenz wichtig waren und die ihn durch verschiedene freudige und schwierige Phasen geführt bzw. begleitet hatten (vgl. 370-372).

Kurzum, der Band rekonstruiert in Winckelmanns Manier die Ereignisse und die Beziehungen eines Menschen und eines Mythos im Lichte eines dichten Netzes von Dokumenten und öffnet viele Fenster zum Wert seines künstlerischen, literarischen und vor allem kulturellen Vermächtnisses. Diese in der Biografie angedeuteten Aspekte werden in einem zweiten, von La Manna herausgegebenen Band weitergehend untersucht, der in Italien unter dem Titel *Winckelmann tra Cultura, Arte e Letteratura* (2023) erschienen ist.[4]

Francesca Ottavio, Università della Calabria

Olga Katharina Schwarz: *Rationalistische Sinnlichkeit. Zur philosophischen Grundlegung der Kunsttheorie 1700 bis 1760. Leibniz – Wolff – Gottsched – Baumgarten.* Berlin u. Boston: De Gruyter 2022 (Quellen und Forschungen zur Literatur- und Kulturgeschichte Bd. 102 (336)), 370 S.

»Rationalistische Sinnlichkeit«: Der paradox, ja provokativ anmutende Obertitel bezeichnet prägnant das Thema der vorliegenden Studie: Welche genuine Rolle spielt die Sinnlichkeit in der gerne als ›rationalistisch‹ etikettierten Leibniz-Wolff'schen Philosophie? Olga Katharina Schwarz untersucht diese grundlegende Fragestellung nicht nur bei dem Schulgründer Christian Wolff,

---

4   Federica La Manna: Winckelmann tra Cultura, Arte e Letteratura. Neapel 2023.

sondern auch bei den beiden prominentesten Exponenten einer von ihm inspirierten Theorie der Künste, nämlich Johann Christoph Gottsched und Alexander Gottlieb Baumgarten. Die Autorin vertritt dabei die Auffassung, dass sich Leibniz, Wolff, Gottsched und Baumgarten gerade bei der Konzeption und Bewertung der Sinnlichkeit maßgeblich voneinander unterscheiden. In den drei Hauptteilen der Arbeit, die nacheinander der Erkenntnislehre, der Moralphilosophie und der Kunsttheorie gewidmet sind, werden die keineswegs marginalen Differenzen innerhalb dieser Schulrichtung und dieser Fächergruppen im Detail herausgearbeitet. Für die sich im 18. Jahrhundert vollziehende ›Aufwertung der Sinnlichkeit‹ – so die Grundthese der Verfasserin – würden die philosophischen Fundamente insbesondere von dem genannten Autorenquartett gelegt. Die öfters beschworene ›Rehabilitation der Sinnlichkeit‹ sei nicht gegen, sondern dank und mit den sog. Rationalisten erfolgt (vgl. 3-10, 27f. u. 48).

Bei dem Band handelt es sich um die leicht überarbeitete Fassung einer Dissertation im Fach Neuere deutsche Literatur, die an der Freien Universität in Berlin entstanden ist. Die vergleichenden Textanalysen der damit promovierten Forscherin beruhen nicht bloß auf einer umfangreichen Auswertung der einschlägigen Primärliteratur, sondern ebenso auf einer gründlichen Auseinandersetzung mit sowohl älterer wie jüngerer Sekundärliteratur. Im Folgenden können aus Platzgründen lediglich einige markante Leitideen der Untersuchung vorgestellt werden. Die vorgetragenen Interpretationen sind stets solide belegt und werden gleichermaßen griffig wie verständlich präsentiert.

Im ersten Hauptteil (49-148) wird auf logisch-psychologischer Basis eingehend das Verhältnis von Sinnlichkeit und Verstand bzw. Vernunft bei unseren Bezugsautoren rekonstruiert. Unteres und oberes Erkenntnisvermögen stehen nirgendwo in plattem Gegensatz zueinander, sondern ergänzen und bedingen sich wechselseitig; das Verhältnis ist in allen Fällen nicht dichotomisch, sondern komplementär aufzufassen. Dennoch verbietet es sich, Leibniz, Wolff, Gottsched und Baumgarten einfach über einen Leisten zu schlagen, schon weil alle vier eine je eigene, anders geartete Ansicht zum verwickelten Problem des *commercium mentis et corporis* entwickeln (vgl. 60-77). Wolff unterschätze die sinnlichen Vermögen in keiner Weise, da sie die unverzichtbare Voraussetzung für jede weitere Erkenntnis bildeten. Demgegenüber orientiere sich Gottsched stärker als Wolff an den Leistungen der Vernunft und setze vorrangig auf die Herrschaft der oberen Erkenntnisvermögen. Baumgarten wiederum betreibe, auf seine beiden Vorgänger reagierend und vom Ideal des ›ganzen Menschen‹ ausgehend, eine Erweiterung und ›Rationalisierung der Sinnlichkeit‹ (vgl. 76 bzw. 102). Aufgrund ihrer Merkmalsfülle kennt sie bei ihm eine ganz eigene Form der Wahrheit, die dem Verstand verschlossen bleibt.

Der zweite Hauptteil (149-219) befasst sich unter dem von Wolff entlehnten Motto »Die Erkenntnis muß demnach in ein Thun ausbrechen« mit der Kunst der sittlichen Erziehung. Kennzeichnend für Wolffs Ethik sei eine *ratio*-zentrierte Konzeption des Gewissens, demzufolge es als rein vernünftige Instanz aufgefasst werde, während die Sinnlichkeit im moralischen Handeln vorrangig als Störfaktor auftrete (vgl. 150 u. 188-191). Dagegen gelinge es Baumgarten durch eine differenziertere Handlungstheorie besser als Wolff zu erklären, warum nicht auf jede richtige Erkenntnis die entsprechende Tat folge. Damit schaffe er zudem die Voraussetzungen für den Ausbau des Gefühls zu einem eigenständigen Vermögen (vgl. 170-179). Wenig später führt dieser Ansatz bei Johann Georg Sulzer und Immanuel Kant bekanntlich zu einer ausdrücklichen Dreivermögenslehre, nämlich zu einer Untergliederung in Erkennen, Fühlen und Wollen.

Im dritten Hauptteil (221-318) wird schließlich die Kunsttheorie zu Beginn der Aufklärung erörtert. Die Kunst verdanke ihre zentrale Stellung im philosophischen System von Wolff und Gottsched der ihr zukommenden Fähigkeit, den Menschen über die Sinnlichkeit zu erziehen – dies trotz des Ungenügens einer rein vernunftbasierten Gewissensmoral. Bereits Wolff stehe an der Schwelle zur Etablierung einer Theorie der schönen Künste und sei mit seiner philosophischen Fundierung

206

wegweisend für die nachfolgende Entwicklung in der deutschsprachigen Aufklärung (vgl. 222-224 u. 228-235). Die ausgedehnten Analysen zum Stellenwert der Sinnlichkeit in Gottscheds *Critischer Dichtkunst* zeigen, dass seine Position nicht frei von inhärenten Widersprüchen ist, insbesondere hinsichtlich der letztlich unklaren Verortung des Geschmacksurteils (vgl. 300-309). Baumgartens Begründung der Ästhetik begreift die Autorin als dezidierte Antwort auf Wolff und Gottsched: Seine neu entwickelte Disziplin sei der Versuch, die bei beiden Vorgängern aufgetretenen Unstimmig-keiten dadurch aufzulösen, dass die Schönheit ganz in die Sinnlichkeit verlegt werde (vgl. 309-318).

Im Epilog (319-340) werden exemplarische Facetten des prägenden Fortwirkens der von Wolff und seinen Schülern inaugurierten Theorie der Künste im weiteren Verlauf des 18. Jahrhunderts behandelt, so etwa bei Johann Georg Sulzer, Joachim Heinrich Campe oder Gotthold Ephraim Lessing. Aller Erwägung wert ist hier die Vermutung von Schwarz, dass die bald einsetzende posi-tive Aufnahme der *moral-sense*-Theorie in deutschen Landen durch die Sinnlichkeitskonzepte von Wolff und seinen Nachfolgern begünstigt, wenn nicht überhaupt erst ermöglicht sein könnte (vgl. 333f.). Als Paradebeispiel hierfür ließe sich ferner der von ihr in diesem Zusammenhang nicht ge-nannte Aufklärungstheologe Johann Joachim Spalding anführen, der von einem wolffianischen Ausgangspunkt her rasch zu einem Protagonisten der deutschen Shaftesbury-Rezeption wurde.

Die vorliegende Untersuchung hat das Verdienst, das in vielen Köpfen nach wie vor verbreitete, viel zu monolithische Bild des Wolffianismus in einem entscheidenden Punkt zu korrigieren und zu differenzieren: der jeweiligen Rolle der Sinnlichkeit beim Erkennen, Handeln und Fühlen. Der akribisch durchgeführte systematische Vergleich zwischen dem einflussreichen Dreigestirn Wolff, Gottsched und Baumgarten erweist sich bei diesem Themenfeld als ausgesprochen fruchtbar. Die erzielten Resultate, die vorstehend nur in Grundzügen referiert werden konnten, sind quellenmä-ßig gut untermauert und erscheinen dem Rezensenten zum größten Teil als überzeugend. Freilich liegt es auf der Hand, dass ein so weitgespanntes Unternehmen in mancherlei Hinsicht noch aus-gebaut und vertieft werden könnte. Ein paar Aspekte seien beispielhaft benannt: Was die Ethik betrifft, geht die Verfasserin nicht näher auf das eigentlich aufschlussreiche Phänomen des Han-delns wider besseres Wissen ein und ebenso wenig auf das verstörende Problem vorsätzlich böser Taten. Baumgarten hat diese moralphilosophischen Herausforderungen erneut anders als Wolff und Gottsched anzupacken und zu bewältigen gesucht. Lohnen könnte es außerdem, der Frage nachzugehen, ob und wie sich die Gewissenslehren dieser drei Autoren im Einzelnen unterschei-den. Dass der Band dort, wo er Neuland erschließt, vielfach zum Weiterfragen und -denken anregt, ist nicht sein geringster Vorzug.

Clemens Schwaiger, München

PETER MCPHEE: *Robespierre. Une vie révolutionnaire.* Übers. v. ANDRÉ MIR. Paris: Classiques Garnier 2022 (Biographies Bd. 4), 368 S.

Der australische Sozialhistoriker Peter McPhee hat seine 2012 publizierte Robespierre-Biographie überarbeitet und von André Mir ins Französische übersetzen lassen. Der Band umfasst 14 Kapitel und kommt mit einer ausführlichen Bibliographie zur Robespierre-Forschung. McPhee hat inso-fern aktuelle Erkenntnisse in die Übersetzung integriert, als er auch eigene, zuvor aufgestellte Hy-pothesen revidiert (vgl. 47, Fußnote 21).

Seiner Biographie hat er Marc Blochs berühmtes Zitat vorangestellt und damit das Ziel der eige-nen Arbeit fixiert: »Robespierristes, anti-robespierristes, nous vous crions grâce: par pitié, dites-nous simplement, quel fut Robespierre!« (9) Die Aufgabe könnte größer kaum sein: Bis heute ist es niemandem abschließend gelungen, Blochs Wunsch nachzukommen. Dies liegt unter anderem am Fortbestehen verschiedener Mythen über die Figur Robespierre. Letztere sind teilweise auf die dürftige Quellenlage zu Robespierres Schulzeit am Pariser Elitegymnasium Louis-le-Grand zurück-führbar. In Ermangelung solcher Quellen rekurriert McPhee auf Schriften verschiedener Weg-begleiter des Revolutionärs und interpretiert diese neu. So zitiert er beispielsweise in den ersten Kapiteln das vom Abt Proyart verfasste Werk *La vie et les crimes de Robespierre* (1795). Es ist McPhees Verdienst, durch ein kritisches Quellenstudium viele von Proyarts Behauptungen zu wi-derlegen (vgl. 50-51 u. 96). Zugleich gelingt es ihm durch die Analyse von ideologisch diver-gierenden Quellen sowie durch sozialhistorische Kontextualisierungen, Robespierres Handeln in seiner Zeit zu situieren. Dies funktioniert vor allem dank des klaren Gangs der Untersuchung: McPhee widmet sich in jedem Kapitel einem anderen Abschnitt in Robespierres Leben und ver-zichtet dabei auf Ausblicke in die Zukunft. Somit gibt er sich nicht der Versuchung hin, Kausal-ketten zwischen Jugenderfahrungen und späteren Entscheidungen des Politikers herzustellen.

Leider geschehen die in diesem Zusammenhang vorgenommenen Einblicke in das Privatleben des Revolutionärs häufig auf Kosten einer dezidierten Analyse von Robespierres philosophisch-lite-rarischen Einflüssen. Nach Ansicht des Rezensenten stellt dieser Aspekt jedoch eine diskussions-würdige Perspektive dar, deren Betrachtung den Blick für die Entwicklung von Robespierres poli-tischem Denken geschärft hätte: Jean-Jacques Rousseaus oder auch Montesquieus Werke übten nachweislich einen großen Einfluss auf Robespierres Ansichten aus; McPhee erwähnt dies dagegen nur beiläufig (vgl. 50-52 u. 179-180). Abgesehen davon überzeugt die Studie durch einen gut les-baren Stil und die erwähnten historischen Einordnungen, welche es dem Biographen beispielsweise ermöglichen, Robespierres sich über die Jahre verändernde Haltung zur Todesstrafe präzise zu un-tersuchen (vgl. 104-107).

In den letzten Kapiteln fokussiert sich McPhee auf Robespierres Seelenleben und rekonstruiert anschaulich die vorherrschende politische Drucksituation vor Thermidor. An dieser Stelle präsen-tiert der Autor zugleich eine streitbare Interpretation der letzten Monate des Revolutionärs: McPhee postuliert, dass Robespierres Fernbleiben von mehreren Parlamentsdebatten im Frühjahr 1794 auf ein Burnout zurückzuführen sei. Die Krankheit habe die Handlungsfähigkeit des Revolu-tionärs drastisch eingeschränkt und ihn am Ende handlungsunfähig gemacht (vgl. 328).

Die Frage, ob McPhees Studie der zu Anfang formulierten Zielsetzung gerecht geworden ist, kann nicht abschließend geklärt werden. Jedoch bringt es der Historiker fertig, einige Episoden in Robespierres Leben durch seinen objektiven Ansatz zu erhellen und somit den Forschungsdiskurs zu erweitern. Dies legt eine Lektüre der Biographie nahe.

Moritz Schertl, Rouen

HOLGER BÖNING: *Das Intelligenzblatt. Gemeinnutz und Aufklärung für jedermann. Studie zu einer publizistischen Gattung des 18. Jahrhunderts, zur Revolution der Wissensvermittlung und zu den Anfän-gen einer lokalen Presse.* Bd. I–II. Bremen: edition lumière 2023 (Presse und Geschichte – Neue Beiträge Bd. 160 u. 161), XII, 552 S. (Bd. 1), X, 656 S., zahlr. Abb. (Bd. 2)

Mit seinem zweibändigen Werk zu deutschsprachigen Intelligenzblättern wolle Holger Böning »ein wenig von der Faszination vermitteln, die von der historische Quelle Intelligenzblatt« ausgehe und die Freude teilen, die er seit vier Jahrzehnten an dieser Gattung habe (Bd. 1, X). Dies, das sei hier schon einmal vorweggenommen, gelingt. Das Intelligenzblatt, eines der verbreitetsten Periodika der späten Frühen Neuzeit, erscheint in diesen Bänden zu Recht als ein vielseitiges und abwechs-lungsreiches Medium, das fast jedem geschichtlichen Interesse für die Zeit des 18. und frühen 19. Jahrhunderts etwas zu bieten hat.

Das deutschsprachige Intelligenzblatt, welches teilweise auch Intelligenzzettel, Anzeigeblatt oder Wochenblatt genannt wurde, ist unter anderem deswegen so eine interessante Quelle, da es im

Gegensatz zu anderen Druckmedien der Zeit und ähnlichen Blättern im französisch- oder englischsprachigen Raum eine Vielzahl verschiedenster Rubriken aus den verschiedensten Federn beinhaltete. In einer Ausgabe eines Intelligenzblatts können sich Gesetze und Verordnungen, Neuigkeiten und Nachrichten, lehrreiche Artikel und Texte zu praktischen oder rein theoretischen Fragen, Informationen zu Gemeindeaktivitäten sowie die namensgebenden ›Intelligenzien‹ (Anzeigen) finden, die den Charakter von Werbung oder Inseraten und Kleinanzeigen besitzen können. Es ist dem Anspruch nach kein bestimmtes, sondern ein möglichst breites Stände- und Stadt-Land-Differenzen übergreifendes Medium. So erfasst das Intelligenzblatt inhaltlich und auch in Bezug auf die Leserschaft die gesamte Gesellschaft der Sattelzeit. Dies macht es zu einer sehr produktiven Quelle für historische Untersuchungen. Da jedoch fast jedes Territorium des Heiligen Römischen Reichs im Laufe des 18. Jahrhunderts mindestens ein Intelligenzblatt hatte, größere Territorien für jede Region, und Umbenennungen und Neugründungen verbreitet waren, ist die Quellengattung sehr unübersichtlich, was auch auf den Mangel eines Standortverzeichnisses zurückgeführt werden kann.[1] Transterritoriale oder an sich breiter angelegte Untersuchungen sind auch eher selten, was die Unüberblickbarkeit nur verstärkt.

Dies ändert sich mit *Das Intelligenzblatt* auch auf Grund der äußerst expansiven Register zu »Sachen«, »Orten«, »Periodika« und »Personen« im zweiten Band zumindest teilweise. Auch wenn es unmöglich gewesen wäre, alle existenten Intelligenzblätter zu behandeln, ermöglicht die vorliegende Erfassung mindestens für das 18. Jahrhundert eine gewisse Strukturierung und einen sehr breiten Überblick. Diese Verbesserung der Übersichtlichkeit sollte auch das nicht mehr überzeugende Mantra der »lange vergessenen Quellengattung« dahingehend korrigieren, dass nun spezifischere Forschungslücken zu suchen wären, statt von einer allgemeinen Unterforschung auszugehen. Auf den dem Register vorausgehenden 1130 der insgesamt 1217 Seiten liefert Böning vor allem Empirie zu der Quellengattung mit Schwerpunkt auf der Zeit von 1720 bis 1800, mit einem kleinen Ausblick ins 19. Jahrhundert. Die Beschreibungen einzelner Intelligenzblätter mit langen, zitierten Ausschnitten vor allem aus den ›redaktionellen Inhalten‹ der Blätter, welche zunächst grob chronologisch nach Erscheinungsort, dann nach Inhalten unterteilt werden, ermöglichen einen guten Einblick in die Quellengattung, sowohl in Bezug auf dessen Entstehung als auch auf die inhaltliche Breite. Eine ähnliche Funktion hat auch das Kapitel »Kleine Geschichte des Intelligenzblatts in Abbildungen«, welches die Gattung durch verschiedene Titelblätter, beispielhafte Rubriken und besondere Bildinhalte veranschaulicht.

Neben der Beschreibung der Intelligenzblätter von über 130 Orten zeigt *Das Intelligenzblatt* immer wieder im- wie explizit eine Vielzahl von möglichen Anknüpfungspunkten verschiedenster geschichtswissenschaftlicher Ansätze auf. Das Werk selbst konzentriert sich, wie aus dem Untertitel ersichtlich, vor allem auf die Volksaufklärung.

Von Anfang an wird mit Bezug auf die Quellen jeglicher theoretische Ansatz explizit abgelehnt, so bleibt es über weite Strecken bei der positivistischen Herangehensweise der Quellenbeschreibung sowie der Aufführung der Biographien der beteiligten Herausgeber und einiger Autoren. Dabei wird immer wieder die Vielfalt der Gattung und Einzigartigkeit der einzelnen Blätter betont und Verallgemeinerungen damit zurückgewiesen, dass dies die Quellen nicht hergäben. Das irritiert, da Bönings eigene Beschreibungen der einzelnen Blätter zeigen, dass, wenn es auch Besonderheiten in Bezug auf Schwerpunkte und Inklusion von bestimmten Rubriken gibt, sich die Blätter inhaltlich stark überschneiden und eine sehr ähnliche Funktion erfüllen. Bönings Argumentation zufolge erscheint das Intelligenzblatt dagegen nicht als eigenes Medium mit eigenen Logiken, sondern als

---

1 Siehe z. B. Roger Münch: [Art.] ›Intelligensblätter‹. In: Friedrich Jaeger (Hg.): Enzyklopädie der Neuzeit Online, 2019; online: https://doi.org/10.1163/2352-0248_edn_COM_285498 [23.04.2024]; Holger Böning: Das Intelligenzblatt; Bd. 2, Inhaltliche Vielfalt und reichsweite Intelligenzblätter. Bremen 2023. S. 1132.

ein reiner Träger der verschiedenen Inhalte, welche so in gewisser Weise nebeneinanderstehen. Das ist schade, da die weite Spanne des Behandelten deren Interaktion und gegenseitige Beeinflussung zu einem interessanten Gegenstand machen würde. Ein solcher medientheoretischer Ansatz wäre ein weiterer Anknüpfungspunkt für zukünftige Forschungen zum Intelligenzblatt. Ähnliches gilt für andere Theorien z. B. soziologischer Art, die entgegen dem positivistischen Topos ihre Produktivität für die Geschichtswissenschaft mal für mal bewiesen haben. Eine solche Analyse ist zugegebenermaßen nicht das Ziel des Werkes, wäre aber eine Bereicherung.

Bönings Analyse fokussiert sich, neben Fragen beispielsweise nach Intelligenzblättern als Wirtschaftsunternehmen, auf die Rolle des Intelligenzblatts als Medium der Wissensvermittlung in der Volksaufklärung. Dabei konzentriert sich die Betrachtung auf die aufklärerischen Inhalte vor allem in den eigenen ›redaktionellen [d. h. von den Herausgebern und Autoren verfassten] Inhalten‹ aber auch in den Teilen, die aus der Feder des Publikums stammen (vgl. Bd. 2, 976-977). So werden die Übertragungs- und Vermittlungsleistung der Texte betont sowie die Verbindung des theoretischen wissenschaftlichen Wissens mit der alltäglichen Praxis, wobei alle Bereiche des Lebens abgedeckt werden. Somit stellt der Autor diese Quelle überzeugend als Teil einer pragmatischen Aufklärung dar, welche sich über die sonstigen Rezeptionsgrenzen frühneuzeitlicher Medien hinaus auch an die Landbevölkerung und den »gemeinen Mann« (vgl. ebd., 1187) richtete. Gleichzeitig wird zu Recht betont, dass es sich dabei nicht um ein minderwertiges Produkt handelte, sondern es wird anhand der Aufzählung der Autorenschaften einer Vielzahl großer Namen des 18. Jahrhunderts aus Wissenschaft und Literatur argumentiert, dass die Gattung zumindest in der Prominenz ihrer Autor:innen anderen Medien wenig nachstand. So spiegeln die Inhalte auch den zeitgenössischen Stand der Forschung wider. Die Intelligenzblätter verbanden sich mit anderen Texten und rekurrieren auf diese, zum Beispiel durch Rezensionen oder Antworten auf gestellte Fragen und Thesen. Damit stellt das Intelligenzblatt durch die Vermittlung von Wissen eine Öffentlichkeit her und verkörpert diese medial, auch über eine rein wissenschaftliche Öffentlichkeit hinaus.

Im Rahmen der positivistischen Quellenbeschreibungen ist es dann verwunderlich, wie stiefmütterlich Böning die obrigkeitlichen Inhalte und Rubriken behandelt. Bei fast jeder Beschreibung einzelner Intelligenzblätter als existente Rubrik erwähnt, werden diese Inhalte kaum näher erläutert und Fragen der Policey vor allem als Themen wissenschaftlicher Diskussion zu Kameralistik dargestellt. So wird jeglicher staatliche Bezug für alle Blätter, die nicht auf explizite und ›persönliche‹ fürstliche Verordnung gegründet wurden (d. h. für fast alle nicht-preußischen Blätter), als irrelevant oder nichtexistent dargestellt. Dies folgt aus der in weiten Teilen des Werks normativen Darstellung der Aufklärung und ihren Inhalten als (aus heutiger Sicht) positiv sowie staats- und regierungskritisch. Eine staatsfunktionelle Rolle der Intelligenzblätter würde dabei deren aufklärerischen Charakter schwächen. Gleichzeitig macht Böning obrigkeitliche Einflüsse von der Existenz eines idealtypisch-absolutistischen Staates und dem direkten Eingreifen der Regierung abhängig, welche er nur für preußische Gebiete erfüllt sieht. Diese Hürde ist jedoch für kein Territorium des 18. Jahrhunderts bezwingbar, da keine Herrschaftspraxis wirklich ›absolutistisch‹ war.[2] Dagegen lässt sich die aufklärende Funktion des Intelligenzblattes auch als Teil eines Verwaltens und Regierens, das nicht unbedingt von ganz oben ausgehen muss, verstehen. Das Intelligenzblatt als Ganzes wäre dabei ein Medium des Verwaltens durch Wissenstransformation nach ›oben‹ wie nach ›unten‹.

Das ändert jedoch nichts daran, dass *Das Intelligenzblatt* jeder weiteren Untersuchung zu Intelligenzblättern als Grundlage dienen sollte, als Nachschlagewerk zu den jeweiligen Blättern und der

---

2 Vgl. hierzu zum Beispiel: Wolfgang Reinhard: Zusammenfassende Schlußüberlegungen. In: Lothar Schilling (Hg.): Absolutismus, ein unersetzliches Forschungskonzept? Eine deutsch-französische Bilanz. L'absolutisme, un concept irremplaçable?. Une mise au point franco-allemande. München 2008, S. 229-238.

jeweiligen Forschung und als eine Vergleichsfolie zu den eigenen Quellenfunden. Das Werk zeigt auch, wie produktiv das Intelligenzblatt als Quelle für andere Fragstellungen zur späten Frühen Neuzeit außer dem Medium selbst sein kann. So macht das rezensierte Werk im Grunde jede zukünftige Forschung zum 18. Jahrhundert einfacher und besser, da es durch eine Art Vermittler-funktion zu den verstreuten Quellen und der teils sehr speziellen Literatur diese greifbarer und anwendbar macht. *Das Intelligenzblatt* ähnelt so in gewisser Weise der Funktion des historischen Intelligenzblatts: Es macht Wissen praktisch nutzbar.

Bennet Rosswag, Gießen

KATJA SCHICHT: *Alexander von Humboldts Klimatologie in der Zirkulation von Wissen: Historisch-Kritische Edition der Berliner Briefe (1830-1859) und ihre Kontexte.* Hildesheim: Olms 2023, 577 S.

Aus der Sicht einer Philologin gehören Studien zur Klimatologie auf den ersten Blick nicht gerade in den Instrumentenkasten ihres Handwerks, doch wenn diese Instrumente und ihre Handhabung so ausgefeilt sind und anregende Einsichten in die Wissenschaftsgeschichte eröffnen, dann bringt die sorgfältige Lektüre dieses Buches auch den Nicht-Fachgenossen reichen Lohn. Bis weit ins 19. Jahrhundert waren einzelne Wissenszweige noch nicht als eigene Fachdisziplinen etabliert. Alles Beobachtbare und also ›Wissbare‹ war es wert, in den Fokus genommen zu werden, und danach handelten die Brüder Humboldt. Auch Goethe sah kein Hindernis darin, sich gleichrangig als Dichter und Naturforscher zu sehen, wie man heute mehr und mehr anerkennt.

Humboldts wissenschaftliche Auswertung seiner fünfjährigen Forschungsreise nach Amerika beanspruchte ihn bis in seine Berliner Zeit, als er sich dem ›Kosmos‹ zuwandte. Schon damals ver-suchte er durch Beobachtung und Experimente zu meteorologischen Themen seine reichhaltige Datensammlung zu erweitern, analysieren und systematisieren und suchte den regen Austausch mit Experten. Sein Ruf war danach bald in den europäischen Metropolen etabliert, in den amerika-nischen ohnehin. In Humboldts fünfbändigen *Kosmos* gingen die Erkenntnisse und Beiträge seiner mitarbeitenden Korrespondenten ebenfalls ein.

Eine hochrangige Quelle zur Erforschung der Denkprozesse von Forschern sind Briefe und Brieffragmente. Zur Entwicklung von Humboldts Denken waren für seine Sicht auf die Meteoro-logie und Klimatologie drei Korrespondenten in Berlin besonders wichtig, Heinrich Wilhelm Dove, Carl Ferdinand Schneider und Jakob Philipp Wolfers. Humboldts Korrespondenten waren Experten auf ihren Gebieten: Dove war Professor der Physik, der als Student noch bei Hegel Na-turphilosophie gehört hatte und wie sein Kollege Wolfers an der Berliner Universität lehrte, die Wilhelm von Humboldt mit ins Leben gerufen hatte und die zu einem zentralen Wissenschaftszen-trum geworden war. Dove studierte die Drehung der Winde und begründete das Meteorologische Institut. Er befasste sich mit den Wärme-/Kälteverhältnissen auf der Erde, so dass er zu den Pionie-ren der Wettervorhersage gehört. Wolfers war Astronom und Mathematiker, der jahrelang das Berliner Winterwetter aufzeichnete, so dass sich Einzeluntersuchungen mit meteorologischen Fra-gen verbanden und die Langzeitbeobachtungen der Wettervorhersage dienen sollten. Schneider arbeitete nicht im akademischen Rahmen, sondern ging nach seinem Studium zur Polizei. In seiner Dissertation hatte er sich schon mit den Auswirkungen des Wetters auf die Gesundheit befasst, und das blieb sein Lebensthema. Seine Statistiken zur Sterblichkeitsrate im Zusammenhang mit dem Wetter hielt Humboldt für so wichtig, dass er ihn finanziell unterstützte, wo die Medizinalpolizei es nicht tat. Auch die Wetterauswirkungen auf Lebensmittelpreise und die Versorgung der Be-völkerung interessierte Humboldt. Allerdings gab es zur Notierung von Wetterdaten noch keine einheitlichen Standards für das weltweite Erfassen von Datenmaterial, da es »keine einheitliche Instruktion für die Beobachter der weltweit verstreuten Observatorien« gab, so Schicht (450). Immerhin – man war auf dem Wege, und sie scheuten keine Anstrengung, um ein Beobachtungsnetzwerk in Preußen und darüber hinaus aufzubauen.

Katja Schicht hat den Briefwechsel penibel ediert und kommentiert, aus Archiven, Museen und Bibliotheken in Berlin, Krakau, Den Haag, Washington und Erlangen-Nürnberg zusammengetragen, um Alexander von Humboldts Klimaforschung zu beleuchten. Zwar ist die Klimaforschung nur ein Bereich in Humboldts *Kosmos*, doch für ihn und seine Zeitgenossen ein bedeutender. Aus den Jahren 1830 bis 1859 sind seine Briefe und deren Antworten, insgesamt 154, eine Fundgrube für den Gang ihres dialogischen Wissensaustausches. Diese Briefe, von denen die meisten aus Humboldts eigener, wohl geordneter Sammlung stammen, sind in 31 Archivkästen verwahrt und nicht alle vollständig erhalten oder in gutem Zustand. Sie werden in chronologischer Reihenfolge präsentiert. Ihre historisch-kritische Edition mit Einzelstellen- und Überblickkommentaren bildet das zentrale und zugleich umfangreichste der fünf Kapitel des Buches mit seinen mehr als 330 von insgesamt 577 Seiten. Es ist eingebettet in die Kontextdarlegungen. Das einleitende 1. Kapitel betrachtet Humboldts Forschung zur Klimatologie und das 2. widmet sich seinen Briefpartnern und den Materialien der Nachlässe, während das 4. Kapitel die Zirkulation des Wissens untersucht zwischen »Alltagsbeobachtung und systematischer Forschung« im Zuge der Kooperationen zwischen den Briefpartnern. »Fazit und Ausblick« beschließen als 5. Kapitel das Werk.

Schichts Buch ist die überarbeitete Fassung ihrer Dissertation und zeigt Alexander von Humboldt als Pionier der modernen Klimatologie, der auf umfassenden Messdaten für belastbare Aussagen bestand. Daher sind seine Verdienste bei der Einrichtung meteorologischer Beobachtungsstationen besonders hervorzuheben – beigefügte Temperaturtabellen machen das systematische Erfassen der Daten von Humboldt und seinen Mitstreitern anschaulich. Schicht hebt die Bedeutung von Humboldts Isothermenkarte hervor (vgl. 20), die er entwarf und die von Dove und dessen Nachfolger Wilhelm Mahlmann weiterentwickelt wurde.

Wer sich auf Katja Schichts Buch einlässt, erfährt nicht nur viel zu Forschungsbereichen wie Zoologie, Ozeanografie, Astronomie, Geografie, Geologie sowie zum Magnetismus und der Meteorologie, sondern erlebt überdies eine vergnügliche Lektüre. Immerhin widmet sich die Autorin dem Brieftransport im 19. Jahrhundert – Fußboten und Reiter innerhalb der Stadt nimmt sie ebenso in den Blick wie Briefumschläge, Postmarken und Poststempel. Sie gehören im 2. Kapitel zur »Mediengeschichtlichen Voraussetzung der Berliner Briefe«. Die Anreden und Schlussformeln in Briefen waren schon immer ein Indiz für den gesellschaftlichen Status von Sender und Empfänger und werfen hier ein Licht auf die Beziehungen zwischen dem Adligen Humboldt und seinen bürgerlichen, wohl etablierten Briefpartnern.

So erweist sich die sorgfältige Arbeit von Katja Schicht als eine Bereicherung für alle, Experten ebenso wie Fachfremde, die an den Ausdifferenzierungen der Wissenschaftsgeschichte interessiert sind. Dieses gut strukturierte und anschaulich präsentierte Buch lädt zum Stöbern ein und wird zur fesselnden Lektüre.

Nugescha Gagnidse, Kutaissi

GÜNTER BERGER (Hg.): *Apostel des Friedens. Die Korrespondenz zwischen Wilhelmine von Bayreuth und Voltaire.* Berlin: Duncker & Humblot 2023, 104 S.

Wenn das 18. Jahrhundert, in Kants berühmten Worten, ein ›Zeitalter der Aufklärung‹ und zugleich das »Jahrhundert des Briefes« gewesen ist,[1] dann führen Briefe und Briefwechsel unter Personen, die der Aufklärung nahestanden, unvermeidlich in das Zentrum jener Epoche, welche nicht

---

1 Georg Steinhausen: Geschichte des deutschen Briefes. Bd. 2. Berlin 1891, S. 245.

erst im Kant-Jubiläumsjahr 2024 als ›Drehscheibe‹ von der Frühen Neuzeit zur Moderne angesehen wird.[2] Zugleich war das 18. Jahrhundert eine Blütezeit absolutistischer Monarchien, imperialer Eroberungskriege, obrigkeitlicher Zensurpraxis und patriarchaler Bevormundung der Frau durch sämtliche Stände. Viele dieser Spannungen überkreuzen sich in der kurzen, aber faszinierenden Korrespondenz (1750-1758) zwischen dem Philosophen Voltaire und der Markgräfin Wilhelmine von Bayreuth (1709-1758), ›Lieblingsschwester‹ Friedrichs des Großen,[3] Femme de lettres, Kunstmäzenin und scharfe Beobachterin ihrer Zeit, wovon unter anderem ihre Memoiren zeugen.[4] Die Edition des Briefwechsels mit Voltaire (46 Briefe) steht im Horizont der langjährigen Beschäftigung des Herausgebers und Übersetzers Günter Berger (Bayreuth) mit der französischen Aufklärung sowie mit Wilhelmines Leben und Wirken. Nach zwei Teileditionen ihrer Briefe mit Voltaire und Friedrich, die im Rahmen studentischer Projektarbeit übersetzt wurden,[5] der Übersetzung ihrer Memoiren (2012) und einem großen Konferenzband zum 300. Geburtstag erschien 2018 Bergers Biografie der Markgräfin.[6] Darin wird bereits der Korrespondenz mit Voltaire gedacht, die nun seit 2023 in einer mustergültigen Übersetzung vorliegt.[7]

Zu kurz, um ein Bild ihrer Persönlichkeit zu geben, bietet der Briefwechsel doch Einblicke in das Leben einer kleinen fränkischen Residenz, die Wilhelmine seit 1735 gezielt zum Musenhof ausbaute,[8] in die Werkstatt des Aufklärers Voltaire (Br. 5, 14, 16, 24, 30), die gemeinsamen philosophischen und literarischen Interessen (Br. 12, 14, 25), besonders jedoch in das politische Räderwerk der preußischen Großmacht, mit den Höhe- (oder Tief-)punkten des Siebenjährigen Kriegs einerseits (Br. 34-45), des temporären Zerwürfnisses zwischen Voltaire und Friedrich andererseits (Br. 26-28). In beiden Fällen setzte sich Wilhelmine für die Vermittlung ein, in beiden Fällen mit wenig Erfolg. Ihr Tod am 14. Oktober 1758 bereitete der Korrespondenz wie auch ihren diplomatischen Bemühungen ein jähes Ende. Nicht zufällig war schon zuvor ihre Gesundheit eins der Dauerthemen der Korrespondenz gewesen, vor allem von Seiten eines sich einfühlsam gebenden Voltaire. Ein weiteres ist die Langeweile der preußischen Königstochter in der fränkischen Provinz, die sie durch das Anwerben französischer Intellektueller zu beheben wünschte. Voltaire half dabei, blieb selbst aber fern.[9] Die Passagen, in denen Wilhelmine die Fadheit der höfischen Konversation beklagt und sich Gesprächspartner herbeisehnt (hier den Marquis d'Argenson), stehen dem berühmten Witz ihres Briefpartners nicht nach:

Ich wäre Ihnen sehr zu Dank verpflichtet, wenn Sie ihn dazu bringen könnten, bald hierher zu kommen, wo wir großen Bedarf an Unterstützung haben, um die Leere unserer Konversation zu füllen. Unsere Unterhaltungen kommen mir wie die chinesische Musik vor, wo es lange Pausen

---

2 Die Formulierung nach Jürgen Habermas: Der philosophische Diskurs der Moderne. Frankfurt/Main 1985, S. 104.

3 Vgl. Heinrich Thiel: Wilhelmine von Bayreuth. Die Lieblingsschwester Friedrichs des Großen. Bayreuth 1981.

4 Memoiren einer Königstochter. Markgräfin Wilhelmine von Bayreuth. Übersetzung, Anmerkungen und Nachwort von Günter Berger. Bayreuth 2012.

5 Nichts Neues aus Bayreuth. Briefe der Markgräfin Wilhelmine an Friedrich II. und Voltaire. Übersetzt von Studierenden der Universität Bayreuth. Hg. v. Günter Berger u. Julia Wassermann. Bayreuth 2008; Batagellen aus Berlin. Briefe Friedrichs II. an Wilhelmine von Bayreuth. Hg. v. dens. Berlin 2011.

6 Günter Berger (Hg.): Wilhelmine von Bayreuth. Das kulturelle Erbe der Markgräfin. Bayreuth 2009; ders.: Wilhelmine von Bayreuth. Leben heißt eine Rolle spielen. Regensburg 2018.

7 Vgl. ebd., S. 177-186.

8 Vgl. ebd., S. 73-107.

9 Auf seine Empfehlung konnte schließlich der Marquis D'Adhémar gewonnen werden; viele der frühen Briefe (Nr. 2-21) gehen neben anderem auf diesen komplizierten Vorgang ein.

gibt, die in Misstönen enden. Ich fürchte, dass man das meinem Brief anmerkt. Umso besser für Sie, Monsieur: Es braucht Momente der Langeweile im Leben, um diejenigen, die Vergnügen bereiten, umso mehr zur Geltung zu bringen. (22)

Der selbstironische Tonfall, die Pose der komischen Verzweiflung wie auch die Sorge über die Gesundheit lassen bisweilen den Eindruck einer Vertrautheit entstehen, die dem persönlichen Verhältnis sowie dem ständischen Gefälle zwischen den beiden kaum entsprechen dürfte.[10] Die literarischen Codes der höfisch-galanten Briefkultur ermöglichen jedoch ein Spiel mit der Distanz, das den Standesunterschied vorübergehend ausblendet.[11] Voltaire nimmt die Rolle des Werbenden, des Unterwürfigen ein (die Wendung ›zu Ihren Füßen‹ fällt mehr als zwanzigmal). Wilhelmine schreibt seltener, distanzierter, das Wort ›Freundin‹ (59, 87, 93) ist nicht wörtlich zu nehmen, ebenso wenig das geistliche Rollenspiel als »Bruder Voltaire« und »Schwester Guillemette« (28). Das ändert sich erst 1757, als Wilhelmine, nach dem Tod der Mutter und im Angesicht des Siebenjährigen Krieges, auf einen Trostbrief des Aufklärers mit einer Bewegung reagiert, die den Schutz der galanten Konversation durchdringt.[12] Nun scheint sie es zu sein, die den Kontakt sucht, und während zuvor auf einen Brief von ihr zwei bis drei Briefe Voltaires kamen, schreibt sie nun in den Monaten bis zu ihrem Tod insgesamt neun Briefe, Voltaire nur vier. Es ist vor allem der Krieg, der sie beschäftigt. Neben ausführlichen Gefechtsberichten (Br. 40-43) versucht sie, in Absprache mit ihrem Bruder, französische Kontakte zu nutzen, um Friedensoptionen auszuloten, doch vergebens – der Krieg endete erst fünf Jahre nach ihrem Tod.[13]

Als Textgrundlage dient die von Theodor Bestermann besorgte Edition der Voltairebriefe, von der Berger auch die Nummerierung übernimmt.[14] Vorangestellt ist eine Einleitung, die zentrale Themen benennt und das Verhältnis der Schreibenden erörtert. Auf den Brieftext folgt eine knappe Literaturauswahl, auf die auch der Kommentar verweist. Die Kommentare in Form von Fußnoten (was dem Lesefluss sehr zugute kommt) beweisen in jeder Zeile Bergers gründliche Sachkenntnis. Sie sind nicht nur unerlässlich für das Verständnis zahlreicher Anspielungen auf Personen und Ereignisse, sondern korrigieren oft auch Irrtümer und kleinere Lügen.[15] Hinweise auf (12-14) verlorene Briefe sind mehr als sachdienlich, sie geben auch einen Eindruck von der Korrespondenz im Ganzen. Diese erhält so noch mehr Profil, zumal viele Kommentarlemmata auf Briefe von und an Friedrich II. verweisen, der als unsichtbarer ›Dritter‹, so auch Wilhelmine einmal am 2. Januar 1758 (91), in fast jedem Brief präsent ist, ja nahezu das Epizentrum dieses Briefwechsels bildet. In der sehr gelungenen Übersetzung zeigt sich der erfahrene Romanist. Die Sprache hält die Mitte zwi-

---

10 So etwa auch im sonst durchaus ernsthaften Brief vom 23. November 1757: »Ich bin wirklich verrückt, mich ins Politisieren einzumischen. Mein Kopf taugt nur noch dazu, ins Irrenhaus gesteckt zu werden.« (87)

11 Vgl. dazu Claudia Ortner-Buchberger: Zwischen Badinage und Érudition. Zur Konversation in der Korrespondenz der Markgräfin Wilhelmine mit Voltaire und Friedrich dem Großen. In: Berger (Hg.), Wilhelmine, S. 59-69, hier S. 63-66; Berger, Wilhelmine, S. 177 u. S. 186, sowie einleitend zur Edition (11-12).

12 So z. B. am 19. August 1757: »Ich bin in einem furchtbaren Zustand und werde die Zerstörung meines Hauses und meiner Familie nicht überleben.« (74)

13 Aus diesem Grund und weil dieses Thema nur etwa ein Drittel des Briefwechsels einnimmt, ist der von Berger gewählte Titel *Apostel des Friedens* zwar nicht unangebracht, aber doch (wohl zeitbedingt) etwas zugespitzt.

14 Die Übernahme der Notation wird für die Forschung gedacht sein, die allerdings eher nach der französischen Ausgabe zitieren dürfte; für ein breites Publikum bleiben die Siglen wenig hilfreich, wenn nicht sogar rätselhaft.

15 Einen unten abgeschnittenen Brief erklärt Wilhelmine mit Tintenflecken. Eher standen wohl politische Gründe dahinter, weil ein heikles Spottepigramm Friedrichs II. auf Ludwig XV. entfernt wurde (siehe Anm. 150 auf S. 73).

schen guter Lesbarkeit in der (heutigen) Zielsprache und einer stilechten Wiedergabe der höfisch-höflichen Briefkonversation des 18. Jahrhunderts. Sie fängt außerdem an vielen Stellen den vibrierenden Sprachwitz ein.[16] Kleine Meisterstücke sind die Übertragungen von Verspartien (Br. 1, 19, 30), die Voltaire auf zeittypische Weise in die Briefe einstreut. Ein Beispiel mag genügen, ein scherzhaft-rumpfartiger Vierzeiler auf die Hochzeit ihres Bruder Heinrich, geschrieben aus der Rollenfiktion des ›Bruders Voltaire‹ heraus (51):

Der Freuden, Grazien und Amouren Leichtsinnstruppe
Ums Bett des Prinzen tanzt vergnügt,
Schon ewig lang seid ihr mir schnuppe –
Und mehr als ihr bin ich betrübt.

Björn Spiekermann, Hamburg

TILMAN VENZL: »*Itzt kommen die Soldaten.*« *Studien zum Militärdrama des 18. Jahrhunderts.* Frankfurt/Main: Vittorio Klostermann 2019 (Das Abendland. N. F., 43), 607 S., 1 Abb.

Im 18. Jahrhundert wurden nahezu durchgehend Kriege geführt und tiefgreifende Militärreformen umgesetzt. Dies hat im breiten Spektrum der unterschiedlichen Literaturströmungen der Zeit erheblichen Niederschlag gefunden. Die jüngere Forschung hat diesem Umstand in breit angelegten Arbeiten Rechnung getragen und die literaturgeschichtlichen Folgen des bellizistischen Jahrhunderts reflektiert.[1]

Venzls Studie eröffnet auf Basis der bisherigen Forschungen einen neuen Zugang, der generisch auf das deutschsprachige Militärdrama des 18. Jahrhunderts fokussiert. Damit wird eine historische Analyseperspektive vorgeschlagen, die methodisch programmatisch zu verstehen ist. So geht Venzl mit den richtungweisenden Überlegungen Voßkamps[2] von Gattungen als literarisch-sozialen Institutionen aus und weist auf den Umstand hin, dass das deutschsprachige Drama des 18. Jahrhunderts in weiten Teilen auffallend eng mit den militärgeschichtlichen Entwicklungen dieser Zeit verwoben ist. Diese Tatsache sei in der Germanistik nach 1945 vielfach verdrängt worden, während man gerade das Aufklärungsjahrhundert in der Literaturgeschichtsschreibung gerne als friedfertig und militärkritisch entworfen habe. Demgegenüber wendet Venzl zu Recht die Befunde der ›Neuen Militärgeschichte der Frühen Neuzeit‹ ein[3] und argumentiert schlagend, dass das 18. Jahrhundert als Zeitalter stehender Heere umfassende militärhistorische Entwicklungen in Gang gesetzt habe, die tiefgreifende gesamtgesellschaftliche Auswirkungen hatten. Da ihre Reflexion einen besonderen Sitz im zeitgenössischen Drama und Theater hätte, wird entsprechend nachdrücklich für eine militärhistorisch interessierte Literaturwissenschaft plädiert. Diese methodische Anforderung entfaltet auf mehreren Ebenen erhebliches Erkenntnispotential. Zunächst erweist sich vor diesem

---

16 Voltaire am 28. März 1752: »Bruder Kränklich, Bruder Menschenscheu, Bruder Papierkratzer wirft sich mehr denn je Eurer Königlichen Hoheit zu Füßen.« (44) Zurückhaltender noch in Berger, Wilhelmine, S. 180: »Bruder Schwachbrust, Bruder Kauzig, Bruder Schreiberling liegt mehr denn je Eurer Königlichen Hoheit zu Füßen.«

1 Siehe z. B. Johannes Birgfeld: Krieg und Aufklärung. Studien zum Kriegsdiskurs in der deutschsprachigen Literatur des 18. Jahrhunderts. 2 Bde. Hannover 2012; Stefanie Stockhorst (Hg.): Krieg und Frieden im 18. Jahrhundert. Kulturgeschichtliche Studien. Hannover 2015.

2 Siehe Wilhelm Voßkamp: Gattungen als literarisch-soziale Institutionen. In: Walter Hinck (Hg.): Textsortenlehre – Gattungsgeschichte. Heidelberg 1977, S. 27-42.

3 Vgl. Peter Burschel: Krieg, Staat, Disziplin. Die Entstehung eines neuen Söldnertypus im 17. Jahrhundert. In: Geschichte in Wissenschaft und Unterricht 48 (1997), S. 640-652.

Hintergrund der vergleichsweise gut erforschte Konnex von Literatur und Krieg als deutlich limitiert, indem die sozialhistorischen Dimensionen der Militärgeschichte des 18. Jahrhunderts weit über die Extremsituation der Kriegsführung und ihrer Nachwirkungen hinausgehen. Sodann gelingt es, mit einer dezidiert auf das Militärdrama enggeführten Untersuchungsperspektive historisch stringent an die zeitgenössischen Diskurse anzuschließen. Paradigmatisch steht hierfür neben weiteren Textzeugen der anonym publizierte *Plan eines militairischen Theaters in deutscher Sprache* (1793), der bereits im 18. Jahrhundert einen signifikanten Zuwachs an Militärdramen diagnostiziert. Anhand solcher Stimmen kann Venzl ein historisches Vorverständnis profilieren, mit dem sich der adressierte Gattungshorizont diskursgeschichtlich überzeugend abstützen lässt, während im Gegenzug die literaturgeschichtlich eingeführte Rede vom ›Soldatenstück‹ als anachronistisch kenntlich wird. Als weiterer literaturgeschichtlicher Fehlschluss wird zudem die Annahme entlarvt, dass die sogenannten Soldatenstücke eine epigonale Massenerscheinung im Windschatten von Lessings *Minna* gewesen seien. Hierauf verwendet Venzl einige Rekonstruktionsarbeit, um zu zeigen, wie diese Einschätzung letztlich einer werkpolitischen Äußerung von Lessings Bruder Karl aufsitzt, um sich in kanonstabilisierenden Wiederholungen bis heute fortzuschreiben.

Präsentiert sich die Studie Venzls mit solchen ebenso gattungstheoretisch wie dramengeschichtlich profunden Überlegungen als hochreflektierter Beitrag zur Theoretisierung der Literaturgeschichtsschreibung zum 18. Jahrhundert, geht sie in insgesamt sechs minutiös ausgebauten Einzelanalysen auch textanalytisch vorbildlich zu Werk. Äußerst umsichtig wird im Wesentlichen auf Basis der *Bibliographia dramatica et dramaticum*[4] zunächst ein Gesamtkorpus umrissen, das für das Militärdrama potentiell über 1000 Belege nachweist. Vermag Venzl zwar anhand von operationalisierbaren Selektionskriterien (u. a. Referenz auf die zeitgenössische Militärgeschichte) sowie mit klugem philologischem Sachverstand (z. B. Tilgung von Mehrfachnennungen), das Korpus auf rund 300 Militärdramen einzuschränken, lässt sich auch diese Materialfülle im historisch-hermeneutischen Zugriff der Studie nicht bewältigen. Folglich ist Venzl gezwungen, eine Auswahl zu treffen, die im Kern den Anforderungen der qualitativen Akzeptanz und nachgewiesenen Verbreitung im 18. Jahrhundert folgt. Letztlich fällt die Auswahl dabei auf die Haupt- und Staatsaktion Ludovicis *Karl XII. vor Friedrichshall* (1724), das unter der Sigle J. E. R. erschienene Singspiel *Staps ein Recrüte* (1749), das anonyme Nachspiel *Der Officier* (1755), Lessings *Minna von Barnhelm* (1767), Stephanies d. J. *Deserteur aus Kindesliebe* (1773) und *Die Soldaten* (1776) von Lenz.

Ohne die durchweg ergebnisgesättigten Detailstudien zu diesen Dramen im Einzelnen würdigen zu können, gelingt mit dieser Stückauswahl in beachtlicher Weise ein Bogenschlag über das 18. Jahrhundert hinweg. In diesen stellt Venzl die Dramen gewissermaßen wie historische Kristallisationskerne ein, um überaus geschickt Trends an ihnen zu verdichten und unmittelbare Kontexte aufzumachen, die das Gesehene jeweils weit in benachbarte Texte verzweigen, so dass anhand der wenigen Ausgangslektüren letztlich ein geradezu panoramatisches Bild entsteht. Zugleich schafft die getroffene Auswahl eine bemerkenswerte Balance zwischen der Präsentation von weithin vergessenem Material und der aufmerksamen Revision jener kanonischen Dramen von Lessing und Lenz (die *Minna* etwa wird hellsichtig als dramatische Reflexion eines ernüchterten Patriotismusdiskurses im 18. Jahrhundert neu gelesen).

Insgesamt legt der Analysedurchgang auf faszinierende Weise offen, in welchem Umfang die gesamte dramengeschichtliche Entwicklung im 18. Jahrhundert durch militärgeschichtliche Themen imprägniert ist. Und die Darstellung enthält die Pointe, dass die Dramen durchaus auch in die Militärgeschichte zurückwirken, so dass Venzl am Ende begründet die »Relevanz der Literatur und

---

4 Siehe Reinhart Meyer [et al.] (Hg.): Bibliographia dramatica et dramaticum. Kommentierte Bibliographie der im ehemaligen deutschen Reichsgebiet gedruckten und gespielten Dramen des 18. Jahrhunderts nebst deren Bearbeitungen und Übersetzungen und Rezeption bis in die Gegenwart. 34 Bde. Tübingen 1986-2011.

Literaturwissenschaft für das interdisziplinäre Forschungsprogramm der ›military studies‹« postuliert (502).

Mit dieser Studie ist fraglos eine methodologisch und historisch-philologisch mustergültige Dissertation entstanden, die in ihrem Zuschnitt als Standardwerk zum Drama des 18. Jahrhunderts gelten und ohne Weiteres Anschlussstudien dieser Art zu anderen Literaturstufen anregen kann. Nicht zuletzt wäre es eine vielversprechende Herausforderung, das nicht zu überblickende Material auch mit quantitativen Methoden weiter aufzuarbeiten.

Jörg Wesche, Göttingen

JÜRGEN OVERHOFF u. SABINE HAPP (Hg.): *Gründung und Aufbau der Universität Münster, 1773-1818. Zwischen katholischer Aufklärung, französischen Experimenten und preußischem Neuanfang.* Münster: Aschendorff 2023 (Veröffentlichungen des Universitätsarchivs Münster Bd. 16), 232 S.

Hervorgegangen aus einer Ringvorlesung, die 2021 an der Universität Münster veranstaltet wurde, fügt dieser Sammelband der Geschichte der Universitäten im Zeitalter der Aufklärung ein wichtiges Kapitel hinzu. Denn den Herausgebern und zugleich Beiträgern des Bandes – Jürgen Overhoff, der in Münster die Historische Bildungsforschung vertritt, und Sabine Happ, der Leiterin des Universitätsarchivs ebendort – gelingt es, die Bedeutung der 1773 gegründeten Münsteraner Universität für die Geschichte der universitären Aufklärung katholischer Prägung überzeugend herauszustellen und bildungshistorisch neu zu perspektivieren. Die 11 Beiträge spannen einen chronologisch weit angelegten Rahmen auf, der die Entwicklung der Universität – heute mit über 40.000 Studierenden zu den größten Universitäten in Deutschland gehörend – zwischen ihren mittelalterlichen und frühneuzeitlichen Vorläufer-Institutionen, ihrer Gründung als fürstbischöflicher Landesuniversität sowie ihrer nach den Wirren der französisch-napoleonischen Zeit erfolgten Herabstufung zu einer Akademie durch die preußischen Herrscher im Jahre 1818 in vielfältigen Kontexten zu rekonstruieren erlaubt.

Ausgehend von einem einleitenden Überblicksbeitrag, der mit transnational geweitetem Blick die Relevanz von universitären Gründungsdaten und Traditionen für das Verständnis der komplexen Institution Universität zeigt (Jürgen Overhoff, 9-22), wird die Gründung der Universität Münster im Jahre 1773 zunächst in die historische Entwicklung des lokalen höheren Bildungsangebots eingeordnet, das seit dem Mittelalter in einer Kloster- und später Domschule bestand, die Ende des 15. Jahrhunderts zum überregional bekannten Gymnasium Paulinum erweitert und humanistisch reformiert wurde (Martin Kintzinger, 23-42), bevor sie ab Ende des 16. Jahrhunderts von den Jesuiten übernommen und mit einem Jesuitenkolleg verbunden wurde (Stephanie Hellekamps und Hans-Ulrich Musolff, 43-70). Die eingehende Analyse der schulischen und jesuitischen Vorläufer-Institutionen zeigt die auch für andere Universitätsstandorte typische enge Verknüpfung von Schul- und Universitätsgeschichte in Münster, die institutionellen und wissensgeschichtlichen Kontinuitäten und Brüche zwischen klerikalen, humanistisch-gymnasialen und jesuitischen Formationen höherer Bildung im Spannungsfeld von Kirche und Stadt.

Bestanden Wünsche und Pläne für eine Universität in Westfalen bzw. Münster schon seit Ende des 15. Jahrhunderts, so war es, wie Jürgen Overhoff in seiner Rekonstruktion der unmittelbaren Gründungskontexte zeigt (71-86), Franz von Fürstenberg, erster Minister des Hochstifts Münster unter Bischof Maximilian Friedrich von Königsegg-Rothenfels, der sie verwirklichte. Die Universitätsgründung gehört dabei in den Gesamtzusammenhang einer modernisierenden Gesamtreform des Bildungswesens, das auch das elementare und gymnasiale Schulwesen umfasste. Die Aufhebung des Jesuitenordens im Jahre 1773 gab Fürstenberg – unterstützt noch durch die Aufhebung des Benediktinerinnenklosters St. Marien in Münster, deren Siegel für die neue Universität übernommen wurde – dann die Möglichkeit, frei werdende Finanzmittel und Gebäude für den Aufbau der geplanten Vierfakultätenuniversität einzusetzen. Overhoff skizziert die Gründung Münsters als Projekt einer katholischen Aufklärung, der es nicht nur um utilitaristisch-praktische Reformen in Justiz und Verwaltung ging, sondern die auch die Wissenschaften modernisieren, die Lehrerbildung verbessern und insgesamt Glauben und Aufklärung in ein neues Verhältnis zu setzen versuchte. Gegen die bislang vorherrschende Auffassung, die frühe Münsteraner Universität habe mit ihrer Verpflichtung auf pädagogisch-praktische Funktionen und territoriale Eigeninteressen enge, auch konfessionelle Grenzen gehabt, akzentuiert Overhoff die These, dass es Fürstenberg durchaus um eine aufgeklärte Rationalität und Wissenschaftlichkeit verwirklichende Institution gegangen sei, die sich mit der katholischen Morallehre lediglich einen »ethischen Kompass« (86) gegeben habe. Die Universität Münster sei als »katholisches Göttingen«, also als katholisches Gegenmodell zur 1732/34 gegründeten berühmten lutherischen Universität Göttingen, durchaus auf Konkurrenzfähigkeit mit protestantisch-universitärer Aufklärung angelegt gewesen.

Es ist dem Band positiv anzurechnen, dass er inhaltliche Kontroversen hinsichtlich der Reichweite und der Ziele katholischer Aufklärung nicht ausblendet. So kommt Johannes Süßmann in seiner Einordnung Fürstenbergs und seiner Universitätskonzeption in die Geschichte und das Selbstverständnis seiner Familie (87-107) zu einer deutlich anderen Einschätzung der Intentionen Fürstenbergs. Sei der Begriff der »Katholischen Aufklärung« schon aufgrund seiner kirchenpolitischen Herkunft aus dem Kulturkampf des 19. Jahrhunderts in wissenschaftlicher Hinsicht schwierig, so zeige Fürstenbergs universitäres Konzept vor allem die Intention, der Spätaufklärung vor allem in »Sprache und Gestus« entgegenzukommen, um dann aber »die Vorrangstellung der Geistlichkeit« unter »den veränderten Bedingungen des Revolutionszeitalters« zu bewahren (107). Für Emanzipation und Individuierung sei in Fürstenbergs stark religiös gebundenem und hierarchisch ausgerichtetem Bildungs- und Wissenschaftsbegriff kein Platz gewesen, die Universitätsgründung gehöre in den Kampf für »ein konservatives Verständnis von Aufklärung.« (106)

Die bildungshistorische, auf die Institution Universität als Ort von Bildung und Sozialisation, von Lehren und Lernen abzielende Konturierung des Bandes artikuliert sich auch in den folgenden Beiträgen. So informiert Sabine Happ (109-138) über Personal und Ausstattung der Lehrstühle in den vier Fakultäten, die Herkunft der Professoren und den Ausbau der Lehrgebiete in den verschiedenen Phasen der Aufbau- und Gründungsgeschichte Münsters. Praxisbezug und Anwendbarkeit des Lehrstoffs waren dabei zentrale Prinzipien Fürstenbergs, dem durchaus auch – wissenschaftlich ambitioniert – an der Implementierung neuer und innovativer Fächer wie der Empirischen Psychologie oder der Augenheilkunde gelegen war. Die Universität wurde denn auch zügig zu einem Anziehungspunkt für katholische Studenten aus dem nordwestdeutschen Raum, deren Herkünfte, Lebensweisen und Alltag auf der Basis des bisher vornehmlich bezüglich anderer Universitätsstädte erreichten Forschungsstands geschildert werden (Jürgen Overhoff, 139-150). Interessant ist dabei insbesondere die Analyse der Austauschbeziehungen zwischen Universität und den sie umgebenden Lebenswelten in Stadt und Land. Andreas Oberdorf zeigt überzeugend die Rolle der Universität für die soziokulturellen Modernisierungsprozesse ›um 1800‹, für die Professionalisierung und Verwissenschaftlichung alter und neuer akademischer Berufe, die Volksaufklärung oder insgesamt für den Formationsprozess des westfälischen Bürgertums (151-167). Die Universität fungierte als Motor gesellschaftlichen Wandels und strahlte bis in Gebiete des benachbarten Osnabrück aus – Funktionen, die auch nach der Herabstufung zur Akademie nach 1818 mit der Fortführung der Lehrer- und Priesterbildung teilweise erhalten blieben.

Die letzten drei Beiträge thematisieren die Phase der frühen Münsteraner Universitätsgeschichte nach der fürstbischöflichen Zeit, die erste Preußenzeit von 1802 bis 1806, die Franzosenzeit bis 1813 sowie die anschließende, wiederum unter preußischer Herrschaft stehende Phase bis zur Degradierung der Universität im Jahre 1818. Im Hinblick auf die erste preußische Phase untersucht Friedhelm

Brüggen den universitären Reform- und Erweiterungsplan des als Vertreter der neuen preußischen Herrscher nach Münster kommenden Freiherrn vom Stein im Kontext seiner politiktheoretischen Auffassungen und antirevolutionären Modernisierungsambitionen (169-189). Der Plan einer Entkonfessionalisierung der Universität, einer neuen, an der Sicherung der wissenschaftlichen Qualität orientierten Berufungspraxis sowie einer Erweiterung vor allem der Fächer der Philosophischen Fakultät wurde allerdings aufgrund des Einmarsches der Franzosen nicht umgesetzt. Diese nahmen in den verschiedenen Phasen ihrer Herrschaft zwischen 1806 und 1813 die Universität nun vor allem für Prozesse der Staatsbildung in Anspruch – ein Umstand, der auf die teilweise modernisierenden Wirkungen der napoleonischen Herrschafts- und Bildungspolitik verweist (Dominik Wahl, 191-209). Abschließend interpretiert Jürgen Overhoff die Degradierung der Universität im Jahre 1818 durch die 1813 nach Münster zurückgekehrten Preußen als Vorgeschichte des das spätere 19. Jahrhundert prägenden Kulturkampfes (211-223). Während rein evangelisch ausgerichtete Universitäten in ihrem Staatsgebiet für die sich ihrer konfessionellen Überparteilichkeit und Neutralität rühmenden preußischen Herrscher kein Problem gewesen seien, verweise die Degradierung der Universität Münster – so Overhoff – auf ein tief sitzendes antikatholisches »Vorurteil« (222) im protestantisch-preußischen Bewusstsein. Glücklicherweise tat die Degradierung dem Erfolg der Akademie, als die die Universität mit den Fakultäten der Katholischen Theologie und der Philosophie zwischen 1818 und 1902 weiter existierte, keinen Abbruch.

Insgesamt bietet dieser zwar vom Umfang her schmale (232 Seiten), aber inhaltlich überzeugende Band vielfältige und inspirierende Einsichten in die frühe Geschichte der Universität Münster. Indem er Universität und Wissenschaft in ihrem komplexen politischen und sozio-kulturellen Bedingungsgefüge rekonstruiert, enthält er neue und pointiert vorgetragene Einsichten in das Verhältnis von Universität, aufgeklärt-absolutistischer Reform und katholischer Aufklärung. Damit wird nicht nur der Blick für die regional und konfessionell geprägte Heterogenität und Vielgestaltigkeit aufgeklärter Universitätsreform geschärft, sondern werden auch der Diskussion über die Eigenheiten der katholischen Variante der Aufklärung und ihrem Verhältnis zu den Wissenschaften neue Argumente zugeführt. Die bildungshistorische Rahmung ermöglicht außerdem vertiefte Perspektiven auf die Universitäten des späten 18. Jahrhunderts als Orte des Lehrens und Lernens und damit als Institutionen, die Bildung, Sozialisation und Qualifikation alter und neuer Funktionseliten auf dem Weg von der alteuropäisch-ständischen in die moderne bürgerliche Gesellschaft organisiert haben. Offen bleibt allerdings die Frage nach den Grenzen einer universitären Bildung, die sich – wie in Münster – auf einen christlichen Bildungsbegriff sowie utilitaristische Vorstellungen einer akademischen Berufsbildung gründete und nicht auf ein säkulare Individualität mit (zweck-)freier Forschung verkoppelndes Konzept »Bildung durch Wissenschaft«, wie es in Göttingen vorbereitet und in der Berliner Universitätsgründung dann zumindest ideell bestimmend wurde.

Julia Kurig, Hamburg

Voltaire: *Lettres sur les Anglais*. In: *Les Œuvres complètes de Voltaire*. Bd. 6A (I & II). Oxford: Voltaire Foundation 2022, 704 S.

Zwei Bände der *Lettres sur les Anglais*, die 2022 erschienen sind, vervollständigen die zweisprachige kritische Ausgabe der Œuvres *complètes de Voltaire*, die seit 1976 institutionell bei der Voltaire Foundation der Universität Oxford verankert ist. Dieses Monument der wissenschaftlichen Gesamtausgabe, mit der 1968 auf Anregung des polnisch-britischen Philologen Theodore Besterman im *Institut et Musée Voltaire* in Genf begonnen wurde, endete 55 Jahre später in 205 Bänden. Voltaire, der wie kein anderer den ›esprit‹ der französischen Aufklärung verkörperte, hatte das Los, den größten

Teil seines Lebens im Exil verbringen zu müssen. Auch sein Werk wurde nach seinem Tod im Ausland meisterhaft herausgegeben. Die erste posthume Ausgabe der gesammelten Werke, die von Beaumarchais und Condorcet im Tandem geleitet wurde, erschien zwischen 1785-1789 in 92 Bänden in Kehl im Herzogtum Baden und war nach den verschiedenen Gattungen gegliedert, in denen der Aufklärer schrieb und die er teilweise auch erfand. Die neueste, nunmehr maßgebliche Ausgabe in Oxford stellt die chronologische Reihenfolge von Voltaires Schriften wieder her. Sie enthält einen umfangreichen und rigorosen kritischen Apparat, der die verschiedenen Varianten der Texte wiedergibt, ihre historischen Kontexte beleuchtet und die verschiedenen Interpretations- und Rezeptionsrichtungen seit dem achtzehnten Jahrhundert aufzeigt. Diese Referenzausgabe ist das Ergebnis der gemeinsamen Arbeit eines internationalen Teams. Sie umfasst auch 50 Bände der Korrespondenz, aber auch die von Voltaire in seinen Büchern niedergeschriebenen Lektürenotizen, die in dem zehnbändigen *Corpus des notes marginales* gesammelt wurden. Letzterer wurde in Zusammenarbeit mit der Russischen Nationalbibliothek in Petersburg, wo sich Voltaires Bibliothek befindet, herausgegeben.

Unter der Leitung von Nicholas Cronk, dem Direktor der Voltaire Foundation, vervollständigen die *Lettres sur les Anglais* diese bemerkenswerte Edition. Sie wurden 1733 in London-Covent Garden erstmals auf Englisch veröffentlicht. Diese *editio princeps* wurde kurz darauf auf Französisch unter dem Titel *Lettres sur les Anglais* mit der falschen Adresse »Basle« auf der Titelseite veröffentlicht und weitere Monate später, 1734, in Rouen unter dem subversivem Titel *Lettres philosophiques* veröffentlicht. Sehr bald nach ihrem Erscheinen in Frankreich wurde die Edition vom königlichen Hof verboten – er stellte sogar einen Haftbefehl gegen den Verfasser aus. Le Parlement de Paris bestätigte ihrerseits das Verbot, wobei sich der Cardinal de Fleury als furchtbarer und besonders erbitterter Feind Voltaires erwies. Der Vatikan setzte das Buch auf den Index. Das Buch wurde verurteilt und in Folge verbrannt und sogar gesteinigt (»lapidé«). Es verbreitete sich aber dennoch – oder vielleicht gerade deshalb – wobei die Publikationsverbote durch gleichzeitiges Erscheinen an verschiedenen Orten umgangen werden konnten. Es wurde ein riesiger Erfolg, vergleichbar mit dem Erfolg von *Candide* im Jahr 1759. Die von Nicolas Cronk sorgfältig rekonstruierte Geschichte der Veröffentlichung führt uns in die geheimen Netzwerke von Autoren, Übersetzern, Manuskriptkopierern, Händlern und Buchdruckern des achtzehnten Jahrhunderts ein. Im Schatten der Zensur kämpfen sie für einen Raum der öffentlichen Debatte auf europäischer Ebene. Das verbotene Buch wird von Druckern in Frankreich, aber auch in Holland und Preußen gedruckt. Ein Manuskript, das sich mit dem theologisch heiklen Thema Seele und Materie befasst und auf dem Lettre XIII der *Lettres philosophiques* basiert und sich mit der Philosophie von John Locke befasst, zirkuliert parallel zum Buch und macht den Skandal noch größer. In Preußen wurde es schließlich zusammen mit langen (in Candides Formulierung) »métaphysico-théologo-cosmolo-nigologie«-Abhandlungen von Gelehrten wie Johann Gustav Reinbeck, Ernst Christoph von Manteuffel und Johann Michael von Loen herausgegeben. Der Text prägte nachhaltig das Bild von Voltaire in Deutschland als Atheisten.

Erstaunlich: Das Buch erscheint zum ersten Mal in englischer Sprache. Lange Zeit wurde angenommen, dass Voltaire es direkt in dieser Sprache während eines zweijährigen Aufenthalts in England (1726-1728) geschrieben hatte, wo er sich niederlassen wollte, nachdem er in Frankreich in Folge einer düsteren Affäre in der Bastille landete. Diese Annahme ist widerlegt. Nicholas Cronk nennt John Lockman (1698-1771) als Übersetzer dieses Textes, der auch andere Werke von Voltaire, aber auch Autoren wie Marivaux und de Lesage übersetzte. Es gab angeblich ein Manuskript mit dem Titel: *Lettres écrites de Londres sur les Anglais*, das als Grundlage der Übersetzung diente. Es ist heute verschollen. Die Geschichte der Veröffentlichung ist ein wahres Durcheinander, das der Herausgeber mit Leidenschaft entwirrt, wobei er sich auf die Aufzeichnungen der Druckerei und Voltaires Korrespondenz stützt.

Mit seiner Darstellung eines toleranten, parlamentarischen, kaufmännischen, wissenschaftlich- und kunstfreundlichen Englands, das nicht zu metaphysischen Spekulationen neigte, sondern sich ganz der Empirie und Beobachtung widmete, wandte er sich in erster Linie an die Franzosen. Newton und Locke statt Descartes. Seine Idealisierung Englands hatte zweifellos einen polemischen Zweck. Er preist das Land als Verkörperung einer auf Vernunft und religiöser Toleranz basierenden Moderne, in der jeder nach seiner Façon leben kann, weshalb »all are satisfied« (II, 417). Cronk betont jedoch, dass Voltaire auf mehrere Leserschaften abzielte, nicht nur auf die französische. Er spricht von einem offenen Werk (I, 187) für das französische, englische und auch das weitere europäische Publikum.

Nach dem Erfolg von Montesquieus *Lettres Persanes* im Jahr 1721 wählten auch die *Lettres Anglaises* die Fiktion der Briefe eines Reisenden, um ihre Leser zur kritischen Philosophie hinzuführen: »These Letters were not design'd for the Public. They are the Result of the Author's Complacency and Friendship for Mr. Thiriot, who had desir'd him, during his Stay in England, to favour him with such Remarks as he might make on the Manners and Customs of the British Nation.« (II, 392). Wie der neugierige Perser, der nicht glaubte, dass allein die »lumière orientale« ihn »erleuchten« (»éclairer«) sollte, wendet sich der Erzähler der englischen Briefe an einen »homme raisonnable«, der versucht, sich über England zu informieren. Die philosophische Reise ist in einer nüchternen, effizienten Prosa geschrieben, die weit von dem Rokoko-Stil entfernt ist, den Voltaire an Montesquieus Orientalismus kritisierte. Der Erzähler ist Augenzeuge, aber auch ein großer Leser von Büchern und Zeitungen, vor allem des *Spectator*. Er betreibt populärwissenschaftliche Berichterstattung und Reportage zugleich. Er sammelt Anekdoten wie jene, die ihm Newtons Nichte über den Apfel und das Gesetz der Gravitation erzählte und die er in ganz Europa bekannt machte: »But being retir'd in 1666, upon Account of the Plague, to a Solitude near Cambridge; as he was walking one Day in his Garden, and saw some Fruits fall from a Tree, he fell into a profound Meditation on that Gravity, the Cause of which has so long been sought, but in vain, by all the Philosophers […]« (II, 461). Als Gattung ließ sich Voltaire von Reiseberichten in England inspirieren, die häufig von protestantischem Hugenotten verfasst wurden, aber auch von der antiken Satire. Cronk identifiziert Lukians philosophische Reisen als Vorbild für diese sehr effektive philosophische Schreibweise, die zum Handeln verpflichtet. Diese bemerkenswerte Ausgabe der englischen Version ist ein großartiges Werkzeug für die Voltaire-Forschung, für die Geschichte des Buches im achtzehnten Jahrhundert und auch für das Forschungsfeld der Kommunikationsstrategie der Aufklärer.

Vanessa de Senarclens, Berlin

INKEN MEENTS: »*Die Vorstellungskraft spazieren führen*«. *Zur Entstehungs- und Frühgeschichte der französischen Kantate zwischen Kulturtransfer und Neuerfindung*. Hildesheim, Zürich u. New York: Olms 2023 (Studien und Materialien zur Musikwissenschaft Bd. 122), 527 S.

Die Sekundärliteratur zur französischen Kantate ist relativ überschaubar, zumal in deutscher Sprache. Die *cantate française* blühte in einer relativ kurzen Periode in der ersten Hälfte des 18. Jahrhunderts, die enger sogar noch auf den Zeitraum zwischen 1706 und 1733 einzugrenzen ist. Sie bildete sich nach dem Vorbild der bereits im 17. Jahrhundert entstandenen italienischen Kantate heraus. Zur im heutigen Musikleben viel präsenteren deutschen Kirchenkantate etwa eines Johann Sebastian Bach haben diese Kantatenformen zwar lose genetische Beziehungen, doch unterscheiden sie sich strukturell erheblich, da es sich meist um weltliche und solistisch besetzte Werke handelt. Diese sind – das verdeutlicht auch das vorliegende Buch – zugleich von der Nähe wie auch von der Abgrenzung zur Oper gekennzeichnet.

Der Fokus der Studie von Inken Meents, einer an der Christian-Albrechts-Universität zu Kiel entstandenen Dissertation, liegt ganz auf der frühen Phase dieser französischen Ausprägung der Kantate, allerdings eingebettet in ein ausgesprochen breites Netz von Perspektiven und Bezügen.

Als theoretischer Rahmen dient insbesondere die Kulturtransfertheorie, ferner auch weitere Ansätze wie die Gender Studies. Das besondere Interesse gilt jenen Übernahmen, Verformungen und Vermischungen von Stilen, die gerade im historischen Diskurs dieser Zeit der *querelles* mit Vorliebe national gelabelt wurden, nämlich als französisch oder italienisch. Die französische Kantate ist aber nicht nur im Kontext mit Italien zu sehen, sondern steht auch in Verbindung zur französischen Oper, der Tragédie lyrique. War diese im 17. Jahrhundert zunächst ebenfalls unter starkem italienischem Einfluss entstanden, so entwickelte sie sich – zumindest in der zeitgenössischen Wahrnehmung – schließlich zu etwas genuin Französischem. Die später entstandene Kantate florierte als weiterer italienischer Import gleichsam in deren Windschatten – sie war eine kleinere und in mancher Hinsicht vielleicht flexiblere Gattung.

Inken Meents holt weit aus: Nach einer umfangreichen Einleitung in die »(neuerfundene) europäisch-nationale Zwittergattung« folgt ein immer noch zunächst relativ allgemein gehaltenes Teilkapitel mit Begriffsklärungen etwa zu »Stil«, »Geschmack«, »Rezitativ« oder »Devise«. Noch im selben, dem zweiten Großkapitel – der Gliederungszusammenhang erschließt sich mir nicht immer – unternimmt die Autorin eine präzise Lokalisierung der französischen Kantate im Vergleich sowohl mit Exemplaren der Schwestergattung Oper als auch mit Parallelerscheinungen in Italien. So werden hier Kompositionen verschiedener Gattungen und Sprachen zum Orpheus-Stoff betrachtet, um das Eigene der französischen Kantate herauszuarbeiten. Überhaupt ist der Vergleich ein favorisierter Zugriff in dieser Arbeit. Das mag manches Mal den Eindruck einer gewissen Entfernung vom Thema erwecken, weil relativ ausführlich von Werken die Rede ist, die eben keine Kantaten sind. Doch wird damit die Konsequenz aus der Beobachtung gezogen, dass Sprach- und Gattungsgrenzen in der historischen Praxis nur allzu gerne überschritten wurden. Gerade jene Momente des Transfers, die so charakteristisch für die französische Kantate sind, lassen sich auf diese Weise präzise benennen.

Das dritte Kapitel analysiert und kontextualisiert jene in Sammlungen gedruckten Werke von 1706 (Nicolas Bernier, Jean-Baptiste Morin, Jean-Baptiste Stuck), in denen die französische Kantate erstmals ganz explizit greifbar wird. Die Analysen in diesem Buch sind durchweg perspektivenreich und berücksichtigen neben Text, Großform und Vertonungsarten etwa auch Faktoren wie Widmungen oder verwendete Drucktechniken mit ihren jeweiligen Implikationen. (Leserfreundlicher wäre es, wenn anstatt der Scans aus den historischen Drucken und Handschriften die Notenbeispiele durchweg neu gesetzt worden wären.) Meents beschreibt die Gemeinsamkeiten der frühen Kantaten – etwa die Zusammensetzung aus meist drei Rezitativen und Arien –, ohne über Details hinwegzugehen. Die Vermischung französischer und italienischer Elemente tritt als Wesensmerkmal zutage; die Kantaten bestehen demnach »aus den unterschiedlichsten Kombinationen und Nuancen beider Stile« (383).

Verschiedene Pfade der Weiterentwicklung nimmt Meents im vierten Kapitel über »weibliche Impulse und neue ›Erfindungen‹« in den Blick. Dort geht es zunächst um Kantaten der Komponistin Élisabeth Jacquet de La Guerre sowie der Dichterin Marie de Louvencourt, was ferner Anlass zu einer differenzierten Untersuchung von Geschlechterrollen in der Kantatendichtung sowohl männlicher als auch weiblicher Autor:innen gibt. Bemerkenswert an den Kantaten von Jacquet de La Guerre ist die Wahl geistlicher Sujets, die daher – ein weiterer fruchtbringender Vergleich – in Relation zu ähnlichen Kompositionen von Jean-Baptiste Moreau und Sébastien de Brossard betrachtet werden. Weiterhin zeigt Meents Neuerungen in Kantaten im Zeitraum bis etwa 1710 auf, darunter der verstärkte Einsatz von instrumentalen Stücken.

Nur selten möchte man bei der Lektüre dieser umfangreichen Arbeit kurz einmal die Stirn runzeln, etwa wenn von den »Stilhöhen lyrisch, episch und dramatisch« (227) die Rede ist. Mit der einmaligen Verwechslung von Jean-Baptiste mit Jean-Jacques Rousseau (48) dürfte die Autorin in guter Gesellschaft sein. Doch solche Details herauszugreifen, wird kaum der Leistung dieser fast kompendiumsartigen Studie zu einem kurzen, aber produktiven Zeitraum der französischen Musikgeschichte gerecht. Neben der überaus gründlichen Zusammenfassung eines breit gefassten Forschungsstandes bietet sie zahlreiche neue Einsichten und Betrachtungsweisen – hilfreich aufbereitet mit einer erheblichen Anzahl an internen und externen Verweisen und instruktiven Tabellen. Wer sich fortan mit dem faszinierenden Gattungsgeflecht »französische Kantate« auseinandersetzen möchte, wird um das Buch von Inken Meents kaum herumkommen.

Benedikt Leßmann, Leipzig

NORBERT FURRER: *Bücher in Frauenhand. Bibliotheksbesitzerinnen in der Schweiz des 18. Jahrhunderts.* Zürich: Chronos 2023, 432 S., 28 Abb.

»Die Legende will, daß das 18. Jahrhundert in Frankreich als das Jahrhundert der Frauen gilt«. So beginnt die Romanistin Lieselotte Steinbrügge ihre Untersuchung über *Theorien und literarische Entwürfe über die Natur der Frau in der französischen Aufklärung.*[1] An den Höfen von Paris bis Sankt Petersburg, in den Salons von Kopenhagen bis Wien gewannen Frauen im 18. Jahrhundert an Einfluss. In der Schweiz würde man die Durchsetzung solcher emanzipatorischen Ideen bis ins 20. Jahrhundert kaum erwarten, trotz einiger weniger literarischer Salons in Bern, Zürich oder Genf. Umso verdienstvoller ist die Arbeit von Norbert Furrer. Er hat schweizerische Frauenbibliotheken des 18. Jahrhunderts rekonstruiert und dabei festgestellt, dass sich der registrierte Buchbesitz keineswegs auf Gebets- oder kleinere Betrachtungsbücher beschränkte; auch nicht auf die ersten Vorformen der Unterhaltungstheorie, die in Traktaten und Romanen des 18. Jahrhunderts auch als gefährliche Verführer vor allem lesender Frauen problematisiert wurden.

Was lasen Schweizer Frauen im 18. Jahrhundert? Methodisch stellt die Frage vor Herausforderungen, will man sich nicht auf Traktate und Annoncen von Aufklärern oder Gegenaufklärern verlassen. Briefwechsel oder Tagebücher geben Hinweise, aus denen sich jedoch kaum vollständige Lektürebiographien erarbeiten lassen. Furrer konzentriert sich daher auf Besitz- nicht Lektürezeugnisse. Zu diesem Zweck hat er die Inventare von sechs kantonalen und städtischen Archiven der Schweiz ausgewertet[2] sowie, ergänzend, weitere Quellen einbezogen: Dazu zählen Subskribenten-Verzeichnisse, Donationenbücher, Kataloge, Briefe, Tagebücher, Hausbücher sowie Besitzeinträge und Exlibris, aber auch Reisebeschreibungen, belletristische und essayistische Texte, zudem ikonographische Zeugnisse. Furrers ambitionierte Bestandaufnahme der *Bibliotheksbesitzerinnen in der Schweiz des 18. Jahrhunderts* bilden den Kern des Buches (Kapitel II–IV). Die Darstellung erstreckt sich über drei Kapitel, maßgeblich für die Unterteilung ist die etablierte Unterscheidung frühneuzeitlicher Bibliotheken nach ihrem Umfang in Kleinstbibliotheken (1-10 Titel), kleine Bibliotheken (11-50 Titel), mittlere Bibliotheken (51-300 Titel) sowie Großbibliotheken (über 300 Titel).

Auf eine summarische Rekonstruktion der »Kleinstbibliotheken von Frauen« (Kap. II) folgen 33 Detailkonstruktionen von mittleren, kleinen und Kleinstbibliotheken. Im Anschluss werden drei große Frauenbibliotheken aufgeschlüsselt: mit der Berner Salonnière Julie Bondeli und – ohne ausgewiesenen Schweiz-Bezug – der Marquise de Pompadour begegnen hier bekannte Namen; Furrer kann sich dabei auf Vorarbeiten stützen. Ergänzt werden diese Erhebungen um literatur-

---

1   Lieselotte Steinbrügge: Das moralische Geschlecht: Theorien und literarische Entwürfe über die Natur der Frau in der französischen Aufklärung. Stuttgart 1992, S. 11.

2   Es handelt sich um die folgenden Archive: Staatsarchiv des Kantons Bern (StABE), die Archives contonales vaudoises (ACVD), die Archives de la Ville de Lausanne (AVL), die Archives de l'ancien Evêché de Bâle (AAEBS), die Archives de l'Etat de Neuchâtel (AENE) sowie das Stadtarchiv Murten; zudem hat Furrer weitere Archive konsultiert, die sich für die verfolgte Frage als wenig ergiebig erwiesen (18).

soziologische und theoretische Erörterungen: Kapitel V widmet sich Frauen, die mit Büchern handelten – diese »kauften, verkauften, verliehen oder verschenkten« (27); die Kapitel VI und VII befassen sich mit zeitgenössischen Diskursen über lesende Frauen und ihre Büchersammlungen. Einleitende und abschließende Bemerkungen sowie ein umfassender Anhang sorgen für Orientierung und Nachprüfbarkeit.

Furrers Studie präsentiert den Buchbesitz von insgesamt 167 Frauen, die aus unterschiedlichen sozialen, geographischen und sprachlichen Kontexten stammen. In den Kleinstbibliotheken dominiert, wenig überraschend, die Bibel. Doch schon in den kleinen und mittleren der rekonstruierten Bibliotheken lassen sich Entdeckungen machen: Es finden sich dort gelehrte Schriften aus allen Bereichen: von der Theologie über die Philosophie und Poetik bis zur Geographie oder Naturwissenschaft. Sprachlich ist das Lateinische, auch dieser Befund dürfte nicht überraschen, mit der Ausnahme von Übertragungen kaum repräsentiert. Doch sind die Bibliotheken durchaus international aufgestellt: Es finden sich nicht allein Bücher aus dem jeweiligen Sprachbereich, also vor allem – je nach Kanton – französische oder deutsche Arbeiten. In den Bibliotheken finden sich ebenso holländische oder englische Arbeiten, oftmals in Übersetzungen, etwa eine vierbändige Ausgabe der Werke *du Docteur Sherlock*, darunter die Studie: *De la mort* (97) oder *Vermischte poetische Werke* und andere Ausgaben der im 18. Jahrhundert erfolgreichen Schriftstellerin Elizabeth Singer Rowe (1674-1737).

Methodisch eröffnet der Band Potentiale für die Philologien: Während die Erforschung von Autorenbibliotheken nach dem *material turn* der Kulturwissenschaften zugenommen hat, sind es immer noch vor allem berühmte Männer, deren Bibliotheken kartiert und auf individuelle Lesespuren untersucht werden. Die Arbeit von Furrer erlaubt methodisch dagegen den Anschluss an die sozialgeschichtliche Lektüreforschung der 1970er Jahre, die literaturwissenschaftliche, historische und soziologische Zugänge verbindet.[3] Gerade der begrenzte Zugang von Frauen zur Bildung bedeutet einen methodischen Vorteil: Frauen haben im 18. Jahrhundert seltener Bücher besessen, die sie nicht lesen konnten oder wollten. Auch hierbei gelten Einschränkungen, die Furrer reflektiert: Bei Witwen lässt sich nicht immer eindeutig rekonstruieren, ob die Bücher aus der Bibliothek des verstorbenen Mannes stammen oder nicht (18, Fn. 12).

Anschlussfähig ist der Band zudem für die Digital Humanities an den jeweiligen Schnittstellen zu Geschichts- und Literaturwissenschaft. Ein Gewinn für die sich quantitativer Methoden bedienende Forschung wäre es, wenn die Tabellen des Buches auch in digitaler Form zugänglich gemacht würden; das würde methodische Anschlüsse an andere Projekte erlauben, etwa die FBTEE-Database, die den französischsprachigen Buchhandel im Europa der Aufklärung erfasst und zu kartieren versucht,[4] anknüpfend an die Leistungen des André Bovets, der als Direktor der Bibliothek in Neuchâtel die Archive der Société typographique de Neuchâtel (STN) für die Forschung rettete[5] sowie die Studien Robert Darntons.[6]

Literaturgeschichtlich schließt das Kartographierungsprojekt an Ansätze der jüngeren Zeit an, die Lücken im tradierten Kanon nicht nur sichtbar, sondern die Texte vergessener Autorinnen

---

3   Vgl. zuletzt auch: Gabriela Signori (Hg.): Die lesende Frau. Wiesbaden 2009.

4   Online: http://fbtee.uws.edu.au/main/ [16.05.2024]. – Vgl. auch Simon Burrows u. Mark Curran: » The French Book Trade in Enlightenment Europe Project and the STN Database.« In: Journal of Digital Humanities 1 (2012), H. 3, [o. S.] sowie Simon Burrows, Mark Curran: The French Book Trade in Enlightenment Europe. 2 Bde. London 2018.

5   Vgl. Mark Curran: The French Book Trade in Enlightenment Europe I. Selling Enlightenment. London 2018, S. 33.

6   Robert Darnton: L'aventure de l'Encyclopédie. Paris 1982. Robert Darnton, Michel Schlup u. Jacques Rychner (Hg.): Le rayonnement d'une maison d'édition dans l'Europe des Lumières. La Société typographique de Neuchâtel, 1769-1789. Neuchâtel 2005.

wieder zugänglich machen wollen.[7] In dieser Hinsicht wäre das Buch auch für die Lehre fruchtbar zu machen. Anschließen ließe sich dabei an Projektseminare zum 17. und 18. Jahrhundert, die sich um die Sichtbarkeit von lesenden und schreibenden Frauen auch für ein breiteres Publikum bemühen.[8]

Hendrikje J. Schauer, Jena

JEANNE-MARIE HOSTIOU: *Les Miroirs de Thalie. Le théâtre sur le théâtre et la Comédie-Française (1680-1762)*. Paris : Classiques Garnier 2019, 869 p.

Depuis l'Antiquité et jusqu'à nos jours, le théâtre parle de lui-même sous diverses formes : prologue dramatique, monologue, enchâssement (ou mise en abyme), comédie de comédiens, ce qui nous fait réfléchir sur cet art ainsi que sur le contexte qui l'entoure, selon les époques. Le livre de J.-M. Hostiou, issu d'une thèse de doctorat soutenue en 2009 à la Sorbonne nouvelle, vise à éclaircir la fécondité remarquable de ce procédé sur les scènes parisiennes de 1680-1762, en analysant notamment des œuvres du répertoire de la Comédie-Française, mais aussi par des recherches portant sur des pièces de la Comédie-Italienne, des scènes foraines et des productions à l'Opéra. Ce phénomène est évidemment lié à la théâtromanie de l'époque où on s'intéresse aux débats concernant le théâtre. Pourtant, ce contexte n'implique pas uniquement des conditions favorables à la création théâtrale. Sous l'Ancien Régime, notamment jusqu'à la fusion du Théâtre Italien avec l'Opéra-Comique en 1762, on le sait bien, certains théâtres comme la Comédie-Française sont sous la protection du pouvoir royal et que les scènes foraines souffrent de diverses contraintes. Mais, d'un autre côté, les Comédiens Français doivent également faire concurrence aux spectacles de foire, et ils sont en état de soumission aux règles données par l'autorité royale. On ne peut donc pas parler du théâtre autoréflexif sans tenir compte de la situation complexe du théâtre de l'époque. Les recherches portant sur ces productions, qui sont généralement considérées comme formant un genre mineur, nous font découvrir le contexte et les rapports enchevêtrés des théâtres parisiens. L'étude de J.-M. Hostiou met ainsi en lumière la réalité complexe des théâtres de l'époque à travers des analyses concrètes de productions métathéâtrales, non seulement du point de vue dramaturgique et esthétique, mais aussi sociopolitique. Elle apporte également un autre regard sur la vision normative de la dramaturgie dite classique en montrant la nouveauté des pièces de la période choisie, c'est-à-dire ce qui les rend ‹modernes› par rapport à la dramaturgie ‹classique›.

Les recherches sont menées selon trois approches. D'abord, une approche formelle qui poursuit celle de Georges Forestier concernant le théâtre dans le théâtre. Mais comme cela ne suffirait pas pour mettre en lumière les questions posées dans ce livre, l'auteure emprunte également une approche historique en référant notamment à des recherches récentes portant sur les genres généralement considérés comme genres mineurs : parodie dramatique et théâtre de foire. S'ajoute enfin l'approche quantitative et chronologique, qui met en relief la spécificité du phénomène dans la période choisie.

Dans la première partie, l'auteure examine les ‹définitions› du théâtre sur le théâtre entre 1680 et 1762 sur le plan quantitatif, poétique, dramaturgique et pragmatique. En se focalisant d'abord sur le prologue dramatique déjà apparu fréquemment au XVIIe siècle, l'étude en explicite le changement dans l'usage du théâtre autoréflexif : du registre apologique au registre polémique, dans le

---

7   Vgl. z. B. das von Martina Wernli initiierte Projekt #breiterkanon; online: https://breiterkanon.hypotheses. org/ [16.05.2024].

8   Vgl. Nicolas Detering u. Nathalie Emmenegger: »Studierende schreiben männerlastige Wikipedia um.« 11. Januar 2023; online: https://www.uniaktuell.unibe.ch/2023/studierende_schreiben_maennerlastige_wi-kipedia_um/index_ger.html [16.05.2024].

dernier tiers de ce siècle. Ensuite à partir des années 1660, le prologue dramatique se cantonne au métathéâtre. Puis, grâce à la diversité de ce genre de théâtre, le discours autoréflexif est peu à peu libéré de la structure de l'enchâssement et finit par acquérir une certaine autonomie formelle. Le livre montre ainsi la genèse et l'évolution du théâtre sur le théâtre. En examinant les faits dans une perspective historique large et en analysant concrètement des pièces et prologues divers, l'ouvrage met en lumière la situation exacte et les mutations des œuvres métathéâtrales à l'aide de nombreux exemples précis. Ce faisant, il montre également la nouveauté des œuvres ‹critiques› de Molière dans l'histoire du théâtre : tout en étant dans cette lignée du ‹théâtre sur le théâtre›, *La Critique de l'École des femmes* et *L'Impromptu de Versailles* en présentent en effet une nouvelle espèce. Ce genre dit mineur fait ainsi découvrir la vie théâtrale, mais de manière différente selon les théâtres (la Comédie-Française, la Comédie-Italienne ou les théâtres forains). Le livre tient compte de cette différence et de la pratique théâtrale.

Dans la deuxième partie, sont traitées les ‹évolutions› du répertoire, de la vogue au déclin du genre. L'analyse des œuvres métathéâtrales nous montre non seulement le renouvellement esthétique du théâtre institutionnel, mais nous fait également découvrir qu'il se fait par l'influence des scènes foraines généralement sous-évaluées. La présence et l'importance des scènes foraines sont ainsi mises en lumière sur le plan du développement esthétique théâtral. À travers les analyses de cette partie, on voit bien que la polémique et la rivalité entre les différentes scènes parisiennes sont une des sources de l'inventivité théâtrale, qui servent à renouveler la dramaturgie et l'esthétique. D'un autre point de vue, dans une perspective diachronique, l'étude montre que le genre de théâtre sur le théâtre disparaît graduellement et cède la place à la dramaturgie illusionniste. J.-M. Hostiou établit notamment un rapport intéressant entre l'usage moins fréquent du théâtre autoréflexif (qui existe toujours, mais de façon moins prospère) et la théorie de ›l'absence du spectateur‹ proposée par Diderot.

Dans la troisième partie, le répertoire est analysé du point de vue de la question des auteurs, des institutions et du public. Le statut social des dramaturges est mis en question, notamment au XVIIIe siècle. Les auteurs posent donc des questions sur leur statut à travers ces pièces autoréflexives. Ils entament également une réforme du théâtre au milieu de ce siècle, se demandant ce qu'est le théâtre. On remet en cause les institutions de la même manière. Sur le plan de la théorie, les auteurs dramatiques ou des philosophes des Lumières comme Voltaire et Diderot commencent à réfléchir sur l'illusion théâtrale. La question du public est reconsidérée de ce point de vue : dans une réflexion sur le rapport entre la scène et la salle. Le théâtre autoréflexif finit donc par mettre en cause ce phénomène sur les conditions de la représentation. Au niveau de la forme, le théâtre sur le théâtre devient moins ostensible à la fin de l'époque choisie, mais il a toujours une place importante en posant des questions sur la pratique théâtrale.

À travers les analyses riches des œuvres métathéâtrales, le livre montre ainsi l'histoire du théâtre d'un point de vue nouveau en accordant de l'importance à l'interaction entre l'œuvre et le public. L'ouvrage s'accompagne également d'un cahier iconographique et de quatre annexes donnant aux lecteurs des informations abondantes. L'annexe I présente les pièces du *corpus*, classées par ordre chronologique de création à la Comédie-Française. Les annexes II, III et IV sont respectivement des listes indicatives des pièces autoréflexives jouées à la Comédie-Italienne, à la Foire et à l'Opéra entre 1680 et 1762, classées par ordre chronologique.

Kaori Oku, Tokyo

Ursula Goldenbaum u. Hans-Uwe Lammel (Hg.): *Der Weltverbesserer Johann Carl Wilhelm Moehsen (1722-1795). Königlicher Leibarzt – Historiker – Aufklärer in Berlin.* Hannover: Wehrhahn 2023, 320 S.

Als Ergebnis einer interdisziplinären Tagung zum 300. Geburtstag des Berliner Aufklärers Johann Carl Wilhelm Moehsen (1722-1795) haben Ursula Goldenbaum und Hans-Uwe Lammel einen umfangreichen Sammelband mit zehn Fachbeiträgen nebst Einleitung und Anhang vorgelegt. Damit wird dem vielseitig interessierten Arzt, Staatsbeamten, Historiker, Münz- und Kunstsammler sowie Mitglied der Berliner Mittwochsgesellschaft erstmals ein eigener, Sammelband gewidmet, der die unterschiedlichen Facetten seines Wirkens in angemessener Darstellung und Ausführlichkeit beleuchtet.

Zunächst steht Moehsen als Arzt und Gesundheitsbeamter im Mittelpunkt des Interesses. Heinz-Peter Schmiedebach beleuchtet in seinem Beitrag, wie sich Moehsen in seiner Doppelrolle als Arzt und brandenburgisch-preußischer Staatsbeamter in den obersten Medizinalbehörden kritisch mit der gängigen Impfpraxis während der Pockenepidemie befasste. Schmiedebach kann anhand von Moehsens früher Veröffentlichung zur Pockenimpfung von 1775 sowie aus der noch nicht edierten Überlieferung des Obercollegium medicum aus späteren Jahren zeigen, dass Moehsen zunehmend um Zurückhaltung und Vorsicht bei der Pockenimpfung durch Inokulation warb sowie auf eine stärkere Berücksichtigung weiterer Maßnahmen setzte, die eine Pockeninfektion verhindern könnten. Der zweite Beitrag in dieser Rubrik, von Hans-Uwe Lammel, befasst sich dann ausführlicher mit Moehsens Wirken als Mitglied der *Obercollegia medicum et sanitatis.* Hier bestätigt sich der Eindruck aus dem vorangegangenen Beitrag, nach dem sich aus der amtlichen Überlieferung der obersten Medizinalbehörden ein lebhaftes und differenziertes Bild von Moehsen herausarbeiten lässt, der zunächst die Arbeit der Hofapotheke regulierte, später an der Seuchenbekämpfung mitwirkte, wo er mit Vermittlungs- und Verhandlungsgeschick sowie »mit einem geschärften Sinn für Kontrolle« auf die Tätigkeiten der Behörde einzuwirken wusste. Die zweite Rubrik des Sammelbandes enthält zwei Beiträge, die Moehsen als Numismatiker kennzeichnen. Torsten Fried und Christian Stoess können in ihren beiden Beiträgen darlegen, dass die Sammlung und Beschäftigung mit mittelalterlichen Münzen für Moehsen weniger Ausdruck irgendeiner Liebhaberei war, sondern dass dieser die Numismatik ganz konkret als eine historische Wissenschaft auffasste, die von ihm somit eine kritisch prüfende und ordnende Auseinandersetzung mit den Medaillen und Brakteaten (Silbenblechpfennige) verlangte.

Auch die dritte Rubrik des Bandes wendet sich mit drei Beiträgen dem Wirken Moehsens als Kunstsammler und Gelehrten zu. Claudia Czok zeigt in ihrem Beitrag, welche Bedeutung den Kupferstichen in Moehsens Publikationen zufiel, dass Moehsen – etwa im Falle seiner veröffentlichten Bildnis- und Münzsammlungen – präzise Vorstellungen hatte, wie textbegleitende Sachillustrationen die Sammlungserschließung nach akademischen Maßstäben ergänzen konnten. Eng hat Moehsen hierfür mit den Berliner Künstlern Johann Wilhelm Meil und Christian Bernhard Rode zusammengearbeitet. Czok liefert hierdurch einen vielseitig anschlussfähigen Beitrag, der Moehsens Wirken erstmals aus kunstgeschichtlicher Perspektive würdigt. Thomas Biskup befasst sich mit Moehsen als Historiker, unter besonderer Berücksichtigung der von diesem veröffentlichten und schon von Zeitgenossen (u. a. Johann Stephan Pütter) gelobten *Geschichte der Wissenschaften in der Mark Brandenburg* (1781). Biskup kennzeichnet Moehsen als Historiografen und Verfasser einer ›modernen‹ aufgeklärten Kulturgeschichte für Brandenburg. Hierzu legt Biskup eine präzise Analyse und Deutung vor, die das Verhältnis zu den kulturhistorischen Beiträgen Friedrichs II. zur Geschichte Brandenburgs beleuchten. Moehsens Beschäftigung mit der Geschichte der deutschen Sprache ist Gegenstand des letzten Beitrags dieser Rubrik, in dem Claudia Sedlarz Moehsen im Kontext der aufklärerischen Debatten um das Für und Wider der deutschen Sprache an der Akademie der Wissenschaften verortet. Moehsen scheint in diesem Diskurs nur eine Nebenrolle zu spielen, denn ausführlich meldet er sich zu dieser Frage nicht zu Wort. Sedlarz' Beitrag, der im Inhaltsverzeichnis des Bandes unter einem anderen (vielleicht sogar treffenderen) Titel geführt wird, liefert für das Gesamtbild Moehsens dennoch wichtige Erkenntnisse, indem die deutsche Sprache, für die sich eben auch Moehsen in unterschiedlichen Kontexten aussprach, als Instrument der Aufklärung verstanden und verhandelt wird.

Moehsen als Aufklärer wird in der vierten Rubrik des Bandes thematisiert, wobei bereits die vorangegangenen Beiträge klar und differenziert sein aufklärerisches Denken und Handeln sowohl in amtlich-behördlichen als auch akademisch-öffentlichen Angelegenheiten herausarbeiten konnten. Ursula Goldenbaum nimmt in ihrem Beitrag Moehsen als ein Beispiel zur Beurteilung und Kennzeichnung des ›radikal aufklärerischen‹ sowie ›geheimen‹ Charakters der Berliner Mittwochsgesellschaft. Moehsen scheint dort entsprechende Freiräume zur Äußerung von Kritik und Ironie genutzt zu haben, auch wenn er selbst, wie Goldenbaum deutlich macht, die aufklärerische Wirkung seiner Gedanken und kritischen Ausführungen als eher begrenzt beurteilt haben dürfte. Auch Andreas Pečar befasst sich mit Moehsens Wirken im geschützten Raum der Mittwochsgesellschaft und thematisiert einen (wohlmöglich nicht fertiggestellten und gehaltenen) Vortrag über Subsistenzkrisen unter Friedrich II. und deren Ursachen. Im Gegensatz zu anderen Vorträgen in der Mittwochsgesellschaft gelangte dieses Manuskript in anonymisierter Form nicht in den Druck der Berlinischen Monatsschrift. Selbst wenn sich die Umstände hierfür nicht mehr ergründen lassen, liefert Pečars Beitrag ein weiteres beeindruckendes Beispiel zum Wirken Moehsens, das ihn, im Verständnis Goldenbaums, als ›radikalen‹ Aufklärer klassifizieren würde. Der Beitrag von Armin Emmel über Moehsen als einen »unbequemen Berliner Aufklärer« – so der Beitragstitel – erscheint schließlich nicht als weiterer Fachbeitrag, sondern als ausführliche Darlegung eines Forschungs- und digitalen Editionsprojekts, das sich die Erschließung und Nutzbarmachung der Moehsen-Papiere zur Mittwochsgesellschaft aus der Staatsbibliothek Berlin – Preußischer Kulturbesitz zur Aufgabe gemacht hat. Bis 2026 soll dieses vielversprechende Projekt abgeschlossen werden.

Dass sich Moehsen der Aufklärung verpflichtet hat, zeigen sämtliche Stationen und Facetten seines Lebens und Wirkens, soweit es die verschiedenen Beiträge dieses Bandes thematisieren konnten. Während die Beiträge der ersten drei Rubriken die recht typischen Wirkungs- und Beschäftigungsfelder eines an der brandenburgisch-preußischen Geschichte, Kunst und Kultur interessierten Gesundheitsbeamten und Arztes in der zweiten Hälfte des 18. Jahrhunderts treffend analysieren und darstellen können, sorgen die Beiträge von Goldenbaum und Pečar in der letzten Rubrik des Bandes (»Der Aufklärer und Weltverbesserer«) für einen notwendigen, geschärften Blick auf Moehsen. Erst durch sein Engagement in der Mittwochsgesellschaft tritt er nicht mehr nur als pflichtbewusster Kritiker in Erscheinung, dem die Ordnung der Dinge, die Exaktheit der Darstellung und ihre sachliche Begründung wichtig waren, sondern er wird zum Aufklärer – im engeren Sinne –, der die Möglichkeiten des freien, kritischen Vernunftgebrauchs in den neuen Räumen der Öffentlichkeit zu nutzen verstand. Wie weit Moehsen über die Grenzen der Berliner Aufklärung hinaus bekannt und in welchen Netzwerken der Aufklärer er noch verstrickt war, lässt sich aus der Zusammenschau der Beiträge allerdings nur schwer beurteilen. Immerhin deuten einige Hinweise in den Beiträgen darauf hin, dass noch zu seinen Lebzeiten eine durchaus intensive Auseinandersetzung mit seinen Schriften stattfand oder zumindest einsetzte.

Insgesamt handelt es sich bei dem Band um eine gelungene und lesenswerte Zusammenstellung unterschiedlicher Beiträge, die sich allesamt der kritischen Würdigung des Lebens, Wirkens und Werks von Moehsen verpflichtet haben. Ob und – wenn ja – inwiefern es sich bei der portraitierten und analysierten Figur wirklich um einen »Weltverbesserer« handelte, bleibt allein dadurch offen, dass die Merkmale für eine Zuschreibung als »Weltverbesserer« in dem Band gar nicht behandelt werden. Sofern es sich hierbei um eine stille Referenz an den Bestseller von Knut Cordsen aus dem

Jahr 2022 handelt,[*] mehren sich eher die Probleme und Erklärungsnöte einer solchen Etikettierung als dass sie schwinden: War Moehsen denn ein Aktivist? Und was heißt ›Aktivismus‹ im Zeitalter der Aufklärung?

Andreas Oberdorf, Münster

URBAN GOTTFRIED BUCHER (1679-1724): *Zweyer Guten Freunde vertrauter Brieff=Wechsel vom Wesen der Seele (1713/1723)*. Mit Dokumenten zu den Debatten um die Seele und zum Verhältnis des Organischen und Mechanischen. Mit einer Einleitung hg. v. MARTIN MULSOW. Stuttgart-Bad Cannstatt: Frommann-Holzboog 2021 (Philosophische Clandestina der deutschen Aufklärung. Abteilung I: Texte und Dokumente. Bd. 4), 726 S.

Urban Gottfried Bucher ist durch den vertrauten Briefwechsel zweier guter Freunde über das Wesen der Seele zwar als Materialist der Frühaufklärung notorisch, doch ist er bisher eher selten Gegenstand der Forschung gewesen: In den von Gottfried Stiehler herausgegebenen *Beiträgen zur Geschichte des vormarxistischen Materialismus* widmeten ihm Manfred Buhr und Otto Finger einen Beitrag, Auszüge aus dem Briefwechsel erschienen in dem ebenfalls von Stiehler edierten Band *Materialisten der Leibniz-Zeit* (Berlin-Ost 1966) und Ursula Goldenbaum befasste sich erst 2016 unter dem Titel *A ›Materialist Rationalist‹?* mit Buchers Verteidigung der eingeborenen Ideen und des Mechanismus sowie seiner Ablehnung des freien Willens.[1] Nimmt man einen Eintrag hinzu, den Martin Mulsow zu Bucher in dem *Dictionary of Eighteenth-Century German Philosophers* publiziert hat, dann könnte die Forschungsübersicht schon beinahe komplett sein, wäre da nicht das umfangreiche, beinahe 90 Seiten umfassende Kapitel über »Die sterbliche Seele« in Band 2 von Martin Mulsows großer Studie *Radikale Aufklärung in Deutschland 1680-1720*, in dem sich Mulsow ausführlich mit dem Inhalt sowie mit der Entstehungs- und Rezeptionsgeschichte von Buchers *Briefwechsel* zweier Freunde befasst.[2] Dieses Kapitel bietet die Grundlage für die Einleitung, mit der Martin Mulsow die vorliegende Textsammlung versehen hat, doch sind Buchkapitel und Einleitung nicht identisch, vielmehr hat der Autor nach eigener Aussage den Text »stark verändert, umgestellt und erweitert, so dass ein neues Ganzes entstanden ist« (9). Ein Vergleich beider Texte bestätigt dies: Martin Mulsow hat weitere Spuren verfolgt und mit Hilfe neuer Erkenntnisse – gerade in sehr wichtigen Fragen – ursprüngliche Annahmen revidieren können – dazu noch später.

Mulsows Einleitung ist mit ihren 163 Seiten von nachgerade monographischem Umfang. Sie führt nicht nur zu dem eigentlichen Text hin, dem von Urban Gottfried Bucher und Johann Baptist Roeschel verfassten *Zweyer Guten Freunde vertrauter Brieff-Wechsel vom Wesen der Seele* nach der von Bucher selbst besorgten Edition von 1723, sondern erläutert auch die beigefügten Dokumente, d. h. die unmittelbar kontextuell relevanten *Debatten zur Seele und zum Verhältnis des Organischen und Mechanischen* sowie die *Reaktionen und Gegenschriften*. Es handelt sich bei Ersteren um vier Dissertationen aus dem Umfeld des *Briefwechsels* und bei Letzteren um Texte von Löscher, Budde, Polycarp Müller, Cämmerer und Johann Hermann von Elswich. Und nebenher macht die Einleitung mit Bucher auf einen auch anderweit interessanten hofnahen Gelehrten aufmerksam, der als Leibarzt von Anton Egon Fürst von Fürstenberg, dem Statthalter August des Starken, in seinem späteren Wirken Medizin und Naturwissenschaften, Technik, Geographie, Geologie und Ökono-

---

* Vgl. Knut Cordsen: Die Weltverbesserer. Wie viel Aktivismus verträgt unsere Gesellschaft? Berlin 2022.
1 Vgl. Ursula Goldenbaum: A ›Materialist Rationalist‹? Urban Gottfried Bucher's Defense of Innate Ideas and Mechanisms and his Denial of Free Will. In: Quaestio 16 (2016), S. 47-73.
2 Vgl. Martin Mulsow: Radikale Frühaufklärung in Deutschland 1680-1720. Bd. 2: Clandestine Vernunft. Göttingen 2018, S. 11-96.

mie miteinander verband. Darin war Bucher seinem Vorbild Johann Joachim Becher nicht unähnlich, dem er unter dem Titel *Das Muster eines Nützlich-Gelehrten in der Person des Herrn Doctor Johann Joachim Bechers* 1722 eine Biographie widmete.

Das Augenmerk der ausführlichen Einleitung gilt freilich der möglichst genauen Kontextualisierung des *Briefwechsels*, der gegen den erklärten Willen und schließlich ohne Wissen des Autors 1713 mit fingierten Angaben zu Drucker und Erscheinungsort »sammt eines Anonymi lustige[r] Vorrede« vermutlich in Jena erschienen war. Der Text besteht abgesehen von der sich spöttisch distanzierenden Vorrede des Herausgebers aus drei Briefen: Im ersten Brief wendet sich ein junger, ursprünglich in Wittenberg studierender Mann an einen Professor mit als ›dubia‹ getarnten Überlegungen zum Wesen der Seele, in denen er darlegt, dass sich die vegetativen und sensitiven Seelenteile mechanistisch-sensualistisch erklären ließen, so dass der Seele keine Substanzialität zukomme und sie als Akzidens des Körpers auch mit diesem vergehe. Darauf antwortet der angeschriebene Professor – es handelt sich um den in Wittenberg lehrenden Mediziner Johann Baptist Roeschel – mit Hinweisen auf die juristischen, philosophischen und theologischen Probleme, die die Behauptung der Nichtsubstanzialität der Seele mit sich bringt. Der dritte Brief respondiert auf die Bedenken des Professors, ohne die ursprüngliche Position zu revidieren. Die Vorstellung von der Sterblichkeit der Seele war theologisch und politisch insofern von Bedeutung, als die Unsterblichkeit der Seele die Voraussetzung für die göttlichen Strafen nach dem Tod waren, die wiederum nicht nur im Jenseits wirkten, sondern wegen der unausweichlichen Gewissheit des göttlichen Gerichts auch das Handeln im Diesseits regulieren sollten und konnten.

Was sich zunächst vergleichsweise einfach als das Werk eines Freidenkers referieren lässt, der zum ersten Mal in Deutschland die Auffassung von der Sterblichkeit der Seele vertritt, stellt sich bei genauerem Zusehen, d. h. »nach langer Recherche aus den Quellen« (31) als viel komplizierter dar. Mulsow unternimmt es daher, »den Fall Bucher noch einmal zu erzählen« (ebd.). Dabei ist ihm klar, dass die Produktion und Rezeption des *Briefwechsels* mindestens fünf Bedingungen (und Kontingenzen) unterworfen war: 1. Buchers Argument musste in den ›Wittenberger Stil‹ von medizinischer Argumentation passen, d. h. Buchers Text musste in den regulierten theoretischen Kontext passen, innerhalb dessen er als Artikulation fungierte. Bucher musste verstanden werden und dabei musste er selbst wissen, was als Frage auf der Tagungsordnung stand und welche Antworten aufgrund welcher Kriterien zugelassen waren. Dazu gehört 2., dass mit Blick auf die Dominanz theologischer Denkmuster in Wittenberg theologische Vorstellungen vorhanden waren, die Buchers Argument unterstützen konnten. Außerdem musste 3. »eine Rezeptionslage vorhanden sein, die zumindest Anregungen bieten und den gewohnten Horizont relativieren konnte«, d. h. die von Bucher geleistete Grenzüberschreitung musste diskursiv diskutabel sein. Und hinzukommen musste 4. eine von nicht-universitärer Seite gewährte Unterstützung sowie 5. die Möglichkeit, das Argument außerhalb des akademischen Milieus explizieren zu lassen (vgl. 36). Weil der Text auf Deutsch und nicht auf Latein und dann noch in der diskursiven Form eines Briefwechsels erscheint, zielt er zwar von vornherein auch auf ein nicht-akademisches Publikum, doch dürfte fraglich sein – dies nur in Parenthese –, ob dieses in der Lage war, dem Text tatsächlich zu folgen.

Diese die komplizierte Sachlage bereits andeutenden Ausgangsüberlegungen sind der Start für eine ausgesprochen umfangreiche, weil material- und kenntnisreiche Rekonstruktion der verschiedenen Kontexte innerhalb derer Buchers Text fungiert. Weil es dabei um ein Ineinandergreifen von theologischen und medizinischen Diskursen geht, werden auf unterschiedlichen Ebenen angesiedelte Diskussionen und Theorieentwicklungen – vor allem mit Fokus auf die Wittenberger Situation, aber auch mit einem Blick auf die zeitgenössischen Hallenser Zusammenhänge – aufgerufen und vergleichsweise ausführlich dargestellt. Dies reicht von Ausführungen zu mortalistischen Traditionen und den dazugehörigen Debatten in Italien, England und Frankreich über Hinweise zum ›Wittenberger Stil‹, der Hirnanatomie und -physiologie in Wittenberg, Melanchthons Seelenlehre,

Buchers Seelenphysiologie und der Darstellung einzelner paralleler und oder konkurrierender Positionen bis hin zu Fragen nach dem eigentlichen Zustandekommen des unautorisierten Druckes und seiner Rezeption. Martin Mulsow gelingt es dabei, die Vielzahl unterschiedlicher Vorgänge und Akteure sowie die nicht eben eingängigen medizinischen und theologischen Konzepte in eine wünschenswert klare und flüssige Narration zu überführen, der der Leser und die Leserin mit Spannung folgt, und zwar ungeachtet der bisweilen geradezu abstrus erscheinenden, tatsächlich aber erklärbaren Theoriekonstruktionen, die sich im Schnitt- und Spannungsfeld einer sich neu, d. h. empirisch formierenden Medizin und einer nach wie vor hegemonialen, sowohl auf das Diesseits wie auf das Jenseits gerichteten Theologie bewegen. Am Ende äußert Martin Mulsow die – gewiss eingelöste – Hoffnung, mit seiner Darstellung auf die tatsächliche Komplexität einer noch immer theologisch bestimmten medizinisch-philosophischen Diskussion um die Seele und das Wesen des Menschen jenseits üblicher Kategorisierungen aufmerksam gemacht zu haben. Dabei stellte sich als ein wesentliches Element für die Konstituierung dieser Komplexität dasjenige dar, was Mulsow die »›relationale Autorschaft‹ von radikalen Texten« (168) nennt, bezeichnet ist damit der Umstand, dass sich die Genese von Buchers Text bis zu seinem mehrfachen Erscheinen »zahlreichen Akteuren und kontingenten Umständen« (ebd.) verdankt: »Der Fall Bucher« – so hält Mulsow fest – »kann geradezu als ein Lehrstück dafür genommen werden, als wie kompliziert sich ein scheinbar einfacher ›aufklärerischer‹ oder gar ›radikalaufklärerischer‹ Text herausstellt, wenn man ihn einmal gewissenhaft kontextualisiert« (168f.).

Was Martin Mulsow hier – quasi als eine methodische Mischung von Cambridge School,[3] der von ihm mit- bzw. weiterentwickelten Konstellationsforschung[4] und der von Stephen Shapin formulierten »social history of truth«[5] – vorführt, erscheint wie ein Puzzle, und ist es im genauen Sinne doch nicht ganz. Im Puzzle hat jedes Einzelteil einen, d. h. nur einen und genau einen Platz, und zwar mit definiten Verbindungen zu den umgebenden Teilen. Das von Martin Mulsow aus Einzelteilen hergestellte Bild bedarf häufig zusätzlicher Annahmen, um die Beziehung der einzelnen Teile überhaupt erst herzustellen. Auch wenn diese Zusatzannahmen begründet sind, sind sie doch in vielen Fällen nicht unbedingt zwingend, so dass das hergestellte Bild tatsächlich ein vorgeschlagenes Bild darstellt, das unter anderen Prämissen, d. h. mit der Hilfe anderer und anders begründeter Zusatzannahmen, anders aussehen könnte. Dies lässt sich an Mulsows Vermutung, Christian Thomasius sei derjenige gewesen, der 1713 Buchers *Briefwechsel* ohne Wissen des Verfassers an die Öffentlichkeit gebracht habe, gut nachvollziehen.

Die Frage, wer genau den von Bucher mitverfassten *Briefwechsel* ohne Wissen und gegen den Willen des Autors an die Öffentlichkeit gegeben hat, beschäftigte bereits die Zeitgenossen. In *Radikale Frühaufklärung in Deutschland 1680-1720* war sich Martin Mulsow noch unschlüssig: Zwar erarbeitete er mit Blick auf die dem Text beigegebene Vorrede eine »Art Fahndungs-Profil«[6] des Herausgebers, demzufolge es sich um jemanden handeln musste, der »in einem gewissen Kontakt zur Hallenser Frühaufklärung stand«,[7] gleichzeitig Beziehungen zu Jena hatte, über eine universelle Bildung verfügte und sowohl wissenschaftliche als auch literarische Interessen verfolgte. Der Thomasius nahestehende Andreas Stübel wird von Mulsow als möglicher Kandidat erwogen, doch hält

---

3 Vgl. Martin Mulsow u. Andreas Mahler (Hg.): Die Cambridge School der politischen Ideengeschichte. Frankfurt/Main 2010.
4 Vgl. Martin Mulsow u. Marcelo Stamm (Hg.): Konstellationsforschung. Frankfurt/Main 2005.
5 Vgl. Stephen Shapin: A Social History of Truth. Civility and Science in Seventeenth-Century England. Chicago 1994.
6 Mulsow, Radikale Frühaufklärung, S. 70.
7 Ebd.

er die Indizien nicht für ausreichend, um Stübel »wirklich als Herausgeber dingfest zu machen«.[8] An anderer Stelle bezeichnet Mulsow den Verfasser des Vorwortes deswegen als »Frühaufklärer«, weil er »unverkennbar im Ton eines Gundling und Thomasius« spräche und seine Vorrede selbst als »›lustig‹ im Sinne des launig und burlesk plaudernden Tones« bezeichnet, »den Thomasius in seinen *Monatsgesprächen* eingeführt hatte«.[9] Gleichwohl will sich Mulsow nicht festlegen, stattdessen konstatiert er: »Wer der Frühaufklärer war, der den Text herausgebracht hat, wissen wir nicht.«[10] Für die Einleitung zu seiner Textausgabe hat Mulsow weitere Spuren verfolgt und präsentiert nun mit einiger Entschiedenheit Christian Thomasius als den Herausgeber von Buchers *Briefwechsel*. Die Spur führte über den Wittenberger Prorektor Johann Andreas Planer, der in einer eigenen Auseinandersetzung mit den Wittenberger Theologen den juristischen Beistand des ebenfalls in Wittenberg lehrenden Thomasius-Schülers Georg Beyer gesucht hatte. Planer war Nachlassverwalter des kurz zuvor verstorbenen Johann Baptist Roeschel, dem Briefpartner Buchers, und hatte daher Zugriff auf dessen Hinterlassenschaften, einschließlich des *Briefwechsels*. Weil Thomasius im Oktober und im Dezember 1712 in Wittenberg war, dürfte er von Beyer über Planers Schwierigkeiten informiert worden sein, dabei könnte – »man kann nun weiterspekulieren« (119) – auch der *Briefwechsel* eine Rolle gespielt haben. Thomasius entspricht – wie Mulsow jetzt in der Einleitung und bereits zuvor in *Radikale Frühaufklärung in Deutschland* nahelegt – dem Anforderungsprofil des ungenannten Herausgebers und schließlich war er es, der 1717 in den *Summarischen Nachrichten* Buchers Anonymität aufhob. Man kann nun in Mulsows Einleitung eine zunehmende Selbstversicherung beobachten – was mit einem Weiterspekulieren (vgl. ebd.) begann, führt zu einer Alternativlosigkeit: Zwar räumt Mulsow ein, dass man sich andere Kandidaten vorstellen könne, »doch solange wir keine anderen Kontakte von Planer zu weiteren Frühaufklärern nachweisen können, müssen wir allerdings davon ausgehen, dass es wohl Christian Thomasius gewesen ist, der den *Briefwechsel* herausgegeben hat« (123). Und diese mangelnde Alternative stabilisiert schließlich die präferierte Einschätzung, denn wenig später heißt es: »wir gehen von Thomasius aus« (124). Eine definitive Festlegung ist dies noch nicht, doch handelt es sich mindestens um einen sehr nachdrücklichen Vorschlag, der sich auf die Kette Bucher, Roeschel, Planer, Beyer, Thomasius stützt, wobei Beyer das missing link zwischen Thomasius und Planer darstellt.

Die von Mulsow gebotene »Geschichte« – als solche wird der Casus auch vorgeführt – ist prima facie nicht unplausibel, und doch kann man sie mit gutem Fug bezweifeln. Dass Christian Thomasius an den von Bucher verhandelten Fragen interessiert war, lässt sich sowohl aus seinem Werk als auch aus dem theologischen Sammlungsschwerpunkt seiner Bibliothek[11] beweisen, in dieser finden sich zwar ähnlich gelagerte Schriften, allerdings nicht Buchers *Briefwechsel*.[12] Gut nachvollziehbar ist auch, dass Thomasius durch Beyer an die Information über Buchers Urheberschaft gelangt ist, doch ist die bloße Kenntnis dessen nur ein denkbar schwaches Indiz für Thomasius' unterstellte Rolle als Herausgeber. Unklar ist vor allem, was Thomasius mit der Herausgabe des *Briefwechsels* beabsichtigt haben könnte. Auch wenn die Vorrede des Herausgebers Distanz und Skepsis gegenüber den Überlegungen des *Briefwechsels* zu erkennen gibt, setzte sich der sich selbst als »Votre très humble & obeissant Serviteur« bezeichnende Anonymus doch dem Verdacht aus, materialistischen und daher Anstoß erregenden Überlegungen eine Bühne zu bieten. Thomasius hatte sowohl mit der lutherischen Orthodoxie in Leipzig als auch mit den pietistischen Theologen in Halle hinrei-

---

8 Ebd., S. 73.
9 Ebd., S. 38-39.
10 Ebd., S. 39.
11 Vgl. Bibliotheca Thomasiana. Halle 1739.
12 Was freilich nicht viel heißt, denn das Verzeichnis führt nicht alle Titel auf, die Thomasius nachweislich besessen hat.

chend schlechte Erfahrungen gemacht, um weiteren und vor allem unnötigen Verdächtigungen aus dem Weg zu gehen. Die Entschiedenheit, mit der er 1717 und später noch einmal 1720 in der Auseinandersetzung um Theodor Ludwig Laus *Meditationes Philosophicae de Deo, Mundo, Homine* agierte und dem des Atheismus verdächtigten Lau die gewünschte Unterstützung verweigerte, lässt keinen Zweifel daran, dass Thomasius sehr genau darauf achtete, sich nicht in Gefahr zu bringen. Dies gilt zweifellos auch für den alternden Thomasius, der 1713 achtundfünfzig Jahre alt war, sein juristisches und philosophisches Werk abgeschlossen hatte und wenig später mit den *Summarischen Nachrichten* und den *Gemischten Händeln* zu einer Nachlese seines Lebenswerks ansetzte. Gegen Thomasius als Herausgeber und als Verfasser der Vorrede des *Briefwechsels* spricht insbesondere deren Tonfall. Thomasius schreibt in dieser Zeit anders, wenn man so will, gesetzter und seiner Position als Primarius der juristischen Fakultät und lebenslanger Direktor der Universität Halle angemessener. Die in der Vorrede auffällige Einmengung lateinischer Termini und Phrasen in den deutschen Text ist für ihn untypisch und deutet eher auf die Schreibweise von Nicolaus Hieronymus Gundling hin, der von Martin Mulsow, ohne dies weiter zu verfolgen, ebenfalls als Kandidat in Erwägung gezogen wird. Bei ihm findet sich zudem – darauf weist Mulsow selbst hin – die auch in der Vorrede auftauchende emblematische Verwendung einer die Wolken vertreibenden Sonne, die ab 1715 auf dem Titelblatt der *Gundlingiana* erscheint. Gundling ist sowohl das Interesse an der Sache wie die Freude an dem mit der Herausgabe des *Briefwechsels* verbundenen Aufsehen zuzutrauen, und über die universelle – philosophische und literarische – Bildung, die aus der Vorrede spricht, verfügte Gundling als Exponent der Gelehrsamkeitsgeschichte ganz selbstverständlich. Wie dem am Ende auch sei: deutlich wird hier immerhin, dass den auf der Grundlage einer Spurensuche angestellten begründeten Vermutungen von Martin Mulsow lediglich mit anderen begründeten Vermutungen begegnet werden kann, die sich zudem auch nur mit der Hilfe eines ähnlichen Verfahrens gewinnen lassen, und zwar bis auf Weiteres ohne wirklich entscheidendes Ergebnis. Denn solange kein schlagender Beleg für die eine oder die andere Hypothese gefunden worden ist, lassen sich nur begründete Vermutungen gegeneinander abwägen.

Mulsows Vorgehen als Spurensuche ist historisch nicht unproblematisch, und zwar insbesondere dann, wenn die begründeten Zusatzannahmen unverkennbar spekulative Züge annehmen, und doch ist sie in sachlicher Hinsicht anregungsreich. Beachtet man den hypothetischen Vorbehalt, dann öffnet die Kreativität der begründeten Vermutung über die mit ihrer Hilfe geschaffenen Verbindungen neue Perspektiven, die zu verfolgen in historischer Hinsicht lohnend sein können. Auch wenn ein Teil der sozusagen unterwegs gemachten Annahmen und der damit verbundenen Überzeugungen gelegentlich wieder aufgegeben werden müssen, schaffen sie die Voraussetzung für die Kreativität weiterer Untersuchungen, die sich durch ihre Passgenauigkeit mit anderen Einzelteilen eines Bildes im genauen Sinne relativ zu bewähren haben. Die Einzelteile eines Gesamtbildes fügen sich nur langsam im Prozess ständiger Revision, und wenn am Ende das Bild unvollständig, vielleicht sogar widersprüchlich bleibt, hat der mitdenkende Leser, die mitdenkende Leserin schließlich viel gelernt, nämlich sowohl durch die Angaben dessen, der seine begründeten Vermutungen auf der Grundlage seines stupenden Wissens lanciert, als auch durch deren selbstständige Reflexion. Wenn Martin Mulsow am Ende seiner Einleitung den Leser und die Leserin auffordert, die nachgezeichnete »gewundene Geschichte an den Originaltexten zu verifizieren« (169), dann ist dies ernst gemeint. Markiert wird hiermit die Offenheit einer Untersuchung, in die der Leser und die Leserin einbezogen werden. Weil diese Offenheit sich mit dem gebotenen Material auseinanderzusetzen hat, ist sie keine Einladung zu Beliebigkeit, sondern die Aufforderung zur Genauigkeit: die plausible Begründung entzieht die Vermutung der Spekulation. Insofern verschafft Martin Mulsow Aufklärung über Aufklärung durch die Anregung einer in zweiter Instanz betriebenen Aufklärung in actu. Einer traditionellen Philosophiegeschichtsschreibung mag dies mindestens verdächtig vorkommen, schon die ephemeren Figuren, um die es hierbei geht, stellen in ihren Augen keinen philosophisch würdigen Gegenstand dar, dabei unterscheidet sich – bei Lichte besehen – ihr Vorgehen von demjenigen Mulsows tatsächlich nicht grundlegend, lediglich die Reichweite der von Mulsow betriebenen Kontextualisierungen findet in der Philosophiegeschichte nur in Ausnahmefällen statt, was der Triftigkeit ihrer Erkenntnisse allerdings nicht gerade gut tut.

Frank Grunert, Halle/Saale

PHILIPPE FRÉDÉRIC DE DIETRICH: *Un entrepreneur des savoirs aux XVIIIᵉ siècle*. Hg. v. DANIEL FISCHER. Paris: Presses des Mines 2023, 364 S.

Die aktuelle historische Erforschung des naturwissenschaftlich-technischen Wissens (und Könnens) der Frühen Neuzeit erfasst zunehmend Wissensbestände, Wissensprozesse und Wissensträger jenseits der großen Helden. So ist auch die einleitende Aussage Daniel Fischers zu verstehen, sein Protagonist Philippe Frédéric de Dietrich (1748-1793) sei kein Lavoisier. Sein Ziel ist es vielmehr, ausschließlich gewisse Praktiken de Dietrichs darzustellen und im Sinne einer Sozialgeschichte des Wissens und der Wissenschaften mikrohistorisch zu analysieren. Eine »biographie intellectuelle« de Dietrichs soll das Wissen, die Praktiken und die Interaktionen des Gelehrten mit seiner Umgebung erschließen und damit einen Einblick in einen Wissensbestand bieten, der im Entstehen begriffen ist und in spezifische soziale Logiken verstrickt ist (19). Das gelingt Fischer mit einer sorgfältigen Auswertung umfangreichster Archivbestände, die ihn nötigten, sich auf eine begrenzte Zahl von Aktivitäten de Dietrichs zu konzentrieren. Selten gibt es eine wissensgeschichtliche Fallstudie des 18. Jahrhunderts, die in einem solchen Umfang fast ausschließlich auf Archivmaterial aufbaut. Fischer konnte auf äußerst reichhaltiges Archivmaterial von und über de Dietrich in offiziellen Archiven, aber auch denen der Familie zugreifen. Hinzu kam die Rekonstruktion der Naturaliensammlung de Dietrichs, allerdings nicht seiner Bibliothek.

Fischer entschied sich für eine »biographie intellectuelle«, die mit »intellektueller Biographie« nur unvollkommen übersetzt ist – vor allem bei einer naturwissenschaftlich-technischen Fallstudie. Er entwickelt in seiner Einleitung eine Methode der intellektuellen Biographie (18-26), vor allem unter Bezug auf Jean-Claude Perrot's *Intellektuelle Geschichte der politischen Ökonomie vom 17. bis zum 18 Jahrhundert*[1] und François Dosse's Studie über die Biographie als historiographisches Genre,[2] die beide leider nicht in deutscher Sprache vorliegen und daher hier wenig rezipiert wurden. François Dosse ordnet anhand zahlreicher Beispiele Biographien über Naturwissenschaftler ausdrücklich der »biographie intellectuelle« zu. Als beispielhaft führt Fischer die »biographie intellectuelle« Dominique Margairaz' über den Politiker François de Neufchâteau aus dem Jahr 2005 an.[3] Angesichts des im deutschsprachigen Raum eher kritischen Blicks auf die wissensgeschichtliche Biographie als wenig innovativ (Marian Füssel) beeindruckt die Sorgfalt, mit der er seine Ansätze einer der Sozialgeschichte des Wissens und der Wissenschaften und der Mikrohistorie verpflichteten Biographie begründet. Zunächst wendet er sich ausdrücklich von der traditionellen Ideengeschichte ab (vgl. 19). Fischer sieht drei sich ergänzende methodische Zugänge für eine intellektuelle Biographie in der Wissensgeschichte (vgl. 22f.): erstens die konsequente Kontextualisierung der Schreibhandlungen, indem über das Interesse am Inhalt der produzierten Texte hinausgegangen und nach den Gesten und Medien gefragt wird, die ein Schriftstück hervorgebracht haben, und nach dem, was das Schriftstück über den Kontext seiner Vorbereitung, seiner Herstellung und seiner möglichen Verbreitung aussagt. Um zu verstehen, wie individuelle Identitäten aufgebaut und

---

1 Jean-Claude Perrot: Une histoire intellectuelle de l'économie politique – XVIIᵉ-XVIIIᵉ siècle. Paris 1992.
2 François Dosse: Le pari biographique. Ècrire un vie. Paris 2005 u. 2011, S. 399-446, insbes. S. 440-446.
3 Dominique Margairaz: François de Neufchâteau. Biographie intellectuelle. Paris 2005.

fixiert werden und in welchem Verhältnis sie zu kollektiven Identitäten stehen, dürfen die untersuchten Quellen nicht vorschnell in vorgefertigte und künstlich abgeschottete Kategorien eingeordnet werden: offizielle Texte gegen private Schriften, theoretische Werke gegen Schriften, die leicht als Gelegenheitsarbeiten bezeichnet werden. Zweitens steht die Herausarbeitung der Entwicklung oder die »Ausrichtung« (Jean-Claude Perrot) der Interessensschwerpunkte an, die sich durch die Zusammengehörigkeit des Wissensbestandes, die Einbettung in ein Modell oder ein Korpus von Prinzipien ergänzen und die Abweichungen von diesen Modellen bzw. Prinzipien. Drittens ist nach ›intellektuellen Zwillingen‹ und gegensätzlichen Beispielen zu suchen und ihre Auswahl zu begründen. Voraussetzung für diesen komplexen und arbeitsintensiven Weg ist allerdings ein umfangreicher Quellenbestand sowohl des Protagonisten als auch der Personen und Institutionen seines Netzwerks, der jedoch im Fall de Dietrichs im überreichen Maß gegeben ist.

Fischer konzentriert sich auf die Praktiken de Dietrichs im Lebensabschnitt zwischen dem Abschluss seiner juristischen Ausbildung 1772 und der Wahl in das Bürgermeisteramt in Straßburg Anfang 1790 in acht aufschlussreichen Beständen seines montanistischen Wissens und dessen Anwendung, die er drei Fragestellungen zuordnet. Der Schwerpunkt liegt auf der Auswertung und Rekonstruktion der Wissenspraxis de Dietrichs: der Ansammlung und Kodifikation (zum Teil Publikation), Vernetzung und Etablierung eines Expertenstatus sowohl unter Gelehrten als auch bei Praktikern und nicht zuletzt königlichen Beamten. Neben dem Briefwechsel, Gutachten, Publikationen und Reisen de Dietrichs stellt Fischer als weitere Praktik detailliert die Aufgaben der Sekretäre de Dietrichs dar als Teil seines persönlichen Wissensunternehmens.

Im ersten Teil analysiert Fischer die Versuche de Dietrichs, sich als Salinen-Sachverständiger, durch den Aufbau eines europaweiten Netzwerks von Geowissenschaftlern und Montanisten, aber auch die Übersetzung entsprechender deutscher Literatur (Johann Jacob Ferber und Carl Wilhelm Scheele) ins Französische und schließlich Publikationen über die neue Chemie Lavoisiers in den *scientific communities* Frankreichs und der deutschen Territorien einen Namen zu machen. Auch wenn nicht jeder Ansatz gelang, endeten diese Aktivitäten 1786 in der ersehnten Aufnahme in die französische Akademie der Wissenschaften und anschließend in weitere Akademien.

Im zweiten Teil untersucht Fischer die Strategien de Dietrichs, sich im französischen Montanwesen, insbesondere der Bergbautechnik und der Eisen- und Stahlverhüttung durch eine spezifische Verbindung zwischen Expertise und Unternehmergeist zu etablieren, teilweise als reisender Kommissar im Auftrag des königlichen Generalkontrolleurs der Finanzen.

Der dritte Teil der Studie ist der Mobilisierung neuen naturwissenschaftlich-technischen Wissens im Kontext der sozio-ökonomischen und politischen Reformen im vorrevolutionären Frankreich gewidmet. Das besondere Interesse de Dietrichs galt dem Holzverbrauch der Hochöfen und der Möglichkeit der Substitution durch fossile Kohle und der Öffnung des Montansektors für neues Wissen und externe Experten. Netzwerk wie Anregungen gewann er durch seine aktive Teilnahme als Direktor der französischen Sektion an der in Österreich mit einem europaweiten Experten-Netzwerk gegründeten ›Societät der Bergbaukunde‹.

Als Beispiel der strategischen Selbstinszenierung de Dietrichs als Experte eines wertvollen Wissensbestands sei ein schmerzlicher Misserfolg aus dem ersten Teil näher betrachtet, der gerade deshalb differenzierte Einblicke in die Entstehung technisch-naturwissenschaftlichen Wissens am Ende der Frühen Neuzeit ermöglicht. Trotz hohem zeitlichem und analytischem Einsatz letztendlich nicht bis zum Druck gelangte seine salinenkundliche Ausarbeitung über die Gradiertechnik an deutschen Salinen, insbesondere denen in Bruchsal und Bad Kreuznach. Seine nachgelassenen Unterlagen sind wissensgeschichtlich relevant, da für andere salinistische Publikationen die handschriftlichen Aufzeichnungen der Autoren fehlen und daher der Prozess der Entstehung dieser Druckwerke nicht nachvollzogen werden kann. De Dietrich hat seine Besichtigungen der beiden Salinen in den Jahren 1772-1773 nicht nur durch umfangreiche Literaturstudien, sondern auch einen präzisen schriftlichen Fragenkatalog vorbereitet, den er auf jeder Saline abarbeitete. Dazu gehörten genaue Beobachtungen der praktischen Tätigkeiten und eigene chemische Versuche. Beide untersuchten Salinen hingen eng mit dem bekannten Salinisten J. F. von Beust zusammen, von dessen Renommée de Dietrich zu profitieren gedachte. Er kannte nicht nur dessen selbst als Salinist tätigen Sohn, sondern konnte sogar auf die Unterlagen der Familie von Beust zugreifen. Er hatte damit Zugang zu einem im Übrigen unzugänglichen salinistischen Wissensbestand des 18. Jahrhunderts und keine Skrupel, dieses Wissen zu publizieren. De Dietrich wollte seine überlegene Methodik, seine Expertise und seine Reputation mit dem geplanten Buch demonstrieren, das mit selbst entworfenen Tabellen und Zeichnungen ausgestattet sein sollte, um sich damit unter den französischen Technikern und Naturforschern einen Namen zu machen und auf diesem Weg eine angesehene Position im staatlichen Apparat der Wissenschaften oder der Aufsicht des Montanwesens zu erlangen. Als beide beschriebenen Salinen jedoch scheiterten, wie zudem der Salinist Franz Ludwig Cancrin prophezeit hatte, nahm de Dietrich kühl Abstand von diesem Buchprojekt und wandte sich ganz den Geowissenschaften und der Hüttentechnik zu.

Nicht alle seiner methodischen Vorgaben an eine intellektuelle Biographie vermag Fischer zu erfüllen. Etwas vage bleiben die Definitionen des Experten und der Expertise im 18. Jahrhundert: Laut Fischer ist Fachwissen weder ein Zustand noch ein Beruf, sondern eine Situation, die aufgrund ihrer Flüchtigkeit von einem bestimmten Kontext abhängig ist. Es kann an der Kreuzung mehrerer Kollektive – wobei er sich auf das »Denkkollektiv« Ludwik Flecks bezieht (43f.) – entstehen, die an der Lösung einer offenen Frage beteiligt sind (vgl. 220). Seinen Begriff des Experten bezieht Fischer von Hélène Vérin und Philippe Minard (vgl. 194). Fischer sieht die von de Dietrich geforderte Expertise als Teil eines »Spiels doppelter Zugehörigkeit«: sowohl für die beauftragende Institution als auch für die Person oder das Unternehmen, das von dieser Institution geführt oder überwacht wird, müsse sie unverzichtbar sein. Im Ergebnis des zweiten Teils seiner Studie bestätigt er die Position von Liliane Hilaire-Pèrez, dass die formelle Anerkennung eines Gelehrten durch eine Akademie nicht genügt, sondern der Bezug zu praktischen Experten erforderlich ist, um als Experte, insbesondere im Montanwesen anerkannt zu werden und erfolgreich zu sein. Dabei verweist er auf den von Harry Collins und Robert Evans geprägten Begriff des »interaktionellen Experten« (257f.). Leider setzt sich Fischer nicht mit zeitgenössischen Konzepten (wie den ›Salzwerksverständigen‹ (1771) und den ›Sachverständigen‹ (1781) des Salinisten Johann Wilhelm Langsdorf) und heutigen Experten-Konzepten (wie Nico Stehr und Reiner Grundmann (2010), Margret C. Jacob (2014) oder den ›Hybriden Experten‹ Ursula Kleins (2016)) auseinander. Allerdings ist zu fragen, wieviel Theorie eine wissensgeschichtliche Fallstudie oder intellektuelle Biographie überhaupt braucht, die auf einen solchen Quellenbestand zugreifen kann. Gleiches gilt für den Begriff des ›Wissensunternehmers‹, obwohl Fischer ihn häufig – bis hin zu seinem Schlusssatz – verwendet und im 6. Kapitel mit dem vorindustriellen Unternehmer konfrontiert, der häufig der Gesprächspartner de Dietrichs war. Das wundert umso mehr, als de Dietrich aus einer in Frankreich und im Reich nobilitierten und gerade unter seinem Vater sehr dynamischen Unternehmerfamilie des Montanwesens stammte, die bereits Gegenstand der sozialgeschichtlichen Forschung war[4] und deren wissensgeschichtliche Entwicklung über weite Teile der Neuzeit von Interesse bleibt. Entgegen seiner methodischen Forderung nach der Suche nach ›intellektuellen Zwillingen‹ finden sich kaum Vergleiche mit anderen Wissensunternehmern des späten 18. Jahrhunderts (z. B. dem Salinisten Johann Sebastian Claiß (1742-1809) oder dem Hüttenexperten Ignaz von Born (1742-1791)). Über die vielfältigen Elemente der Praxis des Wissensunternehmers de Dietrich erfährt man in dieser Studie allerdings vieles gut strukturiert und lebendig dargestellt. De Dietrich sammelte wie Lavoisier viel soziales Kapital, was aber beide nicht vor der Guillotine bewahrte. Die von Daniel Fischer vorge-

---

4   Guy Richard: Noblesse d'Affaires au XVIIIe siècle. Paris 1974 (u. 2. Aufl. 1999).

legte – eher wissenspraxeologische als intellektuelle – Biographie de Dietrichs ist sowohl methodisch als auch in ihrer sorgfältigen Quellenbearbeitung und ihrem Facettenreichtum ein Gewinn
für die frühneuzeitliche Wissensgeschichte.

Friedrich Frhr. Waitz von Eschen, Kassel

JULIA BOHNENGEL u. ALEXANDER KOŠENINA (Hg.): *Joseph Marius von Babo (1756-1822).*
Dramatiker in Mannheim und München. Mit einem Lexikon der Theaterstücke. Hannover: Wehrhahn 2023, 226 S.

Mit dem Sammelband zu Joseph Marius von Babo (1756-1822), der sich um den Theaterbetrieb in
Mannheim und München um 1800 verdient gemacht sowie sich des Projekts eines Nationaltheaters
angenommen hat, aber aus der ›zweiten Reihe‹ der Schriftsteller (vgl. IX) im Kanonisierungsprozess
nicht herausgekommen ist, wird ein wichtiger Teil der deutschsprachigen Theatergeschichte in den
Blick genommen. Das erklärte Ziel des Unterfangens, das zu mehreren Untersuchungen führen
soll, ist es, »die wenig trennscharfen Perspektiven auf *das* Theater des 18. Jahrhunderts zu ersetzen«
(XXII). Damit schließt dieser Auftakt der Beleuchtung der Gegenstände, die tatsächlich gelesen
wurden, an Tendenzen der jüngeren Forschung an, den Kontext der Theaterpraxis einzubeziehen.[5]
Die kontextreiche Einleitung skizziert diese Strategie und informiert über den Autor, dessen Œuvre
zwar überschaubar ist, aber – wie sich in den einzelnen Beiträgen zeigt –, an den Kernthemen und
-motiven der Zeit partizipiert und diese eigenständig bearbeitet. Dazu gehört, dass Babo die Dra-
matik der Zeit scharf beobachtet und satirisch in den eigenen Stücken aus der Frühzeit seines
Schaffens kommentiert.

Irmtraud Hnilica geht im ersten Beitrag der Sektion »Schauspiel und Komödie« dem Hand-
lungsspielraum weiblicher Akteure in Babos *Das Fräulein Wohlerzogen* (1783) nach, indem sie anhand eines *close readings* zeigt, wie mit Erwartungen und Konventionen ein Spannungsverhältnis
der Geschlechter erzeugt und ausgelotet wird.

Die Auseinandersetzung von Anke Detken mit dem Einakter *Die Maler* (1783) liefert einschlä-
gige Hinweise zur poetologischen Bedeutung des Requisiteneinsatzes generell, insbesondere aber
des Gemäldes. Sie setzt Babos Vorgehen in Kontrast zu Lessings *Emilia Galotti* und gewinnt damit
eine argumentative Schärfe zur Verortung der Leistung Babos.

Mit Alexander Košeninas Beitrag zeigt sich die Integration vielbehandelter Stoffe als produktives
Vorgehen in Babos Schaffen: Im Ärztedrama *Der Puls* (1804) verarbeitet Babo, so zeigt Košenina
eindrücklich, einen größeren Wissensbestand, der von biblischen Substraten über Bildmaterial des
Antiochus bis zum Stratonike-Stoff aus unterschiedlichen Sammlungszusammenhängen reicht.
Der Clou liegt dabei in der spezifischen Perspektivierung, die auf eine Veränderung der Stän-
destarrheit abzielt.

Julia Bohnengel eröffnet die Sektion »Musiktheater« mit einer Untersuchung zu Babos Melodrama *Kora und Alonzo* (1778), dem sie Dalbergs Singspiel *Cora* (1777) entgegenstellt und anhand
der unterschiedlichen Ausarbeitungen der beiden Autoren (mitsamt der musikalischen Umsetzung)
zu Erkenntnissen über die Gattung Melodrama und dessen Positionierung kommt. Bernhard Jahns
Beitrag zu *Armida und Rinaldo* (1793) schließt an diese Gattungsfrage an, geht dabei aber auch den

---

5   Siehe beispielsweise Bernhard Jahn [u. a.] (Hg.): Bühne und Bürgertum. Das Hamburger Stadttheater 1770-
     1850. Frankfurt/Main 2016; Thomas Wortmann (Hg.): Mannheimer Anfänge. Beiträge zu den Gründungs-
     jahren des Nationaltheaters Mannheim 1777-1820. Göttingen 2017; Julia Bohnengel u. Thomas Wortmann
     (Hg.): »Die deutsche Freiheit erdolcht«. Neue Studien zu Leben, Werk und Rezeption August von Kotzebues.
     Hannover 2023.

Konsequenzen des Text-Musik-Wechsels für die musikalische Gestaltung nach. In einem weiteren Schritt wird diese Ebene für die Textdeutung fruchtbar gemacht, die mit dem letzten Abschnitt eine überraschende Einsicht in ein gerade nicht greifbares nationales Programm Babos ermöglicht.

Die sich anschließende und größte Sektion »Geschichts- und Militärdramen« wird von Johannes Birgfelds Auseinandersetzung mit dem Soldatenstück *Arno* (1776) eröffnet, das im Kontext einer großen Begeisterung für das Genre in der Zeit interpretiert wird, das lange einem Trivialitätsverdacht unterlag. Birgfeld zeigt, dass der mehrere Wissensbereiche umfassende Komplex des Militärs in Babos Stück nicht nur dargestellt, sondern kritisch diskutiert und damit eine Gattung (militärisches Schauspiel) konturiert wird, indem es systemimmanent Themen und Probleme verhandelt.

Zusammen mit Thomas Wortmann widmet sich Birgfeld in einem anschließenden Aufsatz dem Lustspiel in einem Aufzug *Das Lustlager* (1778). Unter einer poetologischen Fragestellung deuten sie Liebe, Geld und Literatur, wobei die Produktivität der Varianz als Gestaltungsprinzip betont wird. Dieser Blick ermöglicht die Einordnung des Registerwechsels, denn es handelt sich um ein komisches Soldatenstück, das auch die Nebenschauplätze (Truppenschau) beleuchtet, was in einer Art Literaturkritik gipfelt. Der Beitrag bezieht die Zeitkontexte gerade der theoretischen Bestimmungen des Theaters und der Originalitätsdebatte ein und erschließt das Lustspiel aus zwei Perspektiven, die Rückschlüsse auf Gattungskonventionen erlauben. Jan Roidner geht anschließend der Frage nach, wie in *Das Winderquartier in Amerika* (1778) und *Die Strelizen* (1790) ein harmonisches Zusammenleben von Bürgern und Adel durch die Inszenierungen der Tugenden Loyalität, Treue und Gehorsam anhand der Imaginationsräume Amerika und dem russischen Zarenreich durchgespielt wird. Mit literarhistorischer Präzision kartiert er dabei die Hintergründe und historischen Begebenheiten, die zur Ausgestaltung dienlich waren.

Die Antikerezeption im ›dramatischen Heldengedicht‹ *Die Römer in Teutschland* (1780), das die Zeit der Schlacht am Teutoburger Wald thematisiert, behandelt Timm Reimer und untersucht, wie diese kulturgeschichtlich entsprechend mit Bedeutung aufgeladen wurde und Babo so mit der Aushandlung konkurrierender Antikeideale eine spezifische Position in der Literatur besetzte. Zusammen mit *Oda, die Frau von zween Männern* und *Otto von Wittelsbach* lenkt Reimers den Blick auf einen Werkzusammenhang, der poetologische Problematiken entfaltet, weil Babo hier Figuren auftreten lässt, die von »Wut und mangelnder Affektkontrolle« (147) bestimmt sind und denen im Oeuvre wiederholt Aufmerksamkeit geschenkt wird.

Der wohl größte Erfolg Babos, *Otto von Wittelsbach, Pfalzgraf in Bayern* (1782), wird auch von Hans-Joachim Jakob untersucht. Er geht anhand einer Deutung der Figurenkonstellation und der zweifachen Dramaturgie (Rachegeschichte vs. Bekehrungs- bzw. Familienstück) der Frage nach, warum dieses Stück einen derartigen Erfolg verzeichnen konnte.

Sämtliche Beiträge liefern neue Erkenntnisse über einen wichtigen Gegenstand im Schatten der großen Namen. Sie sind ausgesprochen anregend und sehr gut zu lesen. Ein genauso großer Verdienst des Sammelbandes ist das Lexikon zu Babos Dramen, das nach den Beiträgen folgt. Mithilfe der einschlägigen Forschung und Bibliographien wurden Lemmata von den Beiträgerinnen und Beiträgern zu den einzelnen Stücken erstellt, die nicht nur eine Inhaltsangabe bieten, sondern auch Informationen zu Aufführungen liefern und gattungspoetologische Einordnungen sowie Literaturhinweise bieten. Lediglich genauere Hinweise zur Auffindbarkeit (ggf. Editionslage) der Texte fehlen in manchen Fällen. Gerade die schöne Edition von *Die Maler* (besorgt von A. Košenina) wird beinahe versteckt in den Literaturangaben mitgeteilt. Mit diesem Lexikon verspricht dieser wirklich gelungene, kohärente Sammelband eine Nachnutzbarkeit, die überaus wünschenswert ist und mit großer Wahrscheinlichkeit zu Anschlussüberlegungen führen wird.

Gudrun Bamberger, Mainz

KARL PHILIPP MORITZ: *Schriften zur Kunst- und Literaturtheorie.* I: Text. II: Kommentar. Hg. v. MARTIN DISSELKAMP. III: *Versuch einer deutschen Prosodie.* Hg. v. LARS KORTEN. Berlin u. Boston: De Gruyter 2023 (Karl Philipp Moritz: *Sämtliche Werke.* Kritische u. kommentierte Ausgabe. Hg. v. MARTIN DISSELKAMP [u. a.]. Bd. 3.) 1582 S., 11 Abb.

Schon das Seitenverhältnis der beiden Teilbände der kritischen Ausgabe von Karl Philipp Moritz' *Schriften zur Kunst- und Literaturtheorie* liefert einigen Aufschluss darüber, womit man es hier zu tun hat: Neben den gut 560 Seiten des Textbandes stehen über tausend Seiten Kommentar. Die sich dahinter verbergende Forschungsleistung ist stupend. Und so ist der dritte Band der Kritischen Moritz-Ausgabe (KMA) hochwillkommen, erschließt er doch mit den ästhetischen Schriften ein wichtiges Feld im Gesamtwerk.

Das weite Gebiet der »Kunst- und Literaturtheorie« gliedert sich in der Ausgabe in vier Sektionen: »Grundlagenschriften zur ästhetischen Theorie«, »Schriften zur Kunsttheorie«, »Schriften zur Literatur« und »Prosodie und Stilistik«. Diese Unterteilung täuscht ein wenig darüber hinweg, dass in den Texten selbst meist keine so scharfe Trennung auszumachen ist. Im Gegenteil, ihre Bezüge untereinander – und zu anderen Werken von Moritz, etwa den *Reisen eines Deutschen in Italien* (1792/93), auf die der Kommentar wiederholt verweist – sind stark. Und so ist die Sorge des Herausgebers, dass eine rein chronologische Anordnung der abgedruckten Schriften »die Aspektvielfalt, die ohnehin den Band charakterisiert, zusätzlich auf verwirrende Weise hervorgehoben« (569) hätte, womöglich unbegründet. So wenig Moritz seine ästhetischen Äußerungen als geschlossenes System entwirft, wie es dann wenige Jahre nach seinem Tod in der idealistischen Kunstphilosophie die Regel werden wird, so sehr wird doch (auch in den Kommentaren) immer wieder deutlich, dass sein Nachdenken über kunsttheoretische Fragestellungen von großer Konsistenz ist. Dass nun jede neue Sektion im vorliegenden Band einen Zeitsprung zurück bedeutet, ist verschmerzbar, aber angesichts der sich andeutenden Entwicklungslinien zumindest anzumerken.

Diese thematische Bandbreite mancher Texte bringt auch das Problem mit sich, in welchem Band der KMA sie am sinnvollsten aufgehoben wären. Hinzu kommt als editorische Schwierigkeit, dass Moritz etliche Texte mehrfach für Publikationen verwertet hat. Diese Ausgangssituation führt zu einer nicht ganz einheitlichen Vorgehensweise im vorliegenden Band. Während die Ausgabe insgesamt grundsätzlich die von Moritz veröffentlichten Bücher edieren möchte, weicht sie im Fall der *Vorbegriffe zu einer Theorie der Ornamente* (1793) davon ab, indem sie zwar die Passagen, die Moritz auch in den *Reisen eines Deutschen in Italien* (KMA 5/2, noch nicht erschienen) und in *Anthusa* (KMA 4/1) veröffentlicht hat, abdruckt – einige in Zeitschriften veröffentlichte Texte, die in die *Vorbegriffe* eingegangen sind, jedoch nach diesen jeweiligen Erstdrucken separat präsentiert und im Text der *Vorbegriffe* mit Seiten- und Zeilenzahl auf die jeweiligen Stellen verweist. Umgekehrt wird der kurze Aufsatz *Die metaphysische Schönheitslinie* (1793) aus seinem Publikationskontext gelöst und aus »sachlichen Gründen« (570) in der Edition von Albert Meier aus Band 6 der KMA übernommen, wo er bereits *in* diesen Kontexten vorliegt. Die ›sachlichen Gründe‹ sind freilich plausibel, liefert der Text doch einen wichtigen Baustein für Moritz' Konstruktionsästhetik, wie sie sich auch in *Vom Isolieren, in Rücksicht auf die schönen Künste überhaupt* (1789) entwickelt findet. Warum allerdings die *Schönheitslinie* in der Sektion der »Grundlagenschriften«, die Schrift *Vom Isolieren* aber bei den »Schriften zur Kunsttheorie« zu stehen gekommen ist, ist nicht ganz nachvollziehbar.

Eine andere editorische Herausforderung bilden die Schriften, deren Autorschaft nicht allein bei Moritz liegt. Das betrifft einerseits die interessanten *Anmerkungen von dem verstorbenen Professor Moriz* [!]. *Ueber die Idee einer ernsthaften Epopee unserer Zeit* (1794), andererseits die *Vorlesungen über den Styl* (1793/94). Die *Anmerkungen* stammen aus dem zweiten Band der *Borussias* von Daniel Jenisch, der während seiner Arbeit an diesem preußischen Epos mit Moritz korrespondiert hat.

Offenbar bestehen die Anmerkungen aus brieflichen Äußerungen von Moritz zu Passagen des Textes, die ihm von Jenisch im Manuskript zugänglich gemacht wurden; sie waren nicht – oder jedenfalls nicht in dieser Form – für eine Veröffentlichung vorgesehen. Die Edition druckt den Text in der Form, die Jenisch ihm gegeben hat, mitsamt dessen erläuternden und manchmal entschuldigenden Ergänzungen: »*Anmerk.* Der Verstorbene hat außer dem Wenigen, oben angezeigten, von dem VIII. und IX. Gesange des Gedichts, die die lezten in der Ausarbeitung waren, nichts gesehen.« (211)

Werden hier also fremde Textelemente in die Edition aufgenommen, bleiben sie im Fall der Stil-Vorlesungen ausgeklammert. Deren zweiten Band konnte Moritz nicht mehr abschließen, sodass hier an dem Punkt, an dem die originalen Notizen abbrachen, Jenisch die Feder ergriff, um den Text zu Ende zu führen. Diese – allerdings sehr umfangreiche und insofern buch- und wohl auch verlagsökonomisch belastende – Ergänzung ist nicht Teil der Edition, die mit dem Zwischentitel »Fortsetzung von D. Jenisch« (565) abbricht, während Jenischs Vorrede zum zweiten Band im Dokumententeil wiedergegeben wird.

Während sich also die Auswahl- und Anordnungskriterien der Edition angesichts der vielgestaltigen Überlieferungslage als flexibel erweisen, ist der Aufbau des Kommentarteils einheitlich und streng. Auf kurze Hinweise zum Band, ein Abkürzungs- und ein – großzügig gedrucktes, sehr umfangreiches – Literaturverzeichnis folgen eine kurze Einführung in Moritz' Beschäftigung mit den hier versammelten Themen und dann die Erläuterungen zu den einzelnen Texten. Sie bieten jeweils Hinweise zur Überlieferung und Editionsgrundlage, ein Variantenverzeichnis, einen je nach Umfang und Bedeutung des jeweiligen Werks kürzeren oder längeren Überblickskommentar, Dokumente zur Entstehung und Rezeption (sofern vorhanden) und schließlich einen detaillierten Stellenkommentar. Insbesondere die Überblicks- und Stellenkommentare sind eine beachtliche Leistung: Nicht nur verorten sie die Schriften im Kontext des Moritz'schen Schaffens und in ihrer Epoche, sondern sie referieren auch immer wieder den Forschungsstand und noch offene Forschungslücken, synthetisieren also die im Literaturverzeichnis erfasste bisherige Moritz-Forschung. Damit geht natürlich einher, dass gut beforschte Texte wie *Ueber die bildende Nachahmung des Schönen* (1788) ausführlicher vorgestellt werden als bisher wenig beachtete Werke, aber das schmälert den Wert des Kommentarteils in keiner Weise. Ein großer Gewinn sind auch die großzügig abgedruckten Rezeptionsdokumente, die die vielfältige, aber lange nicht gesehene Wirkung von Moritz bis weit ins 19. Jahrhundert hinein offenlegen.

Blickt man vom editorischen Vorgehen auf den Inhalt, so zeigt sich natürlich der Autonomieästhetiker Moritz: Den Auftakt des Bandes bilden der *Versuch einer Vereinigung aller schönen Künste und Wissenschaften unter dem Begriff des in sich selbst Vollendeten* (1785) und *Ueber die bildende Nachahmung des Schönen*. Um hier demgegenüber weniger bekannte Arbeiten in den Vordergrund zu rücken und zugleich den engen gedanklichen Zusammenhang vieler Schriften aufzuzeigen, mag ein Blick auf den *Versuch einer deutschen Prosodie* (1786) – nach den Stil-Vorlesungen das umfangreichste im Band vertretene Werk – dienlich sein. Denn Moritz' prosodische Studie lässt sich auch als Vorbereitung einer poetischen Praxis unter kunstautonomen Prämissen verstehen. Wenn man sich, wie es die Überlegungen, *In wie fern Kunstwerke beschrieben werden können* (1788), nahelegen, »bei der Dichtung die Sachen um der Beschreibung willen, bei der Geschichte hingegen, die Beschreibung um der Sachen willen« (50)[1] denkt, bietet der *Versuch* eine Grundlage dafür, wie genau eine solche ›Beschreibung‹, deren Mittel die ›Sachen‹ sind, sprachlich konkret realisiert werden kann.

---

1 Dass Moritz mit derartigen Äußerungen auf die literarische Moderne vorausweist, hat etwa Jürgen Brokoff beobachtet; vgl. Jürgen Brokoff: Geschichte der reinen Poesie. Von der Weimarer Klassik bis zur historischen Avantgarde. Göttingen 2010.

Der innovatorische Wert dieser Schrift besteht in Moritz' Einsicht in das »Differenzprinzip«[2] des Deutschen, demzufolge »Länge und Kürze, *nicht durch sich selbst, sondern durch ihre Stellung* gegeneinander, bestimmt werden« (285, Hervorhebung im Original). Diese Relativität der Betonung, die sich immer nur aus dem Gefüge der jeweils im Zusammenhang stehenden Silben ermitteln lässt, erklärt den flexiblen Gebrauch insbesondere einsilbiger Wörter in komplexen metrischen Systemen wie demjenigen Klopstocks, das eine maßgebliche Anregung für Moritz' prosodische Studie bildete.

Die autonomieästhetische Pointe derartiger Sprachuntersuchungen liegt darin, dass sie eine präzise, technische Basis bilden für die Unterscheidung von Numerus und Metrum, zwischen Prosa und Poesie: »Was sich seiner Natur nach gleich ist, zählt man, sobald es *außereinander* ist, und mißt es, sobald es *aneinander* ist.« (244) Das bedeutet, wie Moritz sofort ausführt, dass das Metrum verbindet, was der Numerus (grammatischen Regeln gehorchend) trennen würde. Moritz' Beispiel ist die metrische Lesart der Formulierung »*Mein Ge | liebter –*«, »wo das Silbenmaß die Silbe *ge* aus ihrem natürlichen Zusammenhange herausreißt, und in einen neuen, ihr vorher fremden Zusammenhang bringt« (245). Die Silbe gehört zum einen Wort, bildet metrisch aber eine Einheit mit dem vorangehenden: Was so in den Vordergrund gerückt wird, ist die Sprachlichkeit selbst, die poetische Funktion der Wörter.[3] Das prosodisch bestimmte Metrum stellt damit sicher, dass »bei der Dichtung die Sachen um der Beschreibung willen« da sind.

Derartige Bezüge zwischen ästhetischen und didaktisch-analytischen Texten bei Moritz erkennbar zu machen, ist ein Verdienst der vorliegenden Ausgabe. Zusammen mit ihren übrigen Vorzügen wird sie in Zukunft sicher und verdientermaßen den Ausgangspunkt für die weitere Forschung bilden, die aus ihr ganz konkrete Anregungen gewinnen und so einen Autor beleuchten kann, dessen interessante Stellung zwischen aufklärerischer und idealistischer Kunstphilosophie hier in allen Facetten lesbar wird.

Johannes Schmidt, Berlin

ELISABETH DIETRICH: *Selbstzeugnisse vom Rhein. Interdisziplinäre Zugänge zur Schreib- und Reisekultur in der Romantik.* Köln: Böhlau 2022 (Selbstzeugnisse der Neuzeit Bd. 28), 391 S., mit 15 farb. Abb.

UWE HENTSCHEL: *Zur Reiseliteratur um 1800. Autoren – Formen – Landschaften.* Berlin [u. a.]: Lang 2022. 378 S.

Sich mit dem Reisen und Reiseberichten, der Rheinromantik oder sogenannten Selbstzeugnissen zu beschäftigen, ist nicht neu. Mit ihrer 2019 eingereichten und im Druck 2022 veröffentlichten Dissertation reiht sich auch die Historikerin Elisabeth Dietrich in eine Vielzahl von Arbeiten ein, die sich als Untersuchungsgegenstand sogenannte Selbstzeugnisse gewählt haben. Forschung zu Selbstzeugnissen oder anderen Ego-Dokumenten des 18. und 19. Jahrhunderts gibt es mittlerweile in großer Fülle.[1] Mit der Fokussierung auf Texte »in der Romantik« (Dietrich, Titel) begrenzt Dietrich

---

2 Remigius Bunia: Metrik und Kulturpolitik. Verstheorie bei Opitz, Klopstock und Bürger in der europäischen Tradition. Berlin 2014, S. 117.

3 In Moritz' Beispiel leistet das Metrum als Konstruktionsprinzip gegenüber dem Numerus das, was Roman Jakobson als Leistung der ›poetischen Funktion‹ bestimmt, nämlich dass sie »*das Prinzip der Äquivalenz von der Achse der Selektion auf die Achse der Kombination*« projiziert. (Roman Jakobson: Linguistik und Poetik. In: ders.: Poetik. Ausgewählte Aufsätze 1921-1971. Hg. v. Elmar Holenstein u. Tarcisius Schelbert. Frankfurt/Main 1979, S. 83-121, hier S. 94.)

1 Als Beispiele sein hier nur zwei genannt: Elisabeth Müller-Luckner (Hg.): Selbstzeugnisse in der Frühen

ihr Textkorpus auf die Zeit um 1800. Dabei sind das Reisen und der Reisebericht nach einer ersten großen Forschungswelle in den 50er bis 70er Jahren des vergangenen Jahrhunderts seit den 1990er Jahren erneut Gegenstand einer Vielzahl von Untersuchungen. Reisen und darüber Schreiben waren zentrale Praktiken in gelehrten Kreisen des frühneuzeitlichen Europas. Für Dietrich liegt die Innovationskraft ihrer Arbeit in der gewählten Kombination: Es geht in ihrer kulturhistorischen Arbeit um die Erforschung der »Zusammenhänge von Rheinromantik und Reisekultur« (Dietrich, 20) mit Hilfe von Selbstzeugnissen aus der Zeit um 1800. Im Zentrum von Dietrichs Untersuchung stehen dabei vier Texte bzw. Textkorpora: Clemens Brentanos und Achim von Arnims Freund-schaftsbriefe (1801-1829), Helmina von Chézys *Schilderungen vom Rhein* (1814/1815), Johanna Scho-penhauers Texte *Ausflucht an den Rhein* (1818) und ihr *Ausflug an den Niederrhein* (1830/1831) sowie Wilhelm und Adelheid Müllers *Reisetagebuch* (1827). Sie alle reisten zu verschiedenen Zeiten zu Beginn des 19. Jahrhunderts an den Rhein und schrieben über ihre Begegnungen, Erlebnisse und Gedanken. Gerade diese Gedanken spielen eine beträchtliche Rolle in der Arbeit von Elisabeth Dietrich, widmet sie doch der »Historischen Emotionenforschung« ein eigenes Kapitel (Dietrich, 119-143). Neben dieser Schwerpunktsetzung untersucht sie die vier Textkorpora noch nach drei weiteren Gesichtspunkten: der »Sensuelle[n] Landschaftswahrnehmung« (Dietrich, 144-199), der »Historische[n] Raum- und Umweltforschung« (Dietrich, 200-247) und des Rheins »als politi-sche[m] Symbol« (Dietrich, 248-317). Für eine Dissertation nicht gerade eine enge Führung der zu untersuchenden Themen; leider finden diese thematischen Schwerpunktsetzungen im Titel des Buches keine Erwähnung. Da es sich um eine Arbeit vor allem zur Romantik und nicht zum 18. Jahrhundert und der Aufklärung im engeren Sinne handelt, will ich hier nur kurz der Frage nachgehen, ob die Arbeit dem Innovationsanspruch an eine Dissertation genügt und ob die sehr breite thematische Aufstellung der Arbeit zugutekommt oder nicht.

Die Arbeit beginnt in der Einleitung mit einigen wichtigen Feststellungen, die allerdings nicht ganz ohne Gegenfragen stehen bleiben können. Richtig fasst die Arbeit den Zweck des Reisens und des Reiseberichts zusammen: »Die Erfahrung der Fremde half dabei, sich selbst zu erfahren, darü-ber hinaus Fremdes und Eigenes zu formulieren und im Medium Reisebericht reflexiv festzuhal-ten.« (Dietrich, 15) Das umfangreiche und überzeugende, sich an die Einleitung anschließende Kapitel gibt ausführliche Informationen zu den Themenkomplexen Medien und Kommunikation sowie Reisen und Mobilität. Die ebenfalls schon in der Einleitung aufgestellte These, »dass das Reisen im Laufe des 18. und 19. Jahrhunderts überhaupt erst kultiviert wurde, das heißt, dass es aus selbstbezogenen, ästhetischen Gründen erfolgte und Bestandteil einer programmatischen Lebens-führung wurde« (Dietrich, 14), scheint auf den ersten Blick überzeugend. Der nächste Satz scheint sich allerdings gerade gegen diese vorher aufgestellte These zu stellen, wenn dort zu lesen ist, dass das »individuell motivierte Reisen […] in der Frühen Neuzeit kein Novum« (ebd.) darstellen wür-de. Beide direkt aufeinanderfolgenden Sätze scheinen doch im Widerspruch zueinander zu stehen. Auch andere Sätze irritierten, z.B.: »Dabei ist auf den ersten Blick das Reiseziel nachrangig«. (Diet-rich, 15) Die Reiseforschung hat gezeigt, dass es von zentraler Bedeutung ist, ob eine Reise inner-halb des eigenen Kulturkreises oder ›in die Fremde‹ unternommen wird. Gerade in Hinsicht auf den Grad der markierten Fremdheit gibt es doch je nach Reiseziel signifikante Unterschiede. Ein weiteres in den Kapitelüberschriften nicht abzulesendes Themenfeld der Arbeit ist das der Fragen zur Rolle der Kategorie ›Geschlecht‹ innerhalb der hier untersuchten Texte. In der Einleitung stellt die Arbeit einen ganzen Fragenkatalog auf, der im Rahmen der Untersuchungen beantwortet wer-den soll (Dietrich, 14). Ergänzt wird dieser Katalog mit einer weiteren Frage im Hinblick auf die Kategorie ›Geschlecht‹, nämlich »welchen gesellschaftlich konstruierten Rollenbildern von Mann

Neuzeit. Individualisierungsweisen in interdisziplinärer Perspektive. Berlin u. Boston 2007; Marc Höchner: Selbstzeugnisse von Schweizer Söldneroffizieren im 18. Jahrhundert. Göttingen 2015.

und Frau sich Verfasser:innen ausgesetzt fühlten und wie sie ihre Lebensführung in den Selbstzeugnissen zu rechtfertigen suchten.« (Dietrich, 19) Sehr viele Fragen an ein Korpus, das im Rahmen einer Dissertation nur bewältigt werden kann, wenn separate Untersuchungen zu den einzelnen Themenfeldern vorgenommen werden. Solch ein breites Themenfeld, das zu untersuchen ist, wäre hier nicht nötig gewesen. Sich auf eine dieser Fragestellungen in einer etwas größeren Tiefe zu konzentrieren, hätte der Arbeit einen klareren Fokus gegeben und sie auch besser für andere Forschung anschlussfähig machen können.

Im Hinblick auf meine Frage zur Innovationskraft der Arbeit lohnt ein Blick in die verwendete Forschungsliteratur und die Struktur der Arbeit. Dietrich reiht in ihrer Arbeit verschiedene Themenkomplexe aneinander. Es scheint hier vor allem darum zu gehen, aktuelle Modethemen im Hinblick auf ein zum großen Teil bekanntes Textkorpus zu analysieren. Das soll den Wert der Arbeit nicht schmälern. Es ist ein Beitrag sowohl zur Ego-Dokumentenforschung der Romantik als auch zur Reiseliteraturforschung. Diese doppelte Anschlussfähigkeit ist zwar kein Nachteil, lässt die Arbeit aber im Hinblick auf Relevanz und Innovationskraft doch zeitweise oberflächlich erscheinen.

Uwe Hentschel legt bereits seine vierte Monografie im Feld der Reise(literatur/kultur)forschung vor. Mit seiner 2022 erschienen Arbeit zur *Reiseliteratur um 1800* ergänzt er seine bisherige Forschung. Interessant scheint hier auch ein Blick in seine bisherigen Monografien. Bei einem genauen Blick in seine Monografie von 1999 mit dem Titel *Studien zur Reiseliteratur am Ausgang des 18. Jahrhunderts: Autoren – Formen – Ziele*[2] ergeben sich erstaunliche Parallelen: Bereits hier hat Hentschel eine Dreiteilung seiner Arbeit vorgenommen. *Autoren* und *Formen* stimmen mit zwei der drei Abschnitte seiner Publikation von 2022 überein; den Abschnitt *Ziele* ersetzt er in der neuen Publikation mit einem Kapitel unter dem Titel *Landschaften*. Ganz offensichtlich handelt es sich also bei seiner neuesten Monografie um eine Aktualisierung seiner Arbeit von 1999. In seiner ersten Publikation, die sich laut Titel um den Ausgang des 18. Jahrhunderts kümmerte, untersuchte er im Abschnitt *Autoren* vor allem Goethe, Campe und Forster, wohingegen er in seiner aktuellen Schrift neben Campe die Autoren Gotthold Friedrich Stäublin, Garlieb Merkel und Carl Friedrich Zelter in Augenschein nimmt. Dies erscheint bemerkenswert, wenn doch die Forschung der letzten 20 Jahre deutlich gezeigt hat, dass gerade um 1800 Frauen keine unwesentliche Rolle bei der Literaturproduktion eingenommen haben, Hentschel aber keine von ihnen aufnimmt. Der Abschnitt *Formen* scheint gänzlich ausgetauscht: Während es in der Monografie von 1999 noch um *Kriegsberichterstattung*, *Wanderliteratur* und Übersetzungen fremdsprachiger Reisebeschreibungen ging, legt Hentschel in seiner neuesten Publikation einen Schwerpunkt auf eine ›*malerische*‹ *Reisebeschreibung*, die *Problematik der ›anschaulichen Erkenntnis‹ im Reisebericht*, der *populärwissenschaftlichen Reiseberichterstattung* und der *Reisepublizistik Ludwig Börnes* zu legen. Der Abschnitt *Landschaften* scheint neu zu sein. Beim genauen Blick in den Abschnitt *Ziele* der Publikation von 1999 ergeben sich allerdings auch hier Parallelen: Zum Beispiel taucht *Böhmen* in Form der *böhmischen Bäder* wieder auf. Auch Goethe, der aus der ersten Publikation im Abschnitt *Autoren* rausgefallen ist, taucht nun unter dem Landschaftsabschnitt in Form eines Kapitels zur politischen Schweiz *aus Goethes Sicht* wieder auf. Bei all diesen Befunden stellt sich also hier wiederum die Frage nach der

---

2 Uwe Hentschel: Studien zur Reiseliteratur am Ausgang des 18. Jahrhunderts: Autoren – Formen – Ziele. Frankfurt/Main [u. a.] 1999. Bei den zwei weiteren Monografien zur Reiseliteratur handelt es sich um folgende Bücher: Uwe Hentschel: Wegmarken. Studien zur Reiseliteratur des 18. und 19. Jahrhunderts. Frankfurt/Main 2010, und Uwe Hentschel: Voyageurs allemands sur les traces de Rousseau. Neuchâtel 2022 (Bulletin de L'Association Jean-Jacques Rousseau Bd. 81). Darüber hinaus hat er zahlreiche Werke zur Reiseliteratur- und Kulturforschung herausgegeben und eine Vielzahl von Aufsätzen und Artikeln zu diesem Thema veröffentlicht.

Innovationskraft der Arbeit von Hentschel. Handelt es sich um eine Erneuerung, Ergänzung oder um eine reine Umarbeitung seiner Arbeit von 1999? Diese Frage kann hier nicht umfänglich beantwortet werden. Ein Blick in seine aktuelle Publikation lohnt sich allerdings allemal.

In der Einleitung seiner aktuellen Monografie geht Hentschel vor allem auf den europäischen Charakter der Zeit um 1800 ein. Die Ereignisse dieser Zeit wurden nicht nur mittels der zahlreichen Zeitungs- und Zeitschriftenprojekte kolportiert, sondern auch durch eine Flut an Reisebeschreibungen: »Die Bürger erhielten durch die Reisebeschreibungen ein Bild von ihrer kleinen, aber auch von der großen Welt.« (Hentschel, 14) Dabei herrscht um 1800 ein neues Bewusstsein über das, was eine Reisebeschreibung können muss: »In einer sich verändernden, im Umbruch befindlichen Welt kam der Reiseliteratur die Aufgabe zu, nicht allein das Neue vorzustellen, sondern sich über dessen Bedeutung und Sinn zu verständigen.« (Hentschel, 15) Dass Hentschel in seiner Einleitung vor allem das Rezensionswesen des 18. Jahrhunderts zum Gegenstand seiner Deutung macht, zeigt den Wert dieser Arbeit im Hinblick auf den praxeologischen Anspruch der Reiseliteratur um 1800. Denn mit Hilfe der Reiseliteratur um 1800 »wurde den Bürgern ein landeskundliches und geographisches Konversationswissen zur Verfügung gestellt, wie es schon bald in die großen Lexika des 19. Jahrhunderts einfließen sollte.« (Hentschel, 16) Nach einem humoristischen Beispiel über die protokapitalistischen Machenschaften des Verlagswesens um 1800, die versuchten, aus jedem noch so schlechten Reisebericht aufgrund der Beliebtheit des Genres Profit zu schlagen, kommt Hentschel zu einem erstaunlichen Befund: »Die skizzenhaften Ausführungen zu der Vielfalt von Reiseintentionen, -texten sowie Leserbedürfnissen in einer geschichtlich bewegten Zeit um 1800 lassen die Komplexität des Untersuchungsfeldes Reisekultur erahnen; sie wird auch weiterhin Anlass geben zu Einzeluntersuchungen und auch zu Überblicksdarstellungen – noch, so scheint es, ist die Zeit nicht reif für eine Monographie zur Geschichte der Reiseliteratur.« (Hentschel, 20) Dabei hatte er anfangs noch auf einige Monografien hingewiesen, die genau dies versucht haben (Hentschel, Anm. 3). Hentschel lässt selbst offen, was seine Arbeit stattdessen ist. Seine mit einer Inhaltsübersicht endende Einleitung zeigt, dass es ihm vor allem um eine Aneinanderreihung von Einzelstudien in Form einer Monografie geht und nicht um den großen Überblick. All seine Analysen in seiner aktuellen Monografie könnten auch als Aufsätze in Sammelbänden oder Zeitschriften erscheinen. Gleichwohl ist es ein interessantes Konvolut von Einzeluntersuchungen. Ein Blick in dieses Buch, wie auch in das Buch von Elisabeth Dietrich, lohnt sich trotz aller aufgezeigter Auffälligkeiten allemal, wenn man sich für einzelne Aspekte der Reiseliteratur um 1800 bzw. während der Romantik interessiert.

Sotirios Agrofylax, Potsdam

DANIEL FULDA: *Die Erfindung der Aufklärung. Eine Begriffs-, Bild- und Metapherngeschichte aus der »Sattelzeit« um 1700.* In: Archiv für Begriffsgeschichte 64 (2022), H. 1, S. 9–100.

The Enlightenment, traditionally associated with the 18th century, is undoubtedly a pivotal phenomenon in European history. This history is understood not only as the past of Central, Western, or Southern Europe but also encompasses the Balkans and Eastern Europe. In other words, the phenomenon of the Early Modern period known as the Enlightenment manifested itself not only in Catholic and Protestant countries but also in Orthodox states such as Russia, Wallachia, Moldavia, and among Christian communities in the Ottoman Empire.

A classic theme in German historiography is associated with the so-called *Begriffsgeschichte* (history of concepts). It is challenging to find another scholarly community as intensely focused on concepts, their content, and the issues of chronological frameworks as the German scholars. Of course, the division of Germany after World War II, which essentially coincides with the major ideological and social divide between East and West, further intensified the interest in serious discussions about terminological precision when describing past historical epochs among the German historical guild.

To my recollection, the last significant terminological discussion of various aspects of the Early Modern period in the German-speaking world occurred about 50 years ago, linked to the academic activities of Reinhart Koselleck during the 1960s and 1970s. It was then that terms like *Sattelzeit* emerged, and definitions were established that became largely consensual among German Enlightenment researchers.

However, fifty years span the lives of two generations, which is by no means a short period. Simultaneously, Europe as a political reality is markedly different from the Europe in which Koselleck lived. Moreover, the Early Modern period looks different when viewed from the mid-20th century compared to when the ›historical telescope‹ is situated at the end of the first quarter of the 21st century. Therefore, the emergence of a new discussion, which might be provisionally called ›Koselleck 2.0‹, is more than logical. I would add that it is also urgently needed.

For this reason, I was personally delighted to read the study by Fulda, *Die Erfindung der Aufklärung. Eine Begriffs-, Bild- und Metapherngeschichte aus der »Sattelzeit« um 1700*. In this text, the author essentially proposes the initiation of a serious academic discussion to reconsider, adapt, and supplement the established concepts related to the study of the Enlightenment era, not only in the German-speaking world but also in Western and Southern Europe.

Fulda logically begins with the problems of the German Enlightenment and offers a very intriguing concept – shifting the start of the so-called *Sattelzeit* back by fifty years. Koselleck had previously considered that it began around 1750 and ended a century later, i.e., in the mid-19th century. Reiterating previous objections,[1] Fulda however argues convincingly that this particular stage in the development of German-speaking Central Europe actually began in 1700, which, in my opinion, is a very significant difference.

The second element of Fulda's concept involves highlighting some peculiarities in German terms describing the notion of ›Enlightenment‹, including through the lens of pure meteorology. This emphasis seems reasonably justified since a key element of the European Enlightenment is associated with the development of the exact sciences. Thus, *light* in the 18th century categorically already possessed natural properties in the minds of educated people, but it could also symbolically represent mental maturation, i. e. to *enlighten*, beyond the conservative confines of traditional church scholasticism. Additionally, Fulda formulates the intriguing thesis that the Enlightenment as a European historical phenomenon does not have a single leading epicenter but is rather a polycentric phenomenon, with processes occurring almost synchronously in France, Germany, or England. In this context, the author provides convincing arguments for the existence of German roots of Enlightenment trends as early as the 17th century.

It seems to me that with his study, Fulda initiates a very useful and indeed urgent discussion on a modern interpretation of the German, and I would add, the European Enlightenment. Whether historians will subsequently refer to the discussion framework as ›Koselleck 2.0‹ or ›Fulda 1.0‹ is a matter of preference. Personally, I would prefer the latter since Fulda brings to the ›discussion table‹ not only the German but also the European Enlightenment as a phenomenon of the Early Modern period.

In this regard, it would be very beneficial if, in the future, a serious academic conference on this undoubtedly important topic of the European Enlightenment were organized. I would, however,

---

1   See Jan Marco Sawilla: ›Geschichte‹: Ein Produkt der deutschen Aufklärung? Eine Kritik an Reinhart Kosellecks Begriff des ›Kollektivsingulars Geschichte‹. In: Zeitschrift für historische Forschung 31 (2004), S. 381-428.

add a panel on the Enlightenment in Orthodox countries (Russia and the Danubian Principalities) and among Orthodox communities in the Ottoman Empire, where similar processes also occurred, each with its specific chronology and emphases.

Ivan Parvev, Sofia

DANIEL ZIMMERMANN: *Göttliche Zufälligkeiten. G. E. Lessings Vernunftkritik als Theodizee der Religionen.* Tübingen: Mohr Siebeck 2023 (Collegium Metaphysicum Bd. 29), 324 S.

Die Dissertationsschrift von Daniel Zimmermann macht es sich zur Aufgabe, Lessings religions-philosophischen »Denkweg« (5) nachzuzeichnen. Dafür werden Schriften aus verschiedenen Schaffensphasen einer textnahen, ideengeschichtlich informierten Analyse unterzogen. Die Arbeit gliedert sich in drei Hauptteile, deren Titel – »Wanderjahre« (1751-1763/64), »Kurskorrektur« (1770-1773) und »Gipfelschau« (1774-1780) – bereits die Entwicklungsthese anzeigen, die Zimmermann vertritt: der zurückgelegte Weg sei der von der »abgeklärt-aufklärerischen Religionskritik hin zu ihrer bahnbrechenden religionsphilosophischen Überwindung« (1). Diese Überwindung kündigt sich ab den 1760er Jahren an, vollzieht sich aber erst mit der *Erziehung des Menschengeschlechts* (1777/80), auf die Zimmermann seine Deutung zulaufen lässt. In der vernunftkritischen Rehabili-tierung der Offenbarungsreligionen »gipfelt« (Klappentext) demnach Lessings systematische Aus-einandersetzung mit dem Verhältnis von Offenbarung und Vernunft.

Ausgangspunkt von Lessings religionsphilosophischer Selbstverständigung sind für Zimmer-mann die *Gedanken über die Herrnhuter.* Die frühe Abhandlung ist ihm Ausweis dafür, wie weit sich bereits der junge Autor von den Prägungen des Elternhauses (vgl. 41) und dem »Boden der Tradition« (31) entfernt hat. Zimmermann präpariert die »Sprengkraft« (26) der Geschichte der positiven Religionen heraus, die Lessing als eine des »Abfalls von der natürlichen Religion« (24) präsentiert: Die Offenbarungen »werden allesamt als *menschliche* Setzungen, und zwar als *willkür-liche* menschliche Setzungen abqualifiziert« (26f.). Indem er für den zweiten Teil der *Gedanken* das dialogische Verhältnis zu Rousseaus *Erstem Discours* und dessen philosophisch motivierter Philoso-phiekritik akzentuiert, entwickelt Zimmermann auch hier eine schlüssige Deutung (vgl. 44-49). Die Erkenntnis, dass Lessing in seiner Schrift die Philosophie auf ihre erzieherischen Aufgaben verpflichtet (vgl. 48), wird allerdings auf den Text selbst nicht angewandt. Geht man aber davon aus, dass Lessing selbst zu vermeiden sucht, was er kritisiert, müsste dann nicht die Auffassung, dass Tugenderziehung ein zentrales Ziel philosophischer Praxis ist, auf seinen Text zurückgewendet wer-den? Oder, allgemeiner formuliert, müsste es nicht bei der Analyse seiner religions*philosophischen* Texte ab diesem Zeitpunkt Berücksichtigung finden?

Die Deutung, die Zimmermann für die *Rettung des Hier. Cardanus* entwickelt, kann die inneren Widersprüche des Textes als problematisierende Imitation der apologetischen Sprachpolitik plausi-bel erklären (vgl. 60-64 u. 75). Die Grenzen seiner Analyse zeigen sich allerdings darin, dass er die Frage, welche religionsphilosophischen Positionen dem ›berüchtigten‹ Cardan denn eigentlich zugeschrieben wurden, nicht stellt (vgl. 65). So entgeht ihm Lessings Anverwandlung von Cardans doppelsinnigen Schreibweisen und er unterschätzt infolgedessen, trotz der Bereitschaft, Lessings Verhalten als ein »rhetorische[s]« (61) zu deuten, die Reichweite der im Text formulierten Religi-onskritik. Das lässt es fragwürdig erscheinen, ob die diagnostizierte Verschiebung von einer »min-destens deistisch inspirierten […] *allgemeinen* Kritik der historischen Religion« im *Herrnhuter*-Text hin zu einer »*Kritik der Apologetik*« (74, vgl. auch 63f., 70f. u. 75f.) in der *Rettung* zutreffend ist.

Das *Christentum der Vernunft* versteht Zimmermann als eine Antwort auf die Herausforderung, die dem Christentum eigentümlichen Lehren – insbesondere die Trinität als »Zentrum der christ-lichen Gotteslehre« (96) – »als vernünftig« bzw. »als ›ewige Wahrheiten‹ zu erweisen« (76f.). Lessings argumentative Herleitung der Tripersonalität Gottes vermag ihn dabei nicht restlos zu über-zeugen (vgl. 114f.). Bedauerlicherweise geht Zimmermann auf die Schöpfungslehre des Fragments kaum ein, die, wie er am Rande erwähnt, mit den Lehren Leibniz' und des Aquinaten gleicherma-ßen unvereinbar ist, da Lessing die »Erschaffung der Welt als *metaphysische Notwendigkeit* qualifi-ziert« (110, Anm. 86). Dieses besondere Gott-Welt-Verhältnis wäre doch aber, will man einen reli-gionsphilosophischen Denkweg nachvollziehen, in seinen Konsequenzen auch für die Frage von Vernunft und Offenbarung zu berücksichtigen. So erschöpft sich die Kühnheit des Textes wohl nicht darin, einen rationalen Trinitätsbeweis führen zu wollen (vgl. 115), noch lassen sich die hier verfolgten, auf das Spätwerk vorausweisenden Gedankengänge sinnvoll als »gemeinaufklärerische[r] Standpunkt« (143) bezeichnen.

Eine »[e]rste Irritation« (143) an der Lessing zugeschriebenen, beschränkten Aufklärungskonzep-tion sieht Zimmermann in dem Fragment *Über die Entstehung der geoffenbarten Religion.* Beleg für diesen »entscheidende[n] Fortschritt« (153) ist ihm die Formulierung im zweiten und dritten Para-graphen, die die konkrete Ausbildung der natürlichen Religion an die je individuellen Fähigkeiten bindet. Hier erkennt Zimmermann »die ersten, noch tastenden Schritte hin zu einem grundlegend neuen Vernunftverständnis« (143), da die »universale und objektive Vernunft in ihrer abstrakten Einheit und Einzigkeit durch historische Kontingenz und Individualität wenigstens *graduell* gebro-chen« (163) ist. Dass Zimmermann meint, in der je unterschiedlichen Partizipation von Individuen an der Vernunft (vgl. 153, Anm. 63) einen ›Erkenntnisfortschritt‹ der 1760er Jahre sehen zu können, verweist auf ein anderes Problem der Studie: das der Textauswahl. Denn ein Blick auf die *dramatis personae* des *Freygeists* oder die Diskussion um die Bedürfnisse der Nichtphilosophen im *Glückselig-keits*-Fragment hätte diese Behauptung zweifelhaft erscheinen lassen müssen. Nicht nur lässt sich fragen, ob das von Zimmermann angeführte Kriterium der »(gattungsbezogenen) Beschränkung« (6) treffend formuliert ist (Sind die exemplarisch genannten Texte tatsächlich keine »*argumen-tierende[n]* Texte«?, ebd., Hervorhebung im Original), sondern auch, ob nicht die dieserart getrof-fene Vorentscheidung dem umfassenden Ziel, Lessings *Denkweg* zu rekonstruieren, entgegensteht. Denn Lessings dichterisches Werk auszuschließen, hat nicht nur Folgen für die Frage, ob man die »Hauptetappen« (244) seiner Entwicklung im Einzelnen richtig rekonstruiert. Diese komplemen-täre Form philosophischer Erziehung aus der Untersuchung auszusondern, ist auch deswegen frag-würdig, weil sie in ihrer Präsentationsweise *Ergebnis* philosophischer Überlegungen und dem Denkweg also nicht äußerlich ist.

Die von Zimmermann postulierten ›Wanderjahre‹ Lessings sind durch die Auffassung von »Idea-lität«, »Unüberbietbarkeit« (194) und Suffizienz der natürlichen Religion gekennzeichnet. Eine ›Kurskorrektur‹ in dieser Hinsicht habe Anfang der 1770er Jahre stattgefunden – angestoßen durch eine »vernunftkritische Leibnizrezeption« (237, Anm. 177) und die Auseinandersetzung mit Reima-rus' *Apologie* (vgl. 197 u. 219). Auch hier lassen sich Einwände formulieren: Lessings Hinwendung zur Orthodoxie im *Berengarius Turonensis* (1770, vgl. 168f. u. 159) und in *Des Andreas Wissowatius Einwürfe wider die Dreieinigkeit* (1773, vgl. 179f.), die auch für Zimmermann nur eine *vorgebliche* ist (vgl. 168-170), ist kein Beleg dafür, dass Lessing »die Suffizienz der natürlichen Religion selbst zweifelhaft wird« (188). Auch der als zentrales Beweisstück für die ›Kurskorrektur‹ präsentierte Brief an Mendelssohn vom 9. Januar 1771 (vgl. 170), in dem Lessing im Nachgang zur Ferguson-Lektüre[1] in überlegt-strategischem Ton von der Einsicht in die Notwendigkeit spricht, Weggeworfenes wie-derholen zu müssen, beweist dies nicht.[2] Wohl aber wird darin eine Neuausrichtung seines philo-

---

1   Zimmermann lässt diesen konkreten Entstehungszusammenhang der vieldiskutierten Aussage unthema-tisiert und deutet die Textstelle stattdessen ganz von Leibniz her (vgl. 237).

2   Geschweige denn kann er als Ausweis von einer wiederholt beschworenen »Denkkrise« (170, Anm. 65; 194f.; 197; 236; 237, Anm. 177) oder als »Bekenntnis« von Lessings »Krise« (219) gelten.

sophischen Verhaltens erkennbar, das eine erneute Hinwendung zu bestimmten Gehalten der Of-
fenbarungsreligion impliziert.

Die ›Kurskorrektur‹ ist Voraussetzung für die »rühmlichere Rolle« (154), die Lessing den Offenbarungsreligionen schließlich in der *Erziehungsschrift* zuweist. Offenbarungsgehalten kommt dort
eine unerlässliche Funktion für das Erreichen einer »völlige[n] Aufklärung« (264; § 80) im »*dritten
Zeitalter[]*«(§ 89) zu.³ Die »unvollkommene« (283), noch im Werden begriffene Vernunft sei auf
die Leitung eines »*anderen* Lichtes« (244 u. 287) angewiesen; eine »Selbstaufklärung« im kantischen
Sinne unmöglich (235). Dergestalt rechtfertige Lessing in der *Erziehungsschrift* die »positiven Religionen als (in ihrer Geschichtlichkeit und Kontingenz *gleichwohl*) notwendige[] Größen« (282),
was – »im hermeneutischen Horizont der Vorsehung« (287) – eine »Rechtfertigung Gottes angesichts der Religionsgeschichte«, also eine »*Theodizee der Religionen*« (282f., Titel) bedeute. Es er-
staunt vor dem Hintergrund der »Unverzichtbarkeit« der Offenbarungsgehalte »für die Vernunft-
entwicklung« (266), dass Zimmermann sich für die von Lessing in den §§ 73-75 beispielhaft
vorgeführte Ausdeutung christlicher Geheimnisse nicht interessiert (vgl. lediglich 264f., Anm. 312);
obwohl sich nur hier andeutet, wie Lessing sich die Erhellung der Vernunft durch die Mysterien,
also »die *schlechterdings notwendige* ›Ausbildung geoffenbarter Wahrheiten in Vernunftwahrheiten‹«
(271), das »[W]etzen« des »Verstand[es]« (§ 80), vorstellt. Hinzu kommt, dass Zimmermann den
hypothetisch-fragenden Modus des Textes weitgehend ausblendet, ebenso wie die in § 3 vorange-
stellte Bemerkung, »in der Theologie« könne es »großen Nutzen haben, und viele Schwierigkeiten
heben, *wenn man* sich die Offenbarung als eine Erziehung des Menschengeschlechts *vorstellet*«
(Herv. M. F.). Auch bietet Zimmermann keine Erklärung dafür, warum sich Lessing lediglich als
Herausgeber, nicht aber als Verfasser des Textes präsentiert. Die Tatsache, dass Lessing seinem
Bruder Karl ankündigt, dass er die Schrift »nie für [s]eine Arbeit erkennen werde« (im Brief vom
25. Februar 1780), lässt Zimmermann völlig unerwähnt. Eine Tatsache, die für eine Schrift, die als
Lessings »religionsphilosophische[s] Hauptwerk« (236) verstanden wird, doch zumindest erläute-
rungsbedürftig ist.

Bei aller Kritik: Die kenntnisreiche und thesenstarke Studie liest sich, mit Ausnahme der z. T.
etwas weit führenden Exkurse (etwa zur thomistischen Gotteslehre, vgl. 99-109), über weite Strecken flüssig und anregend. Auch wenn man Zweifel anmelden kann, ob das entwickelte Lessingbild
trägt: Den Wert der oftmals erhellenden Einzelanalysen und das stimulierende Potential der Entwicklungsthese schmälert das nicht.

Magdalena Fricke, Berlin

LOTHAR JORDAN: *Pressefreiheit. Studie zur Geschichte von Wort und Begriff.* Bremen: edition lumière 2023 (Presse und Geschichte – Neue Beiträge Bd. 155), 316 S.

Sein Buch hat Lothar Jordan der Wort- und Begriffsgeschichte von ›Pressefreiheit‹ in einer drei
Jahrhunderte umfassenden Langzeitperspektive vom 18. bis zum 20. Jahrhundert gewidmet. Um
eine entsprechende Historisierungsleistung auch differenzierend umsetzen zu können, integriert
Jordan zwei ältere Formen des Begriffs ›Pressefreiheit‹, nämlich ›Freiheit der Presse‹ und ›Preßfreiheit‹, in seine Untersuchungsperspektive. Ein solches Vorgehen ist sinnvoll und nötig, denn der
titelgebende Terminus des Buches, Pressefreiheit, entstammt dem frühen 20. Jahrhundert, und eine
Anwendung seiner Bedeutungsebenen auf vorhergehende Kommunikationsphasen ist immer problematisch, oft unbedacht unpräzise, und bisweilen richtig windschief. Die beiden Vorformen von

---

3 Für den dieser Auffassung entgegenstehenden § 4 (vgl. 249) wird im letzten Kapitel eine Deutung gegeben,
   die diese Widersprüchlichkeit aufzulösen sucht (vgl. 277-280).

›Pressefreiheit‹, die Jordan zur Historisierung des Verständnisses des Begriffs ins Feld führt, ›Freiheit der Presse‹ und ›Preßfreiheit‹, stammen aus dem 18. Jahrhundert und erfahren etliche Prägungen und Bedeutungszuschreibungen im Gebrauch während des 18. und 19. Jahrhunderts. Es ist Jordans Grundthese, dass es zwei interagierende Geschichten des heutzutage so gerne und oft genutzten Begriffs ›Pressefreiheit‹ gibt, die auseinandergehalten werden müssen. Für Jordan führt dieses historisierende Auseinanderhalten und Differenzieren über den genauen Wortgebrauch in bestimmten Kommunikationssituationen. Nur so seien Veränderungen des Begriffs und des Begriffsverständnisses historisch zu greifen, so die Argumentation des Autors. Mit diesem Ansatz positioniert sich Jordan im Anschluss an eine geschichtswissenschaftliche Begriffsgeschichtstradition, die sich vor allem in den auf Modernisierung ausgerichteten ›Geschichtlichen Grundbegriffen‹ von Reinhart Koselleck seit den frühen 1970er Jahren dokumentierte. Begriffsgeschichte zu deutschen Worten verstand sich schon damals als ausgerichtet auf Begriffe des deutschen Sprachraums, die allerdings in ihrem europäischen Kontext untersucht werden sollten, und die seit der Mitte des 18. Jahrhunderts einen Bedeutungswandel erfuhren, der danach feststünde und keiner weiteren Erklärung mehr bedürfe. Zur Erinnerung: Koselleck ging von einem nach 1850 feststehenden »Bedeutungsgehalt« bestimmter Wörter und Begriffe aus. Jordan bittet hier um stärkere Differenzierung, deswegen arbeitet er mit den genannten drei Varianten und Vorformen von Pressefreiheit. Was bietet das Buch in 8 Kapiteln samt umfangreichem Anhangteil auf rund 300 Seiten konkret an? Zu welchen Ergebnissen führen die gewählten begriffsgeschichtlichen Annäherungen an einen politischen und rechtlichen »Schlüsselbegriff« (Vorwort, 1), der für die meisten modernen Demokratien im Westen zentral wurde?

Im Einführungskapitel sucht das Buch zunächst die Nähe zur Methodik der Begriffsgeschichte (und bedingt auch zur Historischen Semantik und Diskursgeschichte), um eine »historische Dimension der Pressefreiheit« (6) mittels philologischer Arbeit freizulegen zu können. Hierbei präsentiert Jordan seine bereits erwähnte Grundthese, dass es zwei interagierende Geschichten des Begriffs ›Pressefreiheit‹ gibt, und dass man diese Komplexität wahrzunehmen und zu würdigen habe. Als geeignete Untersuchungszeiträume identifiziert der Autor das dritte Viertel des 18. Jahrhunderts (für ›Freiheit der Presse‹ und ›Preßfreiheit‹) und das frühe 20. Jahrhundert (Erstnennung ›Pressefreiheit‹ im Jahr 1905). Um im deutschsprachigen Diskurs des 18. Jahrhunderts nach den ersten Wortprägungen, temporären Parallelbegriffen und solitären Varianten zu fahnden – hier geht es um technische und gewerbespezifische Begriffe wie ›Freiheit der Drucker-Presse‹, ›Freiheit des Bücherdrucks‹, ›Buchdruckerfreiheit‹ und ›Pressenfreiheit‹ –, erläutert Jordan zunächst die Entstehung dieser Begriffe in einem transnationalen Rahmen. Denn, so wird im Kapitel 2 ausgeführt, die Begriffe ›Freiheit der Presse‹ und ›Preßfreiheit‹ seien nicht aus einer emanzipatorischen Bewegung gegen die im Heiligen Römischen Reich existierenden Druckprivilegien und Gewerberegulationen zum Betrieb von Offizinen und Verlagen hervorgegangen. Vielmehr, und das ist ein wichtiger Befund nicht nur für die bisherige Zensur-Geschichtsschreibung, wurden diese Begriffe erst später zu »kräftigen Schlagworten« im deutschen Diskurs (33). Dass es Schlagworte wurden, hing von zwei Kulturtransfers, aus England und Frankreich, ab. In England hatte sich bekanntlich schon im 17. Jahrhundert eine Debatte um Regulationen von Druckwerken entfaltet, was in der Zensurgeschichte stets mit Fokus auf den ›Licensing Act‹ von 1694/95 erwähnt wird. Es ist Jordans Leistung, dass er diese Debatte, die sich um Vorzensur und deren Ausnahmen (›unlicensed printing‹) drehte, auf ihre Begrifflichkeiten hin beleuchtet. Interessanterweise werden die beiden später prägenden Begriffe ›liberty of the press‹ bzw. ›freedom of the press‹ erstmals aus obrigkeitlich-regulativer Sicht in die Debatte eingebracht. Was man zeitgenössisch in England als ›press‹ verstand, war nicht mehr die Vielfalt an Drucken, die es damals gab (Flugpublizistik, Periodika, usw.), sondern zunehmend nur noch ›periodical literature‹. Zu diesen Befunden kommt Jordan anschließend ebenfalls für Frankreich: Seit 1713 war dort der Begriff der ›liberté de la presse‹ nachweisbar, wobei ebenfalls in Frankreich der Begriff ›presse‹ eine Bedeutungsveränderung von Buchdrucker-presse und Publikationen, die aus einer Presse herauskommen, hin zu periodischen Publikationen erfuhr. Mit ›liberté de la presse‹ waren auch hier zunehmend nur noch die Periodika gemeint. In den folgenden Kapiteln zeigt Jordan dann, wie diese Debatten, Wortschöpfungen und verengten Definitionen von ›Presse‹ allmählich über England und Frankreich im innerdeutschen Diskurs einer westlichen Aufklärung und in der Jurisprudenz ankommen: als Übersetzungen, die kulturell aufgeladen waren und ganz bestimmte Sinninhalte und mitgedachte Freiheitsgrade sowie Regula-tionsoptionen trugen.

Mit dem sechsten Kapitel blickt Jordan auf »Pressefreiheit – ein Wort des 20. Jahrhunderts« (133), das als neues Wort, als Neologismus, seit 1905 in Zeitungen vor dem Ersten Weltkrieg erst-mals auftaucht und dann zum Schlagwort in den politischen und militärischen Konflikten bis 1945 avanciert. Für Jordan ist die Nutzung des neuen Wortes mit der um 1900 florierenden ›Massenpres-se‹ im Deutschen Reich und dem *Reichspreßgesetz* (von 1874) verbunden. Es etablierte sich rasch ein Verständnis von ›Pressefreiheit‹ als ›Freiheit der periodischen Presse‹, auch wenn das Reichspreßge-setz prinzipiell allen Druckschriften (als ›Gesetz über die Presse‹) gewidmet war. »[A]ber die Mehr-zahl seiner Paragraphen beschäftigte sich mit der periodischen Presse«, so Jordan (230). Journalisten und Publizisten nutzten in dieser Zeit den Begriff, um rechtliche und politische Ansprüche von periodischen ›Printmedien‹ sichtbar zu machen: »Mit der Forderung nach ›Pressefreiheit‹ wurde der Anspruch auf freies Handeln der Zeitungen erhoben« (231). Im Unterschied zu den Begriffsverwen-dungen des 18. Jahrhunderts im deutschen Sprachraum, ist ›Pressefreiheit‹ keine Übersetzungslei-stung oder importierte Forderung, sondern maßgeblich ein journalistisch herbeigeschriebener Rückkopplungseffekt: ›Pressefreiheit‹ wurde immer wieder in der periodischen Berichterstattung erwähnt und hinzugefügt, so dass eine Sogwirkung auf Politiker und deren Vokabelnutzungen entstanden sei, so Jordan. Dass die Kommunikationseinschränkungen während des Ersten Welt-kriegs zur endgültigen Etablierung des Wortes beitrugen, darf kaum verwundern. Und dass nach den Einschränkungen und medialen Manipulationen während des nationalsozialistischen Deutsch-lands die Diskurse um ›Pressefreiheit‹ nach 1945 wieder aufblühten und in erste deutsche Verfas-sungen (von Hessen und Bayern) eingeschrieben wurden, ist ebenso wenig verwunderlich. Seit dem 23. Mai 1949, als das Grundgesetz der Bundesrepublik Deutschland verabschiedet worden war, ist ›Pressefreiheit‹ verankert und in einem Verständnis von Freiheit der periodischen Presse und des Journalismus garantiert – in Artikel 5.

Es ist Jordans Leistung, den Begriff »Pressefreiheit« zukünftig konkreter benennen zu müssen. Denn eine Kontinuitätsannahme, nach der eine Linie vom aufklärerischen 18. Jahrhundert und seinem Verständnis von Freiheits- und Regulationsgraden von Veröffentlichungen bis hin zum modernen Grundgesetz der BRD besteht, ist unhistorisch. Jordans Buch kann dies überzeugend darlegen, indem die beiden interagierenden Geschichten um Publikationsgewohnheiten und deren zeitgebundenen Verständnisrahmen begriffsgeschichtlich detailreich beleuchtet werden. Dass dabei viel Forschungsstand aus der Kommunikationsgeschichte unzitiert bleibt bzw. arg verdichtet aus wenigen Überblickswerken entnommen wird, ist auffällig und ärgerlich. Einige Darstellungen, bei-spielsweise zur Zensurgenese im frühneuzeitlichen Europa, sind nicht auf der Höhe des mittlerwei-le erreichten Forschungsstandes. Wer fast nur mit Hans-Ulrich Wehlers Syntheseleistung ›Deut-sche Gesellschaftsgeschichte‹ die Nuancen der obrigkeitlichen Regulation zu Öffentlichkeiten und Gewerbeprivilegierung von Offizinen beleuchtet, ist vor unterkomplexen Vereinfachungen nicht geschützt. Zudem nerven die vielen Redundanzen und wortwörtlichen Wiederholungen in Jordans Buch, auch wenn einige Leserinnen und Leser dies als Erinnerungsstützen begrüßen mögen. Es wäre außerdem erfreulich gewesen, wenn das Buch die Ergebnisse und Quellenhinweise aus der nur kurz angeschnittenen Rechtsphase der ersten vollständigen ›uneingeschränkten Freiheit der Presse‹ in Kopenhagen zwischen 1770-1773 konsultiert und eingearbeitet hätte. Sowohl das dänischsprachige Werk von 2020[1] als auch die englischsprachige Übersetzung[2] sind vermutlich in die Publikationsphase des Buches von Jordan gefallen und haben sich seiner Rezeption entzogen. Die Ergebnisse dieser Forschungen um den deutschen Aufklärer Johann Friedrich Struensee, der als enger Vertrauter, Leibarzt und späterer Generalbevollmächtigter des geisteskranken dänischen Königs Christian VII. um 1770 für eine Vielzahl politischer Reformen, zu der auch die Abschaffung von *Censur und Approbation* für *bücher und Schriften* zählte, verantwortlich war, fehlen hier leider und sind überaus misslich. Da nicht nur die obrigkeitlichen Anweisungen auf Deutsch erfolgten, sondern auch die danach erschienene dänische Publizistik mittels Übersetzungen wieder in einem transnationalen Resonanzraum in Europa ankam und rezipiert wurde, hätte man die erste Nennung von ›Pressefreiheit‹, die nicht im 20. Jahrhundert erfolgte, vermutlich umsichtiger verordnen können. Ein Blick jedoch in das Ende von Jordans Buch zeigt, dass der Autor sich seiner Perspektivlücken und Anschlussmöglichkeiten für zukünftige Forschungen durchaus bewusst war. Im »Anhang C« finden sich »Fragen, die offen geblieben sind oder die sich erst spät im Verlauf der Arbeit ergeben haben«. Zu diesen offenen Flanken und Fragen hat das Buch einen wichtigen Baustein geliefert, den es zu würdigen und zu loben gibt. Die »Anregungen für weitere Forschungen«, die Lothar Jordan auf den Seiten 290-302 formuliert, ließen sich durchaus noch erweitern. Bausteine, Anregungen und Befunde zu einer nicht vorhandenen, aber durchaus miteinander verwandten Pfadabhängigkeit des Einforderns von freiem Publizieren in Europa seit dem 17. Jahrhundert liefert Lothar Jordans Studie zuhauf.

Daniel Bellingradt, Augsburg

FRIEDERIKE VOßKAMP: *Im Wandel der Zeit. Die Darstellung der Vier Jahreszeiten in der bildenden Kunst des 18. und frühen 19. Jahrhunderts.* Berlin u. München: Deutscher Kunstverlag 2023.

Der Rhythmus der Jahreszeiten und der Kreislauf der Natur beeinflussen das menschliche Leben und die Wahrnehmungen der Welt seit jeher. Demnach überrascht es nicht, dass jahreszeitliche Zyklen, klimatische Einflüsse und die Wiederkehr von Wetterphänomenen früh zu Motiven der Kunst, Kultur und Literatur avancierten. Angefangen bei prähistorischen Steinkreisen, die auf Sommer- und Wintersonnenwenden hin ausgerichtet waren, kalendarischen Festen der ägyptischen Hochkultur oder attischen Vasen, auf denen die Horen mit jahreszeitlichen Attributen zu sehen sind, entwickelt sich spätestens seit der römischen Antike eine feste Ikonographie jahreszeitlicher Motive und Allegorien. Bei Ovid kommen die Jahreszeiten als anthropomorphe Wesen daher. Bei Lukrez verfestigen sich Attribute von Flora, Ceres, Bacchus und anderer mit dem jahreszeitlichen Wandel assoziierten Gottheiten. Darstellungen von Jahreszeiten bleiben bis weit ins 18. Jahrhundert hinein präsent als Skulpturen in Gartenanlagen, im Interieur von Schlössern, auf Gemälden, Druckgraphiken, im Kunstgewerbe, Mobiliar, in der Musik oder in literarischen Texten. Zu den meist gelesenen Büchern des 18. Jahrhunderts zählen James Thomsons *Jahreszeiten*. Ewald Christian von Kleist schreibt mit seinem *Frühling* einen Bestseller. Antonio Vivaldis und Joseph Haydns *Jahreszeiten* werden bis heute regelmäßig aufgeführt.

Umso erstaunlicher ist es, dass diese Entwicklungen, Kanonisierungen, Wandlungen und Kontinuitäten jahreszeitlicher Bildsprachen bislang in keiner umfassende Studie untersucht worden sind. Diese Leerstelle füllt in überzeugender und bestens zu lesender Art und Weise die Mono-

---

1   Ulrik Langen, Frederik Stjernfelt u. Henrik Horstbøll: Grov Konfækt. Tre vilde år med trykkefrihed 1770-1773. Kopenhagen 2020.

2   Ulrik Langen u. Frederik Stjernfelt: The World's First Full Press Freedom. The Radical Experiment of Denmark-Norway 1770-1773. Berlin u. Boston 2022.

graphie von Friederike Voßkamp. Ausgehend von einem kenntnis- und lehrreichen Überblick, in dem anhand zahlreicher Belege und Beispiele über die Jahreszeitenikonographie von der Antike bis zur Neuzeit informiert wird (vgl. 23–66), macht die Auseinandersetzung mit Darstellungsformen und Objekten des 18. und frühen 19. Jahrhunderts den Hauptteil der Studie aus. Dass Voßkamp diese Zeit in den Blick nimmt, ist plausibel und leuchtet vor allem deshalb ein, da sich hier ein interessantes »Spannungsfeld von Kontinuität und Wandel« (14) ebenso eröffnet wie eine produktive Auseinandersetzung mit tradierten Motiven und der »Verlust an ikonographischer Verbindlichkeit« (15). Voßkamps Ausführungen gründen auf sehr gut recherchierten und klug ausgewählten Quellen, die nicht nur bildkünstlerische Objekte, sondern ebenso schriftliche Texte in Form von Ikonologien, emblematischen Künstlerhandbüchern, Enzyklopädien, Selbstzeugnissen von Künstlern, Ausstellungsberichten und Rezensionen miteinbeziehen. Besonderes Augenmerk liegt auf illustrierten Werken und Traktaten wie Montfaucons viel rezipiertem *L'Antiquité expliqueé et representée en figures* oder den *Réflexions critiques sur la poesie et sur la peinture* des Abbé du Bos, deren Diskussion der »Allegorie als Kunstform« (17) die für das Thema gehaltvolle Rückbindung an zeitgenössische Debatten der Ästhetik und Kunsttheorie ermöglichen. Dass Voßkamp zudem konsequent naturwissenschaftlichen Abhandlungen und den »damaligen Kosmos-, Natur- und Zeitvorstellungen« (19) große Beachtung schenkt, stellt eine weitere Qualität der Studie dar, die nicht zuletzt durch diese Vielfalt an Zugängen und die Fülle an interdisziplinär angewandtem und miteinander verschaltetem Wissen besticht.

Überzeugend und für das Thema aufschlussreich sind gleichsam die »vier Schlüsselwerke« (17), die Voßkamp aus der Materialfülle auswählt und mit Blick auf die gattungs- und epochenübergreifende Auseinandersetzung sowie das gleichzeitige Infragestellen tradierter Darstellungsformen diskutiert. Den Auftakt machen William Hogarths zunächst als Gemälde in Öl ausgeführte und anschließend als Druckgraphiken vertriebene *The Four Times of Day*, gefolgt von Jean-Antoine Houdons Skulpturenpaar *L'Été* und *L'Hiver*, den Sepiazyklen der *Jahreszeiten und menschlichen Lebensalter* von Caspar David Friedrich und den jahreszeitlichen Rundreliefs von Bertel Thorvaldsen. Anhand von Hogarths 1736 entstandener Bilderfolge, die Voßkamp zufolge als einzige im Werk des Künstlers an ein »Motiv der klassischen Ikonographie« (93) anschließt, kann die Verfasserin dokumentieren, wie Hogarth in humoristischer Manier das jahreszeitliche Ordnungsmodell infragestellt, ja geradezu angreift, indem er etwa den »Morgen […] nicht, wie üblich, im Frühjahr, sondern im Winter« (96) oder Szenen in der Großstadt ansiedelt. In präzisen, sachkundigen und vergleichenden Bildanalysen – interessant sind etwa die Hinweise auf zeitgleiche Werke Bouchers oder Lancrets (vgl. 112f.) – arbeitet Voßkamp Hogarths spezifisch profanere und zeitgemäße Bildsprache heraus, bei der auf mythologische Reminiszenzen, Götter und Allegorien verzichtet wird. In diesem Kontext originelle und neuartige Erkenntnisse wie die, dass sich für die Bilderfolge Erfahrungen der Großstadt London als ebenso einflussreich und prägend erweisen, wie die zum damaligen Zeitpunkt neuesten Erkenntnisse im Gebiet der Physik – Newtons Gravitationstheorie spielt eine erhebliche Rolle – machen die Ausführungen nicht nur zu einem lehrreichen, sondern auch spannenden Lektüreerlebnis.

Eine Abkehr, ja mitunter sogar einen Bruch mit jahreszeitlichen Motiv- und Gestaltungsmustern stellen für Voßkamp auch Houdons 1783 und 1785 geschaffene Statuen des Sommers und des Winters dar (151f.). Die »Ungewöhnlichkeit und Radikalität« (152) von Houdons Skulpturen zeigt sich vor allem in der Verkörperung des Winters als sichtlich frierendem, halb entblößtem jungen Mädchen, das ihren Körper eng mit den Armen umschlingt und ein Tuch tief in die gebeugte Stirn gezogen hat. Voßkamp arbeitet heraus, wie Houdon mit ikonographischen Traditionen bricht und zugleich mit ihnen spielt. Bezüge zur Venus- und Marien-Ikonographie (vgl. 177–179) lassen sich ebenso erkennen wie Anspielungen auf antike verschleierte Vestalinnen. Ausführlich geht Voßkamp – erstmals in der Forschung – auf die »kunsttheoretischen Verwicklungen des Statuenpaares«

(184) ein und diskutiert die »genrehaften und natürlich-menschlichen« (199) Skulpturen als Kommentar zur zeitgenössischen Allegorie-Diskussion, in der die allegorische Tradition insbesondere durch die Wirkungsästhetik Du Bos' eine kritische Hinterfragung und zugleich die verstandesunabhängige, emotionale, sinnliche und enge Verbindung zwischen Werk und Betrachter eine Aufwertung erfährt (vgl. 184–191).

Eine Dominanz jahreszeitlicher Themen und Vorstellung prägt auch Schaffen und Werk Caspar David Friedrichs, dem Voßkamp ein eigenes breit angelegtes Kapitel widmet. Eine Ambivalenz und das »Spannungsverhältnis zwischen allegorischer Aussagekraft auf der einen und interpretatorischer Offenheit auf der anderen Seite« (206) erweisen sich als ikonographisch und künstlerisch programmatisch für Blätter wie *Die Lebensalter* oder Gemälde wie *Das Kreuz im Gebirge*. Voßkamp erkennt in Friedrichs Jahreszeitenvorstellung eine ihnen zuhöchst eigene Verbindung aus religiösen Vorstellungen, wissenschaftlichem Kenntnisstand, genereller Aufwertung der Natur und allegorischer Aussage, die zugleich eine »Deutungsoffenheit der Werke« (243) befördert.

Als ein Spiel mit »anakreontischen Traditionen« (266) und als »Zeitenreigen« entpuppen sich bei Voßkamp die Jahreszeitenreliefs des dänischen Bildhauers Bertel Thorvaldsen, die die Ausführungen abschließen. Die Reliefs erfreuten sich in ihrer Zeit großer Beliebtheit und erfuhren im Laufe des 19. Jahrhunderts einen wahren Popularisierungsschub. Vor allem mit diesem Beispiel betritt Voßkamp noch einmal wissenschaftliches Neuland. Trotz ihrer Bekanntheit und Beliebtheit standen diese Arbeiten Thorvaldsens bislang kaum im Fokus der Forschung, obwohl, oder vielleicht gerade weil sich hier »Prozesse beginnender […] Massenproduktionen« und »beliebig erscheinender Multiplizierbarkeit« abzeichnen, die, wie Voßkamp überzeugend darzulegen weiß, »klassisches Bildungsgut« mit einer »antikisch-reduzierten und zugleich dekorativen Formensprache« verbinden. (294). Die Jahreszeiten, die für die Menschen im industrialisierten Zeitalter immer weniger prägend, lebens- und alltagsbestimmend werden, haben schließlich in der künstlerisch-popularisierenden Darstellung ihren »Kern und ihre allegorische Dimension« (295) vollends verloren.

Voßkamps in bester Wissenschaftsprosa verfasste und nicht zuletzt durch die sorgfältige und aufschlussreiche Bildauswahl überzeugende Studie schärft den Blick und macht Lust auf weitere Spurensuchen und Wiederbegegnungen mit Jahreszeitendarstellungen. Die Lektüre dieser originellen und zugleich wissenschaftlich überaus genau agierenden und quellenbasiert angelegten Monographie sei mit Nachdruck empfohlen.

Jana Kittelmann, Halle

MICHAEL KOSMELI: *Die Zwei und vierzig jährige Aeffin. Das vermaledeiteste Märchen unter der Sonne.* Hg. v. Dirk Sangmeister. Berlin: Verlag Das kulturelle Gedächtnis 2023, 240 S.

Die Zwei und vierzig jährige Aeffin Das vermaledeiteste Märchen unter der Sonne erschien 1800 in Wien und Berlin in zwei Teilen, ohne Nennung von Autor und Verlag. Der Roman wurde Michael Kosmeli (1773 Pleß/Pszczyna, Schlesien – 1844 Breslau/Wrocław, Schlesien) zugeschrieben und von der österreichischen Zensur sofort verboten. Der Kanon, den der deutschsprachige Literaturbetrieb auszubilden begann, kennt ihn nicht – selbst wenn Zeitgenossen wie Jean Paul, Amalia Schoppe, Johann Wolfgang von Goethe, Carl Ludwig von Knebel, Adelbert von Chamisso, Heinrich Heine und Rahel Levin den Schriftsteller weiter im Blick hatten. Kosmeli bleibt, so der Herausgeber, »ein krasser Außenseiter der (Spät-)Aufklärung, ein pikaresker Abenteurer mit äußerst skurrilem Charakter und ganz außergewöhnlich weitem Horizont.« (195)

Dass die Äffin, der erste Roman und die erste Veröffentlichung des Autors, von neuem in einer aufwendig und sorgfältig gestalteten Ausgabe zugänglich ist, ist dem Herausgeber Dirk Sangmeister und dem Berliner Verlag Das kulturelle Gedächtnis zu verdanken. Der bekennende »Kosmelist« – so Sangmeister über sich selbst – legt die Erstausgabe zugrunde und kommentiert an den Seitenrändern; der Verlag hat einen Einband gefunden, der die Dynamik der 55 knappen, pointiert zuspitzenden Kapitel nach einem Motiv von Frans Masereel in sich überstürzenden Masken und Körpergliedern bündelt. Unter dem Titel *Der wilde Roman eines verwegenen Vaganten. Nachbemerkungen über die Aeffin des Schriftstellers und Maultrommlers Michael Kosmeli* (177-223) legt Sangmeister im Anhang den Forschungsstand und die literatur-, ideen- und kulturgeschichtlichen Kontexte zur Äffin und Kosmelis Schaffen dar. Der Schriftsteller veröffentlicht bis 1832 wohl 12 Texte, Übersetzungen aus dem Französischen und Englischen, ein »Seitenstück zur Lucinde von Schlegel« (1801) (226), Reiseberichte, Erzählungen; die Literatur über Werk und Autor ist spärlich (vgl. 226-229). Eine Zeittafel (vgl. 230-237) rekapituliert sein Leben. Kosmeli, als dritter Sohn eines Justitiars geboren, studiert von 1791 bis 1794 in Halle, Göttingen und Jena Jura; 1794 wird er in Halle in die Freimaurerloge *Zu den drei Degen* aufgenommen. Eine Hauslehrerstelle in Kurland und das Referendariat in Brzeg/Brieg (Schlesien) gibt er auf und beginnt 1798 zu reisen. Er reist durch Westeuropa, dann nach Ost- und Südeuropa und weiter, nach Russland und Griechenland, Georgien und in den Südkaukasus, auf die Krim, in die Türkei und nach Persien; er erlernt »immer neue Sprachen, und zwar gründlich.« (193) 1808 nimmt Kosmeli in Jena das Studium der Medizin und Botanik auf und wird 1810 zum Dr. med. promoviert. Er veröffentlicht Übersetzungen, literarische Texte und Zeitschriftenbeiträge, er hält Reden, verzichtet aber auf literarischen »Ruhm und/oder Geld« (192) und schlägt sich mit Konzerten durch, wie der russische Lexikograph und Schriftsteller Vladimir Dal (1801-1872) 1830 notiert: »Der berühmte Kosmeli ist [...] durch die ganze Welt gereist, indem er die Fahrt mit dem Musizieren auf der Maultrommel finanzierte.« (214) Der Versuch, 1836 eine Anstellung an der Universitätsbibliothek Breslau zu erhalten, scheitert; »total ruinirt« (223), verstirbt Kosmeli 1844. Die Abbildung einer »Kratzdistel (Cirsium kosmelii)«, die ein russischer Botaniker, Reisebegleiter in Georgien, 1802/03 nach Kosmeli benannte ([238]), editorische Bemerkungen und Dank beschließen den Band.

Kosmelis Äffin sticht aus der großen, bibliographisch nur lückenhaft erschlossenen Masse der in Spätaufklärung, Klassik und Romantik erscheinenden Romane aus vielen Gründen hervor: Die Protagonistin ist Tochter eines »abyssinischen Magnaten« (16) und stammt von der Ostküste Afrikas – als Titelfigur, farbige Frau und Ich-Erzählerin ein absolutes Novum in der deutschsprachigen Literatur. Gleichzeitig bleibt sie als Äffin fremd und rätselhaft – die *Unheimliche Nähe* zwischen Affe und Mensch, die eine Leipziger Ausstellung 2016 über *Menschenaffen als europäische Sensation* im Einzelnen verfolgte, ist spürbar.[1] »Märchen«, Roman und Autobiographie fließen ineinander: Die Dreißigjährige zeichnet für einen befreundeten Grafen ihre Lebensgeschichte auf, tatsächlich eine ›vermaledeiteste‹ Folge von Grenzüberschreitungen, die alles Bekannte sprengt. Schamlos bekennt sie sich zu ihren Begierden, namentlich ihrer Geilheit, mit der sie Liebhaber und Liebhaberinnen vorsätzlich ins Verderben treibt, sei es durch öffentliche Bloßstellung oder finanziellen Ruin, Krankheit oder Tod. Dass ihr dies im Gegenzug Vermögen und gesellschaftliche Position sichert, versteht sich von selbst.

Dennoch stellt der Text nicht wie erotisch-pornographische Lesestoffe die Wollust als solche dar, sondern führt die mit den Übertretungen einhergehende »Verneinung, mehr noch die Verspottung aller geltenden Normen von Moral und Religion« (180) mit aktuellen und tradierten Diskussionen eng. Die eigentümliche Verbindung von »Blasphemie, Sarkasmus, Zynismus, Materialismus und Nihilismus« (179) spiegelt sich dabei nicht nur in den steten Bezügen Kosmelis auf literarische und erotisch-pornographische Werke bis hin zu de Sade – in den deutschen Ländern nur sehr schwer

---

1 Mustafa Haikal: Unheimliche Nähe. Menschenaffen als europäische Sensation. Leipzig 2016. [Ausstellungskatalog Bibliothek Albertina Leipzig, 1. April – 25. September 2016].

aufzutreiben (178) –, auf ästhetisch-philosophische Positionen und neueste medizinische und naturwissenschaftliche Erkenntnisse, sondern auch in der Entwicklung der Protagonistin, in der sich Abstieg und Aufstieg kreuzen:

Eine dunkelhäutige ›Heidin‹ mit ›himmlische[r] Brust‹ verdreht erst allen Männern den Kopf und entwickelt sich dann schrittweise zu einer veritablen Gelehrten und vermögenden Gründerin einer wissenschaftlichen Akademie, und das in einem Land, in dem damals farbige Frauen auch unter Huren sehr selten waren, in dem um 1800 die große Mehrheit der weißen Frauen weder lesen noch schreiben, geschweige denn studieren konnte, in der Heimat der Dichter & Denker. (186)

Hinreichende Gründe, um Kosmelis virtuosem Einsatz der »babylonischen Schreibart« durch die Äffin – so die Ich-Erzählerin schon auf der ersten Seite unter Anspielung auf Jean Paul (vgl. 16) – wie der Omnipräsenz von intertextuellen und interkulturellen Referenzen endlich die Aufmerksamkeit der Forschung zu sichern.

Helga Meise, Reims

Der Redaktion angezeigte Neuerscheinungen

Julien Lacaille: Vérité et Analogie. L'empirisme métaphysique de Johann Nicolaus Tetens. Paris: Classiques Garnier 2024 (Les Anciens et les Modernes – Études de philosophie Bd. 57).

Giulia Iannuzzi: Futuristic Fiction, Utopia, and Satire in the Age of the Enlightenment. Samuel Madden's Memoirs of the Twentieth Century (1733). Turnhout: Brepols 2024 (Histories in Motion Bd. 2).

Johannes Burkhardt, Volker Depkat u. Jürgen Overhoff: Bundesrepublik Amerika. Wie der deutsche Föderalismus die US-Verfassung inspirierte. Essays zur transatlantischen Politikgeschichte, 1690-1790. Köln: Böhlau 2023.

Crystal Hall u. Birgit Tautz (Hg.): German and European Cultural Histories, 1760-1830: Between Network and Narrative. Liverpool u. Oxford: Liverpool University Press/Voltaire Foundation 2024 (Oxford University Studies in the Enlightenment Bd. 2024, 1).

Michael Auer: Souveräne Stimmen. Politische Ode und lyrische Moderne. Göttingen: Wallstein 2024.

Karl Piosecka u. Kathleen Burrey (Hg.): Pyrmont im 18. Jahrhundert. Zum grenzüberschreitenden Potenzial eines Kurorts zur Zeit der Aufklärung. Münster: Aschendorff 2024.

Nacim Ghanbari: Patronage und deutsche Literatur im 18. Jahrhundert. Göttingen: Wallstein 2024.

Émile ou de l'éducation dans la presse périodique européenne de 1762. Hg. v. Michel Termolle. Paris: Classiques Garnier 2024 (Lire le dix-huitième siècle Bd. 81).

Nils Penke: Formationen des Populären. Semantik und Poetik des ›Volkes‹ um 1800. Heidelberg: Winter 2024 (Reihe Siegen. Beiträge zur Literatur-, Sprach- und Medienwissenschaft Bd. 188).

Achim Ilchmann: Das Rokoko in der Herzogin Anna Amalia Bibliothek. Wiesbaden: Harrassowitz 2023 (Beiträge zum Buch- und Bibliothekswesen Bd. 70).

Marian Bertz: Thomas von Fritsch (1700-1775). Ein sächsischer Reformpolitiker im Ancien Régime. Leipzig: Leipziger Universitätsverlag 2024 (Schriften zur sächsischen Geschichte und Volkskunde Bd. 71).

Wolfgang Schmale: #ImmanuelKant. Kosmopolit digital im postkolonialen Zeitalter. Halle: Mitteldeutscher Verlag 2024 (IZEA – Kleine Schriften Bd. 15).

Théophile Pénigaud de Mourges: Les Délibérations du peuple. Contexte et concepts de la philosophie politique de Jean-Jacques Rousseau. Paris: Classiques Garnier 2024 (Politiques Bd. 22).

Gotthold Ephraim Lessing: Dramaturgie de Hambourg. Hg. v. Jean-Louis Besson, Hélène Kuntz. Paris: Classiques Garnier 2024 (Bibliothèque du XVIIIe siècle Bd. 63).

Antje Flüchter, Andreas Gipper, Susanne Greilich u. Hans-Jürgen Lüsebrink (Hg.): Übersetzungspolitiken in der Frühen Neuzeit/Translation Policy and the Politics of Translation in the Early Modern Period. Unter Mitarb. v. Annkathrin Koppers u. Felix Herberth. Berlin: J. B. Metzler 2024 (Übersetzungskulturen der Frühen Neuzeit Bd. 3).

Susanne Greilich u. Hans-Jürgen Lüsebrink (Hg.): Traduire l'encyclopédisme. Appropriations transnationales et pratiques de traduction de dictionnaires encyclopédiques au Siècle des Lumières (1600-1800). Würzburg: Königshausen & Neumann 2024 (Saarbrücker Beiträge zur vergleichenden Literatur- und Kulturwissenschaft Bd. 95).

Achim Geisenhanslüke: Der Geschmack der Freiheit. Kant und das politisch Unbewusste der Ästhetik. Baden-Baden: Nomos 2024 (Texturen Bd. 9).

Dorothea Schlegel: Florentin. Übers. v. Alain Montandon. Paris: Classiques Garnier 2024 (Littératures du monde Bd. 52).

Laurenz Lütteken: Die Zauberflöte. Mozart und der Abschied von der Aufklärung. München: Beck 2024.

Ange Rovere: Pascal Paoli: De Lumières et d'ombres. Mit einem Vorwort v. Pierre-Yves Beaurepaire. Paris: Classiques Garnier 2024 (Les Méditerranées Bd. 21).

David Keller: Zinzendorfs Rhetorik. Eine Untersuchung zur Predigt zwischen Methode und Heiligem Geist. Halle: Verlag der Franckeschen Stiftungen Halle 2024 (Hallesche Forschungen Bd. 65).

Anton Claus: Tonsiastrus. Eine jesuitische Schulkomödie. Aus dem Lat. übers. v. Christian Hecht. Berlin: Friedenauer Presse 2024.

Ina Ulrike Paul (Hg.): Thron und Spott. Die »Geschichte Ali Bahams, Nababs von Grebmettruw« als Schlüsselroman über das Leben von Herzog Ludwig Eugen von Württemberg (1793-1795). Stuttgart: Kohlhammer 2023 (Lebendige Vergangenheit. Zeugnisse und Erinnerungen Bd. 26).

Hannah Spahn: Black Reason, White Feeling. The Jeffersonian Enlightenment in the African American Tradition. Charlottesville: University of Virginia Press 2024 (Jeffersonian America).

Lorenz E. Baumer, Fayçal Falaky u. Zeina Hakim (Hg.): Diderot et l'archéologie. Paris: Classiques Garnier 2024 (Le dix-huitième siècle Bd. 45).

Jonas Stephan: Tinte, Feder und Kanonen. Der Niederrheinisch-Westfälische Reichskreis am Vorabend des Spanischen Erbfolgekrieges (1701). Münster: Aschendorff 2024 (Verhandeln, Verfahren, Entscheiden Bd. 8).

Rotraud von Kulessa, Vanessa de Senarclens u. Stefanie Stockhorst (Hg.): Das Erbe der Aufklärung. Aktualität, Historiographie und Re-Lektüren/L'héritage des Lumières: actualités, historiographies et relectures. Hannover: Wehrhahn 2024.

Christoph August Heumann: Acta Philosopharum, das ist, Nachricht von der Philosophie des Frauenzimmers (1721). Hg. v. Anke Graneß u. Namita Herzl. Hildesheim: Universitätsverlag Hildesheim/Baden-Baden: Olms 2023 (Histories of Philosophies in Global Perspectives; Reihe II: Historical Documents Bd. 2).

Johanna Kößler, Martin Scheutz u. Herwig Weigl (Hg.): Der lange Weg zum Erzbistum Wien. Der Erhebungsakt 1723 und seine Folgen. Wien: Böhlau 2024 (Veröffentlichungen des Instituts für Österreichische Geschichtsforschung Bd. 80).

Leonie Süwolto u. Sarah Puscher (Hg.): Johann Elias Schlegel und das Theater. Zwischen Revision und Reform. Paderborn: Brill, Fink 2024 (Poesis Bd. 8).

Immanuel Kant: Naturrecht Feyerabend. Hg. v. Gianluca Sadun Bordoni. Stuttgart: frommann-holzboog 2024 (frommann-holzboog Studientexte Bd. 11).

Friedrich Wilhelm Joseph Schelling: Historisch-kritische Ausgabe. Reihe I: Werke, Bd. 16,2: »Über das Verhältniß der bildenden Künste zu der Natur«. Kleinere Schriften 1807-1814. Hg. v. Vicki Müller-Lüneschloß. Stuttgart: frommann-holzboog 2023.

Salomon Maimon. Gesamtausgabe. Reihe I: Deutsche Schriften. Bd. 1: Aufsätze 1789-1790, ›Versuch über die Transscendentalphilosophie‹. Hg. v. Ives Radrizzani u. Caterina Marinelli. Stuttgart: frommann-holzboog 2023.

Manfred Starke: La Mettrie. Eine soziale und asoziale Moral. Baden-Baden: Academia – ein Verlag in der Nomos Verlagsgesellschaft 2023 (Philosophische Praxis).

Sören Sönksen: Funktionale Metrik in Claviertänzen des 17. und 18. Jahrhunderts. Baden-Baden: Olms 2024 (Studien und Materialien zur Musikwissenschaft Bd. 130).

Florence Lotterie: Le Genre des Lumières. Femme et philosophe au XVIIIᵉ siècle. Paris: Classiques Garnier (L'Europe des Lumières Bd. 23).

Tom Tölle (Hg.): Nikolaus Kindlingers Selbstzeugnis. Ein Archivar am Ende des Heiligen Römischen Reiches. Köln: Böhlau 2024.

Ulrich Samuel Stober: Zwischen Welten und Worten. Transkulturelle Übersetzungsprozesse der Jesuitenmission des 18. Jahrhunderts bei Florian Paucke. Marburg: Büchner-Verlag 2024.

Micha Huff: Thauma(u)topoiesis. Das Wunderbare und die narrative Refiguration im Roman (Wieland, Tieck, Goethe). Paderborn: Brill/Fink 2024 (Poetik und Ästhetik des Staunens Bd. 11).

Maria Hermes-Wladarsch: Bremens wissenschaftliche Blüte. Naturforschung in der Handelsstadt im ausgehenden 18. Jahrhundert. Bremen: Edition Falkenberg 2023 (Schriften der Staats- und Universitätsbibliothek Bd. 13).

Christian Gründig: Französische Lebenswelten in der Residenz. Akteure, Räume und Modalitäten französisch-sächsischer Verflechtung im augusteischen Dresden, 1694-1763. Heidelberg: Heidelberg University Publishing 2022 (Pariser Historische Studien Bd. 126).

Friedrich Gottlieb Klopstock: »Lyrische Silbenmaasse«. Kritische Edition. Hg. u. mit einer Einführung v. Marit Müller. Göttingen: Wallstein 2024.

Christoph Martin Wieland: Idris und Zenide. Ein romantisches Gedicht. Hg. v. Jan Philipp Reemtsma, Hans-Peter Nowitzki. Unter Mitarb. v. Clara Innocenti. Göttingen: Wallstein 2024.

Matthias Winkler: Revolution und Exil. Französische Emigranten in der Habsburgermonarchie 1789-1815. Göttingen: Wallstein 2024.

Martin Mulsow u. Dirk Sangmeister (Hg.): Aufklärung und Residenzstadt. Das intellektuelle Gotha um 1800. Göttingen: Wallstein 2024.

David de Boer: The Early Modern Dutch Press in an Age of Religious Persecution: The Making of Humanitarianism. Oxford: Oxford University Press 2023.